新编证券投资学

戴 锦 林贵 郑华 主编

中国财经出版传媒集团

经济科学出版社
Economic Science Press

图书在版编目（CIP）数据

新编证券投资学/戴锦，林贵，郑华主编．－－北京：
经济科学出版社，2022.6
ISBN 978－7－5218－3801－5

Ⅰ．①新…　Ⅱ．①戴…②林…③郑…　Ⅲ．①证券投
资－教材　Ⅳ．①F830.91

中国版本图书馆 CIP 数据核字（2022）第 115912 号

责任编辑：袁　澂
责任校对：李　建
责任印制：王世伟

新编证券投资学

戴　锦　林　贵　郑　华　主编

经济科学出版社出版、发行　新华书店经销

社址：北京市海淀区阜成路甲 28 号　邮编：100142

总编部电话：010－88191217　发行部电话：010－88191522

网址：www. esp. com. cn

电子邮箱：esp@ esp. com. cn

天猫网店：经济科学出版社旗舰店

网址：http://jjkxcbs. tmall. com

北京季蜂印刷有限公司印装

710×1000　16 开　14.75 印张　260000 字

2022 年 7 月第 1 版　2022 年 7 月第 1 次印刷

ISBN 978－7－5218－3801－5　定价：59.00 元

（图书出现印装问题，本社负责调换。电话：010－88191510）

（版权所有　侵权必究　打击盗版　举报热线：010－88191661

QQ：2242791300　营销中心电话：010－88191537

电子邮箱：dbts@esp. com. cn）

序言：做一名合格的投资者

投资（investment）是一种重要的经济活动，其形式和内容丰富多样，既包括对金融资产如股票、债券、基金、金融衍生产品的投资，也包括对实际资产如生产设备、基础设施、房地产、贵重金属、收藏品的投资。不同形式的投资具有不同的经济意义，宏观投资对一国的经济增长和就业影响巨大，企业的项目投资决定了企业未来的发展潜力，证券投资则在合理配置个人或机构的金融资产方面发挥着重要的作用。

1. 什么是投资

由于投资涉及的领域非常广泛，因此不同学科在研究投资问题时往往只选取某一特定的投资活动作为研究对象。在宏观经济学中，投资是指购置建造实际资本的行为，如购买新设备、新建厂房、存货等，而买卖股票、债券等所谓证券投资在宏观经济学中却不被视为投资。因为在宏观经济学看来，所谓证券投资只不过把资本和财富重新进行了转移和分配，并没有使实际产出增加，因此算不上投资。与此相对立，现代投资学却只研究证券投资，而不涉及实际资本的投资，因此现代投资学也就是证券投资学。

尽管不同投资的形式和内容差别很大，但各种投资行为在本质上还是有一定共性的，即都可以视为经济主体为了获取预期收益而将现期的一定收入转化为资本的经济行为。形象一点说，所谓投资就是用现在的货币换取未来的货币，而用现在的货币换取未来货币的比率就是通常所说的利率。

与投资相近的一个概念是储蓄（deposit）。在经济学上，储蓄被定义为收入中未被消费的部分，储蓄和投资构成了资本形成的两个相互联系的环节。其中，储蓄是资本的积累过程，而投资则是对储蓄所积累资金的运用过程，二者相互联系、相互转化。但是在投资学上，储蓄习惯被视为某种投资方式，例如，个人在银行的活期存款和定期存款等一些常见的储蓄工具通常被视为某种形式的固定收益证券。

与投资相近的另一个概念是投机（speculation）。著名投资学者格雷厄姆（Graham）认为，投机者与投资者的区别在于他们对待股票价格运行的态度。投机者的目的是利用价格波动获取利益即获取资本利得，而投资者的兴趣在于持有股票以分享公司成长所带来的价值增值，市场的持续波动只是为投资者提供了廉价买进被低估股票的机会。当然，在实际交易中，证券交易者的动机不仅难以明晰确定，而且在不断变化，所以，事实上很难将投资与投机行为严格地区分开来。实际上，投机和投资这两个术语，是套用汉语词汇来翻译西方金融概念。从这个意义上说，当我们使用"投机"这个术语来描写交易活动时，不应当过分拘泥于该词在汉语古籍中"切中时机"或"乘机牟利"等含义，也不应当把它同现代汉语中"投机取巧"或"投机倒把"等贬义联系起来。英文原文speculation 同中文对应语"投机"之间并没有语源上的延续关系。在英文中，投机（speculation）的意思是在事实不充分的情况下"揣度未来"。在金融领域里，它指的是根据对价格变化的猜测，通过买进或卖出的证券或资产而获利的活动。这里，可以推导出这么几点含义。第一，因为是猜测，所以有风险；第二，借以交易的资本就其本身而言并不重要，它只是用来谋利的工具，它自身的升值能力不是考虑的因素，除非这种能力会影响到资产的价格；第三，因为盈利是唯一的目标，投机更倾向于使用杠杆和借贷来获得最大的回报率。在这个意义上，如果我们说投机指的是"以生利为目的，买进或卖出你既不需要也不会保存的商品的交易活动"，那么它更接近于英文中所说的投机。总之，不能将投资与投机完全对立起来，认为投资是"好的"，而投机是"不好的"，二者是相互联系的，投机是投资活动的一个有机组成部分，不仅证券投资中存在大量投机行为，其他投资行为中也有投机，如房地产投机。投机在证券交易中也有着重要的作用，正是由于有大量投机者在不断收集信息、分析行情变化，才使得证券的交易价格能够在相当程度上较为客观地反映证券的内在价值。我们不应否认投资活动中投机行为的合理性和必要性，但需要防范过度投机对证券投资的消极作用。

2. 什么是证券

证券投资学是一门应用经济学，主要研究各种证券投资行为。那么什么是证券呢？简单地说，证券（security）是指记载并代表一定权利的各类法律凭证，用来证明持有人有权依据所持凭证记载的内容取得相应的权益。证券实际上就是一纸合同，它赋予投资者参与和享有证券发行者未来前景的某种权利。

证券一般具有两个特征：一是法律特征，即它本身必须是合法的，所包含的内容具有法律效力。二是书面特征，即必须采取书面形式或与书面形式具有同等效力的形式。现实中的证券很多，如股票、债券、证券投资基金、期货合约、期权合约、商业票据、保险单、存款单、提货单等都可视为证券。

按照证券所代表的权利不同，证券一般分为凭证证券和有价证券。凭证证券的基本功能是为某种权益提供证明，如借据、收据。有价证券是指标有票面金额，用于证明持有人或该证券指定的特定主体对特定财产拥有所有权或债权的凭证。这类证券本身没有价值，但由于它代表一定的财产权利，持有人可凭该证券直接取得一定的商品、货币，或是取得利息、股息等收入，因而可以在市场上交易，就有了交易价格。证券投资学不研究凭证证券，而主要研究有价证券，特别是其中的资本证券或称狭义有价证券。

按照所代表的经济权益的属性不同，有价证券可分为商品证券、货币证券和资本证券。商品证券是证明持有人拥有商品所有权或使用权的凭证，取得这种证券就等于取得这种商品的所有权或使用权，如提货单、运货单等。货币证券是指能使持有人或第三者取得货币索取权的有价证券，可以代替货币使用，如商业汇票、商业本票、银行汇票、银行本票和银行支票等，主要用于商品交易、支付劳务报酬、债权债务清算等经济往来。资本证券是由金融投资或与金融投资有直接联系的活动而产生的有价证券，持有人有一定的收入请求权，通常也被称为狭义的有价证券，如股票、债券和大多数证券投资基金等。资本证券与商品证券、货币证券的最大区别是它能为持有人带来一定的收益，而商品证券和货币证券则分别是特定商品或者货币的代表，不产生投资收益。资本证券是虚拟资本的一种形式。随着信用制度的发展，产生了对实际资本的各种要求权，这些要求权的票据化就是有价证券，以有价证券形态存在的资本就是虚拟资本。虚拟资本与实际资本有密切联系，间接地反映实际资本的运动状况。但它毕竟不是实际资本，不仅在质上有别于实际资本，而且在量也是不同的。作为虚拟资本载体的有价证券本身无价值，其市场价格来源于其产生未来收益的能力。

按照有价证券收益的确定性程度，可将其分为固定收益证券和权益证券。固定收益证券（fixed-income securities）是指向投资者承诺在未来某个确定时间内会给投资者支付确定的现金流量的证券，如大部分债券、优先股股票、银行的活期或定期存款等。固定收益证券的收益是固定、有保证的，其收益水平往往在证券发行时就已确定。权益证券（equity securities）是指代表发行企业所有者权益的证券，例如股份有限公司发行的普通股股票就代表了资本权益，拥有这种股票就等于拥有了对一家公司的所有权权益。

按照证券所代表的权利性质，还可将有价证券分为基础证券（under-lying securities）和衍生证券（derivative securities）。基础证券也称原生证券，主要指股票和债券，它们是证券市场上最基本的证券品种，而衍生证券则是由基础证券或基础金融变量衍生出来的金融衍生产品，如金融期货、金融期权、可转换证券等。

对于证券，我们还要指出一点，就是证券与期货的区别与联系。证券与期货是既有联系又相互区别的两个概念。以股票和商品期货为例，二者有很多相似之处，如都有较强的投机性、都被视为金融资产，它们的交易机制也很相似，如都集中在交易所交易，都采取经纪人制、公开竞价制等。但二者也有重要的区别。股票是一种资本证券，代表的是资本的所有权，而期货本质上是一种商品交易方式，与期货交易相对应的是现货交易。在证券市场上，股票交易既可以采用现货交易的方式，也可采用期货交易的方式。

3. 证券投资的基本特征

证券投资是指投资者（自然人或法人）购买股票、债券、基金等有价证券以及这些有价证券的衍生品，以获取红利、利息及资本利得的投资行为，是直接投资的重要形式。证券投资作为一种经济行为，有三大基本特征：收益性、风险性和流动性。不同类型的证券在这三个方面表现大不相同。研究证券投资，实际上就是分析不同证券或证券组合的收益性、风险性和流动性的具体特点和变化规律。

证券投资的收益主要包括经常性收益和资本性收益。经常性收益是指证券持有人定期获得的利息和红利，如债息、股息、公司分红；资本性收益是指证券持有人买卖证券赚取的价格差，也称资本利得。在实际投资中，有些投资者比较重视经常性收益，也有些投资者相对更重视资本性收益。在投资活动中，投资者主要关心投资的预期收益，投资的预期收益率一般用期望收益率来表示。

投资的预期收益具有不确定性，即收益率经常波动，风险就是指对投资者预期收益的偏离，或者说是投资收益的波动性或不确定性。不同的投资学理论衡量投资风险的方法各不相同，常用的一种方法是用实际收益率与期望收益率之间的偏离程度即方差或标准差来衡量投资风险，按照这样的风险概念，不管投资结果是盈利还是亏损，只要实际收益偏离了期望收益，即投资收益存在不确定性，都表示投资存在风险。除此之外，人们有时也用其他的指标来评估投资风险。例如，历史上人们曾用负债的程度来判断资产的风险大小，即负债越高，风险越大。证券投资专家格雷厄姆还曾提出用边际安全度来衡量风险，所谓边际安全度是指资产的市场价格与资产的内在价值（由盈利能力决定）的差异。随着投资组合理论的发展，又出现了下半方差法和低阶矩风险度量理论等新的风险度量方法。在投资学中，按照风险是否可以分散，一般将风险分为系统性风险（systematic risk）和非系统性风险（non-systematic risk）。系统性风险一般是由能够影响市场上所有投资的全局性、共同性因素形成的风险。从风险来源上看，系统性风险主要包括市场风险、利率风险和通货膨胀风险等。市场风险主要来自市场供求不平衡引起的价格波动，这种波动会使投资者的实际收益率偏离其预期收益率，例如，由于经济政策的变化或者市场心理的变化造成证券价格的普涨、普跌。利率风险是指利率变化导致的证券投资实际收益率偏离其预期收益率的可能性，例如，当银行利率上升时，投资证券的机会成本就会增加，投资者就会抛出证券而将资金转向储蓄，导致证券价格下跌。通货膨胀风险也称购买力风险，它主要对固定收益证券如债券、优先股的投资产生较大影响。系统性风险不能用多样化投资来加以分散，因此也被称为不可分散的风险。非系统性风险一般是由仅能影响个别投资的因素形成的风险，如债券的违约风险（信用风险），个别企业的经营风险、财务风险、破产风险等。非系统性风险可以通过多样化的投资来加以合理分散。因此也被称为可分散的风险。

一般来说，投资风险与投资收益存在着某种正相关的关系，即风险越大，收益越大；风险越小，收益越小。这是风险与收益的本质关系。由于风险的存在，投资者在承担一定投资风险时，往往需要在收益率上得到一定的风险溢价，由此我们可以得到一个关于投资收益率与风险的关系式：预期收益率＝无风险利率＋风险溢价。

无风险利率是指把资金投资于某一没有任何风险的投资对象而得到的收益率，这是一种理想的投资收益。现实生活中不可能存在没有任何风险的理想证券，但可以找到某种收益波动小的证券来代替。例如，在美国，一般将联邦政府发行的短期国库券视为无风险证券，把短期国库券利率视为无风险利率。这是因为美国的短期国库券由联邦政府发行，联邦政府有征税权和货币发行权，债券的还本付息有可靠的保障，因此没有信用风险，政府债券也没有财务风险和经营风险。同时，短期国库券以 91 天期为代表，只要在这一期间没有出现严重的通货膨胀，联邦储备银行没有调整利率，也几乎没有购买力风险和利率风险。短期国库券的利率很低，其利息可视为投资者牺牲目前消费，让渡货币使用权的补偿。在国际上，一般也是采用短期国债利率作为市场无风险利率。风险溢价是指投资者由于承担了风险而相应可以获得的高出无风险资产收益的收益。预期收益率就是无风险利率与风险溢价之和。

证券的流动性是指在不发生明显损失的前提下证券转换为货币的能力，即资产的变现能力。不同证券的流动性差异较大。例如，上市公司股票随时可在证券市场上转让而变现，流动性好。而凭证式国债提前兑现会产生利率损失，流动性就不如股票。一般来说，由于实物资产的交易成本普遍高于金融资产，因此实物资产的流动性不如金融资产。

4. 证券投资学的发展

在学科分类上，证券投资学属于应用经济学。证券投资学的产生和发展与证券市场密切相关。迄今为止，证券投资学的发展大致经历了投机、职业化和科学化三个阶段。

20 世纪 30 年代以前为投机阶段。在这一时期，证券市场如同赌场，投资者如同赌徒，操纵市场和内幕交易盛行，市场监管薄弱。投资者主要靠观察和亲身体验获得操作技巧，还没有出现系统的投资学教科书，但开始出现一些经验的投资分析方法。例如，查尔斯·亨利·道（Charles Henry Dow）在 1900～1920 年担任《华尔街日报》总编辑期间，发表了一系列关于股价变动方面的文章和评论，后被人总结为"道氏理论"，这算是最早的技术分析理论。

以 1933 年美国颁布的《1933 年证券法》和 1934 年颁布的《证券交易法》为标志，投资管理进入了职业化阶段。投资业开始注重提高职业道德标准，实行规范操作，树立良好的社会形象。证券交易所也逐步制定了更严格的交易规则，各种证券市场监管机构开始建立，证券法规不断健全。投资者的注意力开始放在研究合同条文、进行财务分析、调查对方资信上。投资学教科书开始出现，投资的程序、规则、技巧等成为这一时期投资学教科书的主要内容。在这一时期，基本分析和技术分析等传统证券投资分析方法得到较充分的发展。例如，1934 年格雷厄姆出版了《有价证券分析》一书，对基本分析方法做了深入的阐述。1938 年威廉姆斯（Williams）提出评估股票价值的股息贴现模型（DDM），奠定了基本分析的理论基础。1939 年，艾略特（Elliott）在道氏理论的基础上进一步提出了著名的波浪理论，进一步丰富和发展了技术分析方法。

大致以 1952 年哈里·马科维茨（Harry Markowitz）发表论文《资产组合选择》为标志，投资学进入了科学化阶段。从马科维茨开始，投资学研究由传统的基本分析和技术分析转向投资组合分析，并产生了马科维茨资产组合模型、资本资产定价模型、套利定价模型、市场有效性假说等一系列基于数理经济分析的投资学理论，现代投资学逐步形成。

在现代投资学教科书中，证券组合投资分析理论已成为主要内容，传统以预测资产价格为目标的基本分析和技术分析则退居次要地位。但是，在实际的投资分析中，基本分析和技术分析的方法仍在广泛运用，特别是在单个证券的投资分析方面。同时，这两种传统的投资分析方法自身也在不断发展之中。如在基本分析方面，新的财务分析方法不断涌现。在技术分析方面，投资决策由传统的直觉化决策、图形化决策、指标化决策进一步向更高效的模型化决策和智能化决策方向发展。

5. 做一名合格的投资者

在现代社会，作为一名大学生，无论学习什么专业，都应该懂一点证券投资学的知识，无论对个人理财还是职业发展都会有所帮助。

首先，在今天的社会，很少有人再将全部的收入都存入银行。许多人为了使自己的金融资产保值增值，都要做一些个人理财，如投资一些债券、股票、基金等大众化的证券产品，还有一些人投资金融期货、金融期权等衍生金融产品。要想提高个人理财的收益率和减少投资风险，就需要了解一些基本的证券投资知识。其次，证券投资学也是从事金融业必不可少的一门功课。金融业是一门富有挑战性和创新性的行业，许多学生都对这个行业很感兴趣。要想今后从事金融行业，就必须系统学习证券投资学。因为证券投资学是金融学专业的主干课程，掌握证券投资学理论是成为投资银行家、证券经纪人、投资咨询师、基金经理、金融分析师等金融专业人才的必备条件。

本书的定位是初级证券投资学教科书，主要供经管类本科生学习证券投资学使用，同时本书也适合作为非经管类本科生、高职院校相关专业的学生学习证券投资学的教科书。在编写风格上，我们力求做到简明扼要、浅显易懂。希望通过对本书的学习，能够引导学生初步成为合格的投资者。

做一名合格的投资者，首先要具备一定的知识基础，所谓"工欲善其事必先利其器"。投资学是一门综合性较强的应用经济学，学好投资学，必须具备一定的知识基础，其中比较重要的是经济学、会计学和数理统计，这三门功课是学习各种投资分析理论的基础。

做一名合格的投资者，还必须将理论应用于实际，即所谓"学而时习之"。《论语》说"学而时习之，不亦说乎"。我们理解这里的"习"并非"复习"之意，而是"实习""实践"之意。在学习证券投资学的同时，如果能够适当尝试做一点证券投资，亲自实践一下，不但会体会到投资的乐趣，使你感到"不亦说乎"，还会使你对基本理论的理解更为深刻。为此，我们在本书各章的"思考与练习"中安排了一些实践性较强的练习题，这些习题的答案在书中找不到，需要学生亲手查阅资料进行分析才能完成。

做一名合格的投资者，除了具备一定的投资学知识外，还应树立理性投资观念和良好的投资心态。"投资有风险，入市要谨慎。"树立理性投资观念，就是要培养风险意识，避免盲目投资。投资有盈也有亏，这就要求我们有一种"不管风吹浪打，胜似闲庭信步"的良好投资心态，不惧不贪，盈亏不惊，这样才能在风云变幻的证券市场上胜任愉快。

本书在结构安排上，按照"投资环境→投资过程"的思路，前三章阐述投资环境，主要介绍基础证券和衍生证券以及证券市场的结构和功能，后两章阐述投资过程，主要介绍基本分析和技术分析两种传统的投资分析方法以及现代投资组合理论。本书作为大连交通大学立项教材，在编写过程中得到大连交通大学经济管理学院、大连交通大学教务处的大力支持。

编　者
2022 年 6 月

目录
CONTENTS

第一章

基 础 证 券

基础证券也称原生证券，主要指股票和债券。股票和债券既是基础证券，也是比较典型的资本证券。在证券市场上，投资者可以直接投资于股票和债券，也可以通过购买证券投资基金的方式间接地投资于股票和债券。本章重点介绍股票、债券这两种基础证券的基本概念和特征。同时，也简要介绍一下作为股票和债券间接投资方式的证券投资基金。在实际投资中，股票、债券和基金是投资者最为熟悉的三类大众化证券产品，因此也不妨将它们称为"普通证券"（popular securities）。

一、债　　券

债券（bond）是指各种经济主体为筹集资金而发行的、承诺按一定利率到期还本付息的债权凭证，反映的是债权债务关系。债券是典型的固定收益证券。所谓固定收益证券（fixed-income security）是指投资人可以在特定时间内取得固定收益并预先知道取得收益的数量和时间的证券。狭义上，固定收益证券主要指债券；广义上，固定收益证券除了债券外，还包括与债务相关的各种金融衍生品。因此，中长期国债、市政债券、公司债券等各种债券，短期国库券、商业票据、银行承兑汇票、大额可转让存单、回购协议等货币市场工具，以及抵押贷款、资产担保证券等资产证券化产品都可以归纳到固定收益证券的范围。

债券的一个明显的特点是具有偿还性，即到期还本付息。当然历史上也有例外，18 世纪英国曾发行过一种没有到期日的统一公债，这种公债无固定偿还期，债券持有者不能要求政府还本清偿，只可按期取息。

与股票相比，债券投资的风险相对较小，但收益率也较低。同股票一样，债券具有较好的流动性，易于变现。一般来说，债券的流动性可用债券的买卖差价来反映。买卖差价小的债券流动性较高，反之则流动性较低。这是因为绝大多数债券都由经纪人作为代理人进行交易，对于经纪人而言，买卖流动性高的债券的风险低于买卖流动性低的债券，所以前者的买卖差价小于后者。

债券作为债权、债务关系的凭证，一般以一定格式的票面形式来表现，主要包括票面价值、偿还期限、票面利率、发行人四个基本要素：

（1）票面价值，即债券票面标明的货币价值，也就是债券发行人承诺在债券到期日偿还给债券持有人的金额。债券票面价值一般规定了票面价值的币种和票面金额。

（2）偿还期限，指从债券发行日到偿清本息日的时间，短则几个月，长则几十年。发行人在确定债券期限时要考虑多种因素，如资金使用方向、市场利率变化、债券变现能力等。例如，当未来市场利率趋于下降时，最好发行短期债券，这样可以避免市场利率下跌后仍支付较高的利息；反之，当未来市场利率趋于上升时，选择发行长期债券就更为合理，因为发行人在市场利率趋高时可以维持较低的利息负担。

（3）票面利率，也称名义利率，是债券年利息与票面价值的比率，它反映了在债券发行时，以当时市场条件衡量的债券投资收益率。债券票面利率有多种表现形式，如单利、复利和贴现利率等。影响债券票面利率的因素主要有借贷资金市场利率水平、发行人的资信、债券期限长短等。例如，当市场利率较高时，发行新债券的票面利率也要相应提高，否则投资者会选择其他金融资产而不会投资债券。反之，市场利率较低时，发行新债券的票面利率也可以相应降低。

（4）债券发行人名称，主要是标明债券的债务主体。

 专栏 1-1：名义利率与实际利率

在债券投资中往往涉及利率问题，因此了解名义利率与实际利率的差异是非常有必要的。假设用消费者价格指数即 CPI 来代表通货膨胀率。假设在一年里，名义利率是7%，CPI由121增加到124，这意味着构成CPI的一揽子商品和服务在基年花费100元，在本年初花费121元，而在本年末花费124元。一揽子项目的持有者可以在年初以121元卖掉它，按7%的利率投资，年末获得121×1.07＝129.47元。然后就可以购买129.47÷124＝1.0441个单位的一揽子商品和服务。投资的实际利率就等于1.0441－1＝4.41%。综上所述，我们可以用如下公式表示实际利率与名义利率的关系，即：

期初CPI（1＋名义利率）÷期末CPI＝1＋实际利率。

或者也可以近似表示为实际利率＝名义利率－通货膨胀率。

其中，通货膨胀率＝（期末CPI－期初CPI）÷期初CPI。

（一）债券的分类

债券是证券市场上为普通投资者所熟悉的一种"大众化"证券。债券不仅发行规模大，品种也十分丰富，适合不同投资目标的投资者选择。投资者进行债券投资必须了解市场上都有哪些债券品种以及它们在收益性、风险性和流动性上的不同特点。

1. 按债券形态分类，债券可分为实物债券、凭证式债券和记账式债券

实物债券是具有标准格式实物券面的债券。在债券券面上，一般印有债券面额、债券利率、债券期限、债券发行人全称、还本付息方式等要素。无记名国债就属于这种实物债券，它以实物券的形式记录债权、面值，不记名、不挂失、可上市流通。中华人民共和国首次发行的国债是1949年发行的"人民胜利折实公债"，在其后的一段时间里，实物国债一直是我国国债市场的唯一品种。改革开放后，为适应市场经济的发展，我国采用国际通行做法，逐渐减少发行无记名国债等实物国债。2000年5月，最后一期无记名国债到期兑付，标志着该类国债在中国国债市场上全面退出。

凭证式债券的形式是债权人认购债券的收款凭证，券面上不印制票面金额，而是根据认购者的认购额填写实际缴款金额，是一种储蓄债，可记名、挂失，以"凭证式债券收款凭证"记录债权，不能流通转让。从购买之日起计息，持有期内持券人如遇特殊情况需提取现金，可到购买网点提前兑取。

记账式债券没有实物形态，在证券交易所的电子证券账户上完成债券的

发行、交易和兑付，其发行和交易实现了无纸化。

2. 按付息方式分类，债券可分为零息债券和附息债券

零息债券也称无息债券或贴现债券，这种债券不规定票面利率，在票面上也不附有息票，发行时以低于票面价格的价格出售，到期按票面价格偿还本金，实际上是以贴现方式计息，发行价格与票面价格的差即为利息。附息债券又称分期付息债券，在债券到期前定期分次按票面利率支付利息，到期日支付本金和最后一次利息。

3. 按照票面利率的特点分类，债券可分为固定利率债券和浮动利率债券

固定利率债券利率固定，在偿还期内，无论市场利率如何变化，持有人只能按票面利率获取债息。这种债券的利率风险比较突出，当市场利率上升且超过债券票面利率时，持有人就要承担收益率相对降低的风险。当然，如果市场利率下降且低于债券票面利率，持有人也就相当于获得了由于利率下降而带来的额外收益。浮动利率债券的利率与市场利率挂钩，一般高于市场利率若干个百分点，并随市场利率的变化而浮动，这样可避免市场利率变动的风险。

4. 按发行主体分类，债券可分为政府债券和公司债券

政府债券包括中央政府债券和地方政府债券。中央政府发行的债券也称国债。17世纪英国政府在议会的支持下，开始发行以国家税收为还本付息保证的政府债券，这种债券四周镶有金边，故而称"金边债券"，表示这种债券的信誉度高，这是最早的国债。最初政府发行国债的目的主要是弥补财政赤字，后来发行国债也成为政府为一些大型公共工程募集建设资金以及进行宏观经济调控的重要手段。

国债风险小，流动性强，是重要的投资工具。由于中央政府拥有货币发行权，可以随时选择印制货币，因此能够按计划兑现对国债的还本付息承诺，所以通常情况下，国债不存在违约风险，被视为无风险证券，国债收益率被称为无风险利率，一般也代表了金融市场利率体系的核心——基准利率。国债一般由财政部发行，但中央银行可以通过买卖国债尤其是短期国债进行公开市场操作。国债的规模、结构对公开市场操作的效果有着重要的影响。简言之，国债不仅是政府的融资工具、投资者的投资工具，也是宏观经济调控的操作工具。

专栏 1-2：中央银行票据

除了国债外，中央银行出于调控货币供给量的目的还可以发行某些特殊债券，如中央银行票据。中央银行票据简称央票，是一种特殊的金融债券，是中央银行为调节基础货币而直接面向公开市场业务一级交易商发行的短期债券，期限为 3 个月～3 年。中央银行票据是重要的公开市场业务操作工具，主要用于对冲金融体系中过多的流动性。中国人民银行从 2003 年起开始发行中央银行票据。

国债按偿还期限分为短期、中期和长期国债。短期国债偿还期限在 1 年以内，周期短且流动性强，主要作为货币市场工具。政府发行短期国债的目的，一般是为了应付国库暂时入不敷出的需要。短期国债的常见形式是国库券，由政府发行用于弥补临时收支差额。中期国债偿还期限一般为 1～10 年，主要用于弥补赤字或进行大型项目投资。长期国债偿还期限则通常在 10 年或 10 年以上。目前，我国的国债主要包括凭证式国债、电子式储蓄国债和记账式国债三种类型，如表 1-1 所示。

表 1-1　　　　　　　　　　　　我国国债类型

特点	储蓄国债		记账式国债
	凭证式国债	电子式储蓄国债	
债权记录方式	纸质国债收款凭证	电子记账	电子记账
流通性	可记名、挂失，不上市流通，可提前兑取	可记名、挂失，不上市流通，可提前兑取	可上市流通
利息支付方式	利率高于同期银行定期存款，免利息税。到期一次还本付息	利率高于同期银行存款，免利息税。按年付息，到期还本并支付最后一年利息	上市交易价格由市场决定，可能高于或低于面值
发行场所	商业银行	商业银行	证交所和银行间债券交易市场
发行对象	主要是个人，部分机构也可购买	仅限于个人，机构不允许购买和持有	个人、机构都可以购买
发行方式	承购包销	包销或代销	公开招标

专栏 1－3：全国首只 20 年期地方政府债在上海证券交易所成功发行

2018 年 8 月 22 日，20 年期内蒙古自治区政府一般债券在上海证券交易所成功招标发行，这是我国首只超长期限地方政府一般债券，也是首只保险机构认购超九成的地方政府债券。本只债券发行规模为 100 亿元，发行利率为 4.44%，较国债基准上浮 12.6%。该债券市场认可度高，认购倍数达 3.09 倍，其中证券公司合计投标 189.3 亿元，为发行规模的 1.89 倍，中标金额 50.5 亿元，为发行规模的 50.5%，刷新证券公司承销团单券承销记录。值得指出的是，本只债券 90% 以上都由保险机构认购。内蒙古自治区财政厅本次同时发行了 20 亿元 1 年期一般债和 80 亿元 2 年期一般债，从而在财政部允许的期限比例范围内，丰富了内蒙债的期限品种，为形成期限结构完整的地方债收益率曲线奠定了良好基础，有利于提高地方债发行利率市场化水平。

资料来源：《中国证券报》2018 年 8 月 23 日。

公司债券是公司为满足资金需求而发行的债券，发行人主要是股份有限公司和有限责任公司。我国债券市场上的公司债券可分为普通公司债券和可转换公司债券两大类。无论是普通公司债券还是可转换公司债券均可在证券交易所上市交易。

在公司债券中，有一些是由银行和非银行的金融机构发行的，这些公司债券也被称为金融债券。20 世纪 60 年代以前，只有投资银行、投资公司之类的金融机构才发行金融债券，因为这些金融机构一般不吸收存款，或只吸收少量长期存款，发行金融债券成为其筹措资金的一个重要来源。而商业银行因能吸收存款，有稳定的资金来源，一般不被允许发行金融债券。60 年代以后，商业银行也加入发行金融债券的行列。商业银行发行金融债券的目的，一是筹资用于某种特殊用途，二是为了改变资产负债结构。吸收存款和发行债券都是商业银行的资金来源，构成它的负债。但存款的主动权在储户，商业银行在吸纳和控制存款上比较被动。发行债券则是商业银行的主动负债，商业银行有更大的主动权和灵活性。目前，发行金融债券已经成为金融机构扩大信贷资金来源的手段。在资金运用方面，发行金融债券所筹集的资金，一般是专款专用，用于定向的特别贷款。而通过吸收存款所筹集的资金，通常用于一般性贷款。

从风险和收益的关系上看，公司债券的风险最大、其次是金融债券、最后是国债，收益大小次序也基本一致。

 专栏1-4：中国的债券市场

中国债券市场主要有三类：银行间市场、交易所市场和柜台市场。银行间市场的参与者大多是金融机构，如保险公司、商业银行、基金等，个人投资者无法参与。但个人投资者可通过投资债券型基金、货币市场基金等间接参与这个市场。大多数债券是在银行间市场交易的，银行间市场的交易量占到中国债券市场总交易量的90%。在银行间市场交易的债券品种有记账式国债、央行票据、政策性金融债、公司的短期融资券、企业债券和中期票据等。其中，央行票据、政策性金融债、短期融资券、中期票据只在银行间交易，它们的总量占到中国债券总量的60%以上。交易所市场是指证券交易所，在交易所交易的债券主要有记账式国债、公司债、部分企业债、可分离债券的纯债和可转换债券。其中，公司债、可分离债券的纯债、可转换债券只在交易所交易。交易所市场交易量占到中国国债市场总交易量的7%左右。柜台市场交易量占中国债券市场总交易量3%左右，主要是凭证式国债。

5. 按照担保方式划分，债券可分为抵押债券和信用债券

抵押债券是以企业财产作为担保的债券，按抵押品的不同又可以分为一般抵押债券、不动产抵押债券、动产抵押债券和证券信托抵押债券。以不动产如房屋等作为担保品的，称为不动产抵押债券；以动产如适销商品等作为抵押品的，称为动产抵押债券；以有价证券如股票及其他债券作为担保品的，称为证券信托抵押债券（亦称质押债券），发行质押债券的公司通常要将作为担保品的有价证券委托信托机构（多为信托银行）保管，当公司到期不能偿债时，即由信托机构处理质押的证券并代为偿债，这样就能够更有力地保障投资人的利益。

信用债券是不以任何公司财产作为担保，完全凭信用发行的债券，如政府债券。除此之外，一些公司也可发行公司信用债。与抵押债券相比，信用债券的持有人承担的风险较大，因而往往要求较高的利率。为了保护投资人的利益，发行这种债券的公司往往受到种种限制，只有那些信誉卓著的大公司才有资格发行。此外，在债券契约中一般都要加入保护性条款，如不能将资产抵押给其他债权人、不能兼并其他企业、未经债权人同意不能出售资产、不能发行其他长期债券等。一般来说，普通的公司债券都是没有任何资

产做抵押的,因而都属于信用债券。

(二) 债券的风险

与股票相比,债券收益较低,但收益相对固定,且可按期收回本金,投资比较安全。债券风险小还体现在价格波动幅度上,股票价格的日波动一般在3%~4%,有时可达到10%。而债券价格的日波动非常小,例如,国债价格日波动一般在0.05%左右,超过0.1%就已经算是很大的幅度了。此外,债券风险小也体现在公司破产清算时债权的清算顺序优先于股权,如果公司资产大于负债,其发行的债券还是能够保本的。虽然相对于股票而言,债券投资风险较小,但投资债券仍然可能遇到如下风险。

1. 利率风险

利率风险是指由于市场利率的变动导致债券价格和收益率发生变动的风险。一般来说,债券价格与市场利率呈反向变动关系。即市场利率上升,债券价格下跌;市场利率下降,债券价格上升。这是因为债券是固定收益证券,每年发放的债息比较稳定,如果市场利率上升,就会迫使所投资债券的收益率也必须随之上升,才能保证债券对投资者的吸引力。在债息固定的情况下,债券收益率的上升只能通过调低债券价格来实现,因此市场利率上升一般会导致债券价格下跌。反之,当市场利率下降时,债券收益率也会随之下降,而债券价格则会上升。因此,当市场利率上升时,债券价格一般会下跌,如果债券持有人此时出售债券,就会遭受资本损失。一般来说,债券剩余期限越长,该债券在存续期内遇到的市场影响会越多,债券的利率风险就越大。

【例题1-1】债券价格与市场利率呈反向变动。

20×6年1月1日,李扬购买了一张新发行的面值1000元,票面利率5%的2年期国债,每年支付利息一次,这是20×6年1月1日的平均利率水平。于是,李扬将在20×7年1月1日获得50元息票支付,在20×8年1月1日得到1050元(1000元本金+50元利息)。20×7年1月1日,收到第一年息票后,李扬决定卖掉债券为度假筹集资金。如果20×7年1月1日政府新发行的1年期国债利率为6%(代表市场利率),那么你会用多少钱去购买李扬的这份债券?

如果用1000元购买李扬的债券,1年后将获得1050元,而用1000元购买新债券，1 年后将获得 1060 元。所以，李扬持有的这张债券对于投资者来说已不值 1000 元。实际上，如果你要按 6% 的利率获得回报，那么只有当李扬债券的价格为 1050 ÷ (1 + 6%) = 991（元）时你才会购买。

由于新发行的债券利率一般按照当时的市场基准利率来设计的，所以市场利率上升就会导致新债券的利率高于旧债券的利率，在债息固定的条件下，要使投资旧债券的收益率等于投资新债券的收益率，就必须调低旧债券价格，从而使旧债券价格下降。这表明债券价格与利率是负相关的。

虽然，利率上升会导致债券价格下降，但有一点非常重要，那就是除非债券持有人在价格低迷时将该债券出售。上升的利率所导致的仅仅是债券账面价值的损失，而不是实际损失。假设某个投资者购买了面值 1000 元的债券，由于利率上升，债券价格下降到 900 元。除非债券持有人出售该债券，否则损失仅仅表现在账面上。而且，只要持有该债券至到期日，就一定会保证 1000 元本金的收回（发行者不违约的情况下）。与此相比，假设某个投资者购买了 50 元/股的股票，如果股价降到 40 元/股，该投资者的损失也仅仅是每股 10 元的账面损失，而非实际损失。但与债券不同的是，当不考虑持有期时，投资股票并不保证每股 50 元的本金一定能够收回。

2. 再投资风险

如果投资者将收到的债券利息再投资于该债券，其再投资收益（利息的利息）在很大程度上取决于每次再投资时的市场利率。当市场利率走低时，债券价格上升，再投资收益率会降低；当市场利率上升时，债券价格会下降，再投资收益率会上升。因市场利率变动造成的再投资收益率的变动就是再投资风险。有意思的是，在某种程度上，利率风险与再投资风险可以相互抵消。例如，对于附息债券而言，当市场利率上升，债券价格就会下降，但债息的再投资收益率则会上升，二者在一定程度上可相互抵消，这一规律可以被用于债券组合管理中的免疫技术。

3. 流动性风险

流动性是指将资产以合理的价格变现的难易程度。流动性风险与市场交易活跃度有关，如果市场交易量不足，缺乏足够的交易对手，就可能产生流动性风险。一般来说，可以根据债券的买卖差价来判断其流动性风险的大小，差价越大，流动性风险越高。在交易活跃的市场上，债券的买卖差价通常很小，流动性风险也就较小。当然，对于那些打算将债券持有至到期日的投资者来说，流动性风险就不重要了。

4. 通货膨胀风险

通货膨胀风险也称购买力风险，是指通货膨胀造成的债券投资的现金流（包括本金及利息收入）的购买力的下降。对于非浮动利率债券而言，由于息票率固定不变，因此其持有人会面临通货膨胀风险。但对于浮动利率债券而言，其息票率在一定程度上反映了预期的通货膨胀率，其通货膨胀风险较低甚至可忽略不计。

5. 违约风险

违约风险也称信用风险，是指债券发行人不能按时、足额支付债券利息或偿还本金的可能性。相对于其他风险，信用风险发生概率低，但一旦发生这种风险，给投资者带来的直接经济损失将十分巨大，因而投资人一定要对发行人的资信多加了解。

对于一般投资者而言，由于受时间、信息所限，很难对众多债券的违约风险进行准确判断，因此需要专业机构对债券进行信用评级。所谓信用评级，是指专业信用评级机构对债券发行人所发行债券的还本付息能力和可信任程度的综合评价，是反映债券违约风险的重要指标。债券评级一般由专业的信用评级机构发布，目的主要是为债券投资提供参考依据。

一般来说，公司债券的信用与公司经营风险相关，当公司经营不善，资不抵债时，就会产生公司债券的违约风险。相对而言，一般情况下国债的违约风险很小，因为政府有货币发行权，在财政困难的情况下，政府可通过大量发行货币来偿还债务，但这样做会导致通货膨胀，使国债的实际购买力贬值。但是如果政府失去了货币发行权，则也可能产生国债信用风险，如近年来欧元区某些国家的主权债务危机。

6. 赎回风险

很多债券尤其是公司债券和市政债券是可赎回的。赎回条款往往规定债券发行人可在利率水平较低时以特定的价格从债券持有人处赎回自己发行的债券，从而产生赎回风险。为了防止赎回情况发生，投资者不得不接受较低的债券票面利率。有时债券会设定提前赎回保护条款，保证债券在一定时期内不被赎回。

（三）债券的收益率

投资债券主要可以获得三种形式的收益：一是债息，有些债券采取一次性付息的债息支付方式，也有些债券采取分期付息（息票）的债息支付方式；二是资本利得，即买卖债券的价格差收入；三是利息收入的再投资收益。

投资者在投资债券时需要对债券的收益率有一个合理的评估，这就需要了解哪些因素在影响债券收益率。影响债券收益率的因素很多，但主要是基础利率、风险溢价。

基础利率是投资者所要求的最低利率，一般使用无风险的国债收益率作为基础利率的代表，并应针对不同期限的债券选择相应的基础利率基准。

风险溢价是指债券收益率与基础利率之间的利差，它反映了投资者投资于非国债的债券的额外风险。影响风险溢价的因素包括发行人的类型、发行人的信用度、提前赎回等条款、税收负担、债券的预期流动性、到期期限等。例如，债券发行人的信用度越低，投资者要求的收益率越高；债券期限越长，投资者要求的收益率也越高。

计算债券收益率，需要对货币的时间价值（time value of money）有一个清晰的认识。所谓货币的时间价值是指货币随着时间的推移而发生的增值，或者说当前所持有的一定数量的货币比未来获得的等量货币具有更高的价值。货币之所以有时间价值，至少有两个原因：一是货币经历一定时间的投资和再投资所增加的价值，二是货币的购买力会因通货膨胀的影响而随时间改变。具体分析货币的时间价值需要掌握终值、现值和净现值这三个相关概念。

终值（future value）与现值（present value）是相互联系的两个概念。在投资过程中，不同的证券可能意味着不同的现金流（cash flows）。例如，一种债券可能会为你带来2年后的1000元收入，而另一种债券可能为你带来两笔收入，即1年后的500元和2年后的500元。我们该如何比较这两种债券的收益率高低呢？显然，不能简单地将两种现金流直接对比，因为不同时间的收入是无法直接比较的。

如果年利率是5%，那么将现在的1元钱进行投资，1年后将变为$1 \times (1 + 5\%) = 1.05$（元），1.05元就是现在1元钱1年后的终值。1年后的1元钱实际上只相当于现在的$1 \div (1 + 5\%) = 0.95$（元），0.95元就是1年后1元钱的现值。

现值和终值的计算公式是：

$$PV = \frac{FV}{(1+r)^n} \tag{1-1}$$

其中，PV 为现值，FV 为终值，r 为利率，$1/(1+r)^n$ 为复利现值因子。根据终值求现值的过程称为贴现（discount）。

净现值（net present value，NPV）是指某一投资方案未来现金流入的现值与未来现金流出的现值之间的差额，它是投资决策中最基本的一个评价指标，一般来说，如果一项投资的 NPV 大于 0，就表明该项投资可行。反之，如果一项投资的 NPV 小于 0，则表明该项投资是不可行的。

有了终值、现值以及净现值这些基本的货币时间价值概念后，我们就可以计算债券的收益率了。债券收益率有很多种不同的形式，在讨论债券收益率时，一定要指出是在使用哪一种债券收益率。

1. 当期收益率

当期收益率度量的是债券每年支付的利息与购买价格的比值，即当期收益率 = 债券年利息收益 ÷ 债券市场价格 × 100%。

【例题 1 - 2】当期收益率的计算。

某债券票面价值是 1000 元，购买价格是 860 元，票面利率是 6%，则有：

当期收益率 = 1000 × 6% ÷ 860 = 6.98%

2. 持有期收益率

假设投资者在一个时期的期初买入某债券，一直持有到该时期的期末卖出该债券，并且在该持有期内投资者将收到的任何债息都再投资于该债券（通常假设投资者以收到债息时的市场价格买入更多份该债券），投资者持有该债券的期末价值与期初价值之间所产生的收益率被称为持有期收益率。其计算公式是：

持有期收益率 = 持有期末的价值 ÷ 持有期初的价值 - 1

事实上，持有期收益率不仅适用于评估债券收益率，也适合评估其他证券的收益率，特别是普通股的收益率。

3. 到期收益率

到期收益率是指投资者购买债券后一直持有到期所能获得的报酬率，实际上也就是使债券未来现金流的现值等于当前债券市场价格的贴现率，即内部收益率（internal return rate，IRR），到期收益率是一种最常用的债券收益率。

其计算公式是：

$$P = \sum_{t=1}^{T} \frac{C_t}{(1+r)^t} \qquad (1-2)$$

其中，P 为债券价格；T 为债券期限；t 为现金流到达的时间；C 为现金流金额；r 为到期收益率。

【例题 1-3】到期收益率的计算。

假设目前市场上有一种附息债券，该债券从现在起一年后向投资者支付 50 元债息，两年后到期时支付 1000 元本金和 50 元债息，该债券的当前市场价格为 946.93 元，该债券的到期收益率是多少？

解：$946.93 = \dfrac{50}{(1+r)} + \dfrac{1000+50}{(1+r)^2}$，到期收益率 $r = 7.975\%$。

通常，我们用债券的到期收益率来描述性质不同的债券的市场价格结构，这一总的结构也称为债券的收益结构（yield structure）。而不同到期日的所有债券的收益率组成了债券的期限结构（term structure），不同违约风险的所有债券的收益率构成了债券的风险结构（risk structure）。

4. 即期利率与远期利率

从借贷交易的交易方式看，按照资金借贷合约是否立即生效和进行交易，可分为即期交易和远期交易，相应地，其合约约定的利率分别称为即期利率和远期利率。所谓即期利率是指从目前时点开始计算的未来一定期限的利率。例如，若目前投资的 1 元本金在一年后得到 1.05 元，则 1 年期的即期利率为 $(1.05-1)/1 = 5\%$。所谓远期利率是指在当前确定的未来两个时点之间的利率水平。例如，某个远期贷款合约规定，贷款人同意在一年后向借款人提供一年期的贷款 100 万元，到期借款人归还 104 万元，则这个 $(104-100)/100 = 4\%$ 的年利率就是一种远期利率，即一年之后的年利率。

就债券而言，即期利率是指某个特定时点上零息债券（纯贴现债券）的到期收益率。一般地，t 年期零息债券的即期利率可用以下公式计算：

$$P_t = \frac{M_t}{(1+r_t)^t} \qquad (1-3)$$

其中，P_t 为 t 年期零息债券的当前市价，到期时价值为 M_t，r_t 为即期利率。

【例题 1-4】债券 A 为一年期零息债券，目前市场价格为 934.58 元，到期时投资者将得到 1000 元，求其一年期即期利率。

解：根据式 (1-3)，$934.58 = \dfrac{1000}{(1+r_1)^1}$，一年期即期利率 $r_1 = 7\%$。

【**例题 1 – 5**】债券 B 为两年期零息债券，目前市场价格为 857.34 元，到期价值为 1000 元，求其两年期即期利率。

解：根据式（1 – 3），$857.34 = \dfrac{1000}{(1+r_2)^2}$，两年期即期利率 $r_2 = 8\%$。

【**例题 1 – 6**】债券 C 为两年期附息债券，第一年支付债息 50 元，第二年支付债息和本金 1050 元，一年期零息债券的即期利率为 7%，债券 C 目前的市场价格为 946.93 元，求债券 C 的两年期即期利率。

解：根据式（1 – 3），$946.93 = \dfrac{50}{(1+0.07)^1} + \dfrac{1050}{(1+r_2)^2}$，两年期即期利率 $r_2 = 8\%$。

就债券而言，其远期利率是今天确定的、由未来某个确定的时间借入并在未来更远的时间偿还的货币所支付的利率。

从第 $t-1$ 年到第 t 年的远期利率是指将第 t 年得到的 1 元贴现到第 $t-1$ 年的等价价值的贴现率，可用如下公式计算：

$$\frac{1/(1+f_{t-1,t})}{(1+r_{t-1})^{t-1}} = \frac{1}{(1+r_t)^t} \tag{1 – 4}$$

其中，$f_{t-1,t}$ 为从第 $t-1$ 年到第 t 年的即期利率，r_{t-1} 为 $t-1$ 年期的即期利率，r_t 为 t 年期的即期利率。

例如，对于【例题 1 – 6】中的债券 B，两年后支付的 1 元可分两步贴现，第一步确定其等价的一年后的价值，也就是，两年后得到的 1 元等价于一年后得到的 $1/(1+f_{1,2})$ 元，第二步确定等价的一年后价值按一年期即期利率 7% 贴现的现值，于是其当前价值为 $\dfrac{1/(1+f_{1,2})}{(1+0.07)} = 0.85734$，$f_{1,2} = 9.01\%$ 就是从第一年到第二年的远期利率，也就是说，远期利率是确定两年后收到的 1 元的一年后的等价价值的贴现率。

（四）债券的内在价值

资产价值分析的目标是发现资产的内在价值，一般采用收入资本化法（capitalization of income method of valuation）或称现金流贴现法。按照收入资本化法，任何资产的内在价值（intrinsic value）都等于投资者对持有该资产后未来所能获得的预期现金流量的贴现值。如果能够确定资产的内在价值，投资者就可通过比较资产的内在价值与市场价格是否一致，来判断该资产的价值是被高估还是被低估，从而做出正确的投资决策。收入资本化法是最基本的资产估值方法。

债券的价值分析也采用收入资本化法来确定债券的内在价值。我们分别介绍贴息债券和固定利率债券内在价值的计算方法。

1. 贴现债券的内在价值

对于贴现债券而言，债券发行价格与面值之间的差额就是投资者的利息收入。由于面值是投资者未来唯一的现金流，因此贴现债券的内在价值 V 的计算公式为：

$$V = \frac{P}{(1+r)^N} \qquad (1-5)$$

其中，P 为债券面值，r 为合理的到期收益率，N 为债券到期时间。

【例题 1-7】计算贴现债券的内在价值。

假设某贴现债券面值 10000 元，期限为 20 年，投资者认为该债券合理的到期收益率应该为 10%，则该债券的内在价值为：

$$V = \frac{10000}{(1+0.1)^{20}} = 1486.44 \text{ （元）}$$

2. 固定利率债券的内在价值

投资者投资固定利率债券不仅可以定期获得固定的利息收入，而且还可以在债券到期时收回本金，其内在价值 V 的计算公式为：

$$V = \sum_{i=1}^{N} \frac{D}{(1+r)^i} + \frac{P}{(1+r)^N} \qquad (1-6)$$

其中，D 为每期支付的债息，P 为债券本金及面值，r 为合理的到期收益率，N 为债券到期时间。

【例题 1-8】计算固定利率债券的内在价值。

假设某固定利率债券面值为 1000 元，期限为 8 年，年利率为 6.5%，即每年支付的债息为 65 元。如果投资者在该债券刚发行时就购买了该债券，且投资者认为合理的到期收益率为 5%，则该债券的内在价值为：

$$V = \sum_{i=1}^{7} \frac{65}{(1+5\%)^i} + \frac{1000+65}{(1+5\%)^8} = 1097.14 \text{ （元）}$$

通过比较债券市场价格与债券内在价值的差异，就可以判断债券价格是被高估还是被低估，从而做出债券投资决策。

债券内在价值与债券市场价格之差称为债券的净现值（NPV），即净现值＝债券内在价值－债券价格。如果净现值大于0，就说明债券内在价值高于债券市场价格，或者说市场利率低于债券承诺的到期收益率，债券市场价格被低估，这是一个买入信号。反之，如果净现值小于0，说明债券内在价值低于债券市场价格，或者说市场利率高于债券承诺的到期收益率，债券市场价格被高估，这是一个卖出信号。

必须注意的是，在使用收入资本化定价方法时，需要先确定债券承诺的现金流量、当前的债券市场价格以及合理的到期收益率，前两个因素相对容易确定，比较难确定的是合理的到期收益率。因为对于什么样的到期收益率才是"合理"的，不同投资者的判断可能不一样，这取决于投资者对债券的某些特点以及当前市场条件的主观评价。因此，债券分析的关键是如何确定合理的到期收益率，一种比较常用的方法是将市场利率作为合理的到期收益率的替代值。

（五）债券价格与到期收益率的关系

在债券投资中，投资者有时需要了解债券价格与到期收益率的关系，凸性和久期是用来度量债券价格如何随到期收益率的变动而变化的两个重要概念。

1. 凸性

一般来说，债券价格与债券的到期收益率之间呈反向变化关系，即到期收益率上升，债券价格下降。反之，到期收益率下降，债券价格上升。但是这种反向关系并非是线性的，而是呈现凸性关系，即债券到期收益率的下降会引起债券价格的上升，且上升的幅度要超过债券到期收益率以同样比率上升引起的债券价格下降的幅度。简单来说就是，随着债券到期收益率的上升，债券价格是边际递减的。债券价格与债券到期收益率的这种关系也被称为债券价格的凸性。虽然典型的债券都存在这种凸性关系，但应该注意，并不是所有债券的凸性程度都一样。债券价格凸性的程度取决于息票利息、债券生命期、债券当前市场价格等多重因素。

具体来说，凸性大的债券，其债券价格－到期收益率曲线弯曲程度也较大；凸性小的债券，其债券价格－到期收益曲线弯曲程度较小。因而，到期收益率增加一个百分点，凸性大的债券下跌幅度较小；到期收益率下降一个百分点，凸性大的债券价格上升幅度较大。在久期相同的情况下，凸性大的债券利率风险较小。

2. 久期

久期（duration）也称平均期限，是指测度一个与某种债券相关的一系列支付流的平均到期期限的概念。它是获得债券所有剩余现金流所需时间的加权平均，其权数等于各个现金流的现值相对于债券价格的比率，其计算公式为：

$$D = \frac{\sum_{t=1}^{T} PV \times C_t \times t}{P_0} \qquad (1-7)$$

其中，D 为久期；$PV \times C_t$ 为时间 t 可收到的现金流的现值，计算时所用的贴现率为债券的到期收益率；P_0 为债券的当前市价；T 表示债券所剩下的时间期限。

【例题 1-9】计算久期。

一种债券的面值为 1000 元，每年支付债息 80 元，剩下的期限为 3 年。由于该债券的当前市价为 950.25 元，因而其到期收益率为 10%。可按照如表 1-2 的方法计算其久期：首先计算每一现金流的现值 $PV \times C_t$，然后分别乘以获得各笔现金流所需的时间，再将各个乘积加总，最后除以债券的市场价格。

表 1-2 久期的计算

接受现金流的时间（年）	现金流数量（元）	贴现因子	现金流现值 = 现金流数量 × 贴现因子（元）	现金流现值 × 时间（元）
1	80	0.9091	72.73	72.73
2	80	0.8264	66.12	132.23
3	1080	0.7513	811.40	2434.21
合计	—		950.25	2639.17
久期 = 2639.17/950.25 = 2.78（年）				

式（1-7）也可改写为以下的计算久期的等价公式：

$$D = \sum_{t=1}^{T} \left(\frac{PV \times C_t}{P_0} \times t \right) \qquad (1-8)$$

其中，现金流的现值 $PV \times C_t$ 是以市场价格 P_0 的一定比率来表示的。将这些比率分别乘以获得各个现金流所需的时间期限，并进行加总就得到债券的久期。按照上述公式，在【例题 1－9】中，债券市场价格的 0.07653（0.07653 = 72.73 元/950.25 元）将在一年后获得，债券市场价格的 0.06958（0.06958 = 66.12 元/950.25 元）将在两年后获得，债券市场价格的 0.85388（0.85388 = 811.40 元/950.25 元）将在 3 年后获得。这些比率的和为 1。注意，零息债券的久期就等于他所剩余的时间期限 T，因为该债券只有一次现金流，而债券市场价格 $P_0 = PV \times C_t$。因此，有 $D = (PV \times C_T \times T)/P_0 = T$。

二、股 票

股票是最常见的证券投资工具，它是股份有限公司签发的证明股东所持股份的凭证。购买股票的投资者成为公司股东，享有对股份公司的所有权。相对于债券等固定收益证券而言，股票被称为权益性证券。所谓权益证券（equity securities）是指这样一类证券，该证券的持有人拥有该证券标的物的财产所有权，普通股和优先股都属于权益证券。股票由股份有限公司发行。股份有限公司属于股份公司，股份公司主要包括有限责任公司和股份有限公司两种形式，二者具有一些共同的特点：

（1）都具有独立法人资格。股份公司作为独立法人，有完备的组织结构，有独立的法人财产，能够独立承担民事责任。

（2）都以股份筹资形式设立。股份公司由一定人数以上的股东发起，并可按照法定程序向社会发行证券来筹资。按照《公司法》规定，股份有限公司的设立可以采取发起设立或者募集设立两种方式。发起设立是指由发起人认购公司发行的全部股份而设立公司，社会公众不参加股份认购。募集设立是指由发起人认购公司发行股份的一部分，其余部分向社会公开募集或者向特定对象募集而设立公司。

（3）股份投资的永久性。不论在有限责任公司还是在股份有限公司，股东对公司的投资是永久的，不可撤回，但在一定条件下可以转让。

（4）都采取法人治理结构，实现了所有权与经营权的分离。公司法人治理结构一般包括股东大会、董事会、监事会、总经理等四个组成环节。股东大会是公司的权力机构。董事会是公司的常设权力机构，由股东大会选出的董事组成，董事长为公司法定代表人。监事会是公司的常设监督机构，由股东大会选举产生，由股东代表和公司职工代表担任，董事、经理和财务负责人不得兼任监事，在股东大会领导下，代表股东大会执行监督职能，保证公司正常有序地经营，防止公司出现滥用职权、危害股东和第三者利益的情况。总经理是由董事会聘任的负责公司日常经营管理的高级管理人员，对董事会负责，负责公司的日常经营。

（5）都对公司债务承担有限责任。一是股东以其认购的股份对公司承担有限责任，二是公司以其全部资产对公司债务承担责任。

但是有限责任公司与股份有限公司也有一些重要区别。例如，在资金募集方式上，有限责任公司只能由股东出资，不能向社会公开募集股份，而股份有限公司则可向社会公开募集股份。在股份划分上，有限责任公司股本不划分为等额股份，股东的出资只按比例计算，股份有限公司资本总额则分为相等金额的股份。在股东人数上，按照《公司法》规定，有限责任公司股东人数设最高限制，不能超过 50 人，而股份有限公司股东人数则有下限即不少于 2 人，但无上限；在股权证明形式上，有限责任公司股东的股权证明形式是出资证明书，不能转让、流通，而股份有限公司股东的股权证明形式是股票，可以转让、流通；在股权转让难易程度上，有限责任公司股东转让自己的股权受到的限制较多，而股份有限公司股东转让股权则比较自由，有各种形式的股票交易市场。在公司治理结构上，有限责任公司治理结构相对简化，规模较小的可不设董事会和监事会，只设 1 名执行董事和 1~2 名监事，而股份有限公司无论公司大小均应设立董事会、监事会和经理。当然，按照《公司法》规定，有限责任公司和股份有限公司在一定条件下也可相互变更。

与债券有一定的持有期限相比，股票投资更具有长期性和稳定性，主要表现在两个方面：一是股东与公司之间的稳定关系，对于股东来说，只要持有股票，其股东身份和权益就不会改变，没有期限限制；二是公司通过股票筹集资金的稳定性，投资者购买了股票就不能退股，只能转让，因此股价的一般波动不会对公司日常经营产生太大影响。与债券投资相比，股票投资还具有参与性特点，即股票投资者作为公司股东有权出席股东大会，通过选举董事会实现其参与权。不过，股东参与公司经营决策的实际权利取决于其持有的股票份额。

（一）股票市场的产生与发展

股票市场的产生与股份公司有着密切关系。尽管股份制在古罗马时代就有了萌芽，但历史上股份公司真正的兴起还是在 15、16 世纪资本主义发展初期的原始积累阶段。随着资本主义经济的发展，传统的独资经营和家族式经营已难以满足对巨额资本的需求，合伙经营越来越普遍，并逐渐演变为股份公司。早期的股份公司主要是为航海、探险、海外贸易和海外殖民提供融资。作为一种有效的组织形式，股份公司既可以满足庞大的资本需求又可以分散航海业固有的风险。1602 年成立的荷兰东印度公司是第一家以长期资本筹资建立的公司。随后，西欧各国相继效仿。股份公司的兴起促进了以发行和转让股票为内容的证券市场的形成。一方面，设立股份公司需要有股票发行市场，以便股份公司能顺利发行股票，筹集资金；另一方面，还需要有股票流通市场，以便投资者转让股票，这样既能为投资者提供充分的选择余地和灵活性，又不影响企业经营的稳定性。

1602 年荷兰出现了世界上最早买卖股票的市场。荷兰海上贸易发达，有大量资本投入到海上贸易中，进而产生了发行与交易股票的需求。当时还没有完备的股票流通市场，更没有独立的股票交易所，所以只能靠本地商人们零星地买卖股票，股票交易也只能在阿姆斯特丹的综合交易所里与调味品、谷物等商品混合在一起交易。

17 世纪后半叶，欧洲经济中心转移到了英国，股份公司在伦敦得到了飞跃发展。在伦敦最古老的交易所——皇家交易所之中，与商品交易混在一起进行买卖交易的有俄罗斯公司、东印度公司等公司的股票。由于交易活跃，所以在皇家交易所进行股票买卖的交易商从中独立出来，在市内的咖啡馆里买卖股票。1773 年在伦敦乔纳森（Jonathan）咖啡馆，股票经纪商正式组织了第一个证券交易所，后来发展成为著名的伦敦证券交易所，这就是现代股票交易所的雏形。1802 年伦敦交易所新大厦落成开业，当时在交易所内交易的证券主要是英格兰银行、南海公司和东印度公司的股票。

美国的证券市场最初主要交易独立战争中发行的各种政府债券，交易集中在华尔街。最初交易者们聚集在露天街角进行买卖，随着证券交易量不断地增加，市场交易日趋混乱。为解决这一问题，1792 年 5 月 17 日，24 位经纪商经过协商，制定了一些交易协议，包括停止不当竞争、只在 24 人之间进行证券买卖交易、最低手续费为 0.25%、每日在梧桐树下聚会交易等，这就是著名的"梧桐树协议"。1793 年，露天的证券交易市场转移至汤迪（Tontine）咖啡馆。1817 年，这些经纪人通过一项正式章程，并定名为"纽约证券交易会"，至此一个集中的证券交易市场基本形成。1863 年，"纽约证券交易会"易名为"纽约证券交易所"。

20 世纪初期，世界股票市场出现了一次发展高潮。首先，股份公司急剧增长，英国这一时期 90% 的资本都处于股份公司控制之下。证券市场的结构由以政府债券为主转变为以公司债券和股票为主；同时控股公司和金融垄断组织也有了明显的发展。由于当时的股份公司发行的股票面值小，股权分散，垄断组织只需收买相对多数的股票，就可控制和操纵某一股份公司。控股公司首先出现在 20 世纪初的美国，它通过发行自己的股票和债券筹集资金，来收购其他公司股票，达到控股的目的。此外，金融公司、投资银行、信托投资公司、证券公司等也发展较快，开始形成金融垄断体系。

但是 1929～1933 年世界经济危机使西方股票市场受到严重挫折。在美国，1929 年 10 月华尔街股市出现大崩盘，引发了金融危机。在随后的 20 世纪 30 年代大萧条时期，美国有 1 万多家银行倒闭，存款人损失惨重，企业也因无法获得信贷而大量破产。大萧条又进一步严重打击了证券市场，到 1932 年 7 月 8 日，道·琼斯（Dow Jones）工业股票价格平均数只有 41 点，仅为 1929 年最高水平的 11%[①]。导致金融危机的一个重要原因是当时商业银行、证券业和保险业的混业经营模式。商业银行将储户的存款大量贷放到股市，促发股市泡沫和极高的银行信用风险。为了防范金融危机的再次发生，美国于 1933 年和 1934 年先后颁布了《证券法》《格拉斯-斯蒂格尔（Glass-Steagall）法》和《证券交易法》。这些法案要求经营存贷款业务的商业银行与经营证券业务的投资银行严格分离，实行金融分业经营制度。同时，成立美国证券与交易委员会作为证券监管机构，加强了证券市场监管。但此后直至二战结束后，世界股票市场的发展相对迟缓。

20 世纪 60 年代开始，在西方经济复兴、信息技术革命和经济全球化的推动下，股票市场又出现新的繁荣，1999 年全球股票市场市值首次超过世

---

① 中国证券业协会 . SAC 证券业从业资格考试教材（2013）［M］. 北京：中国财政经济出版社，2013.

界 GDP 总和，许多国家的证券化率（证券总市值/GDP）超过 100%，世界证券市场呈现出一些新的特点：

（1）证券市场国际化。随着经济全球化和网络技术的普及，各国证券市场开放程度逐渐提高，本国企业可以到国外上市，政府可以在国际市场上发行债券，投资者可投资国外证券市场，世界一些主要证券交易所相互兼并，逐渐形成全球性证券市场。

（2）证券市场信息化。证券市场广泛采用信息技术，形成了网上发行和交易系统。电子交易系统的广泛应用，大大降低了融资成本，提高了交易效率，并使国际证券市场突破了时间和空间限制，实现了网络化。在今天的许多国际性金融中心，投资者可以 24 小时不间断地在国际证券市场进行交易。

（3）金融创新活跃。在金融管制放松以及新金融理论和技术的支持下，大量衍生金融工具被创造出来。活跃的金融创新丰富了证券市场品种，扩展了证券市场的功能，提高了证券市场的效率。但同时，过度的金融创新也增加了证券市场的投机性，甚至引起国际金融市场频频发生剧烈的震荡和危机。

 专栏 1-5：资产证券化

所谓资产证券化（asset securitization）是指一些机构将其拥有的流动性较差但质量较高，预期未来有稳定现金流收入的资产汇集起来，形成一个资产池（资产组合），然后出售给某一个信托机构，后者进行必要的信用增级后，发行以该资产池为担保的可在市场上流通的证券的过程。实际上，资产证券化就是以特定资产组合或特定现金流为支持，发行可交易证券的一种融资方式。进行资产证券化后，原资产所有人就将被证券化资产的未来现金流收益权转让给投资者。

资产证券化最常见的形式是资产担保证券。1985 年，美国斯佩里（Sperry）公司以计算机租赁应收款为担保，发行了世界上第一只资产担保证券。后来，这种新型融资方式也被引入我国。例如，1996 年珠海市人民政府在开曼群岛注册了珠海市高速公路有限公司，以珠海当地机动车的管理费及外地过境机动车所缴纳的过路费作为支持发行总额为 2 亿元的资产担保债券[①]。随后，国内高速

---

① 袁景潮. 资产证券化风险隔离的法律原理［N］. 时代金融，2011-05-30.

公路建设都不同程度地引入了这种证券化融资方式。通过资产证券化将流动性较低的资产如银行贷款、应收账款、房地产等转化为具有较高流动性的可交易证券，提高了基础资产的流动性，便于投资者进行投资，还可改变发起人的资产结构、改善资产质量，加快发起人资金周转。但如果在资产证券化过程中，过度利用财务杠杆，无节制地开发过度打包的基础产品，就会使高杠杆产品的风险蔓延，引发金融危机，如2007年美国次级贷款危机。

（4）投资者法人化。投资基金、养老金、保险公司、证券公司等机构投资者在证券市场的投资比例越来越大，日益成为证券市场的主导力量。

与西方国家相比，中国股票市场出现较晚。1872年轮船招商局发行了最早的华商股票。1891年上海一些外商经纪人组建了中国最早的证券市场"上海股份公所"和"上海众业公所"，主要买卖外国企业股票、公司债券、南洋一带的橡胶股票、中国政府的金币公债以及外国在华机构发行的债券。中国人自己创办的第一家证券交易所是1918年成立的北平证券交易所。中华人民共和国成立前，上海、北京、天津、广州、青岛等城市的证券市场都有一定发展，其中上海一直是中国的证券交易中心。中华人民共和国成立后，由于历史原因，证券市场很快被摒弃。改革开放以后，证券市场逐渐恢复，特别是1990年12月19日上海证券交易所的成立和1991年7月3日深圳证券交易所的成立，标志着中国证券市场进入了一个新的全面发展阶段。

（二）股票的种类

证券市场上股票的种类很多，投资者往往根据不同的标准对股票进行分类。最常用的分类是按股东享有的权利不同，将股票划分为普通股票和优先股票。

普通股票（common stock）是标准的股票，也是最常见的股票。通过发行普通股所筹集的资金，成为股份有限公司注册资本的基础。普通股股东是股份公司基本股东，依法享有资产收益、参与重大决策和选择管理者等权利。

优先股票（preferred stock）是一种特殊的股票，是介于固定收益证券（fixed-income securities）和权益证券（equity securities）之间的一种混合型证券。一方面，优先股票作为一种股权凭证，代表对公司的所有权，这与普通股类似；另一方面，优先股享有固定股息，这与债券类似，因此优先股很像是一种永久性债券。但是优先股与债券还是有所不同的。首先，对优先股的股息支付被视为收益分配，因此不能作为发行公司的财务费用从税收中扣除，但债券的利息支付可以从税收中扣除，这在一定程度上增加了发行公司发行优先股的融资成本。其次，即使发行者没有支付优先股股息，也不构成破产；但如果发行者不支付债券利息，则可能会导致破产。最后，与普通股股东相比，优先股股东在某些方面（如公司盈利分配和剩余资产分配）具有优先权，但其他一些权利（如参与公司重大决策和认购新股）则受到限制。

优先股又可进一步分为累积优先股和非累积优先股。累积优先股是指如果发行人无力支付优先股股息，那么这些股息将会被累积起来，直至所有优先股股息被足额支付为止，并且在优先股的股息被足额支付之前，普通股股东不能得到股息。非累积优先股是指如果某次股息没有足额支付或者完全没有支付，则优先股股东必须放弃这次股息，当然在这种情况下，优先股股东一般会获得其他补偿，如可能被授予投票权。

普通股与优先股的区别如表1-3所示。

表1-3　　　　　　　　　普通股与优先股的区别

分类	普通股股票	优先股股票
决策参与权	股东享有公司重大决策的参与权	一般无表决权
收益分配权	公司税后利润分配顺序：偿债→缴税→支付优先股股息→分配普通股红利	股息率固定。盈利分配顺序先于普通股
优先认股权	有优先认股权①	无优先认股权
剩余资产分配权	公司破产清算时剩余资产的支付顺序：支付清算费用→支付员工工资和劳动保险费用→缴付所欠税款→清偿公司债务→按持股比例分配给股东	公司剩余资产分配上，优先股股东排在债权人之后，普通股股东之前

在我国证券市场上，还有A股、B股、H股等股票种类。A股（人民币普通股票）由境内公司发行，在境内上市，供境内机构或个人以及境外机构投资者用人民币购买和交易。B股（人民币特种股票）是境内上市外资股，

① 在公司保持一定比例所有权的权利是通过优先认股权来实现的。这个概念是由公司决定增发新普通股时对现有股东股权的稀释产生的。例如，假设一家公司有100万股流通股，现在打算向新投资者出售20万股新股，那么现有股东在该公司的持股比例将下降到67%。优先认股权就通过给予现有股东比其他投资者更优先购买新发行股票的权利来防止股权稀释。优先认股权超过限期后就会作废。过期后剩余的新股就可以出售给其他投资者了。

由境内公司发行，在境内上市，以人民币标明面值，由境内外投资者以外币交易。在上海证券交易所交易的 B 股以美元标价，在深交所交易的 B 股以港元标价。H 股是指注册地在内地、上市地在香港的股票。香港的英文是 HONGKONG，取其字首，在香港上市的外资股就叫作 H 股。

在股票市场上，有一些关于股票的习惯提法，如按照股票规模，将股票分为大盘股、中盘股、小盘股。例如，国内通常将股票按照流通市值排序，累计流通市值前 30% 的股票为大盘股；累计流通市值中间 40% 的股票为中盘股；累计流通市值后 30% 的股票为小盘股。也有人将市值小于 5 亿元人民币的公司股票归为小盘股，将市值超过 20 亿元的公司股票归为大盘股。又如，那些在其所属行业内占有重要支配性地位、业绩优良、成交活跃、红利优厚的大公司股票通常被称为蓝筹股。"蓝筹股"一词最早出现在 1904 年的《华尔街日报》上。"蓝筹"一词源于西方赌场，在西方赌场中，蓝色筹码最为值钱，红色筹码次之，白色筹码最差。蓝筹股一般经营管理良好，创利能力稳定，风险较小。例如，上证 50 指数的成分股都是蓝筹股的代表。

（三）股票的风险

与债券投资相比，股票投资的风险较大。股票投资的风险主要来自两个方面：一是股价下跌的风险，这是投资股票最常见的风险。股价下跌的风险可能是一种系统性风险，例如股票市场整体走弱所导致的股价下跌风险，也可能是一种非系统性风险，例如来自上市公司自身的某些负面消息所导致的股价下跌风险。二是由于上市公司持续亏损所产生的退市或破产的风险。一家公司的上市交易资格并不是永久的，如果上市公司出现持续亏损就会面临被强制退市的风险或者公司破产清算的风险。这类风险虽然不是经常发生，但一旦发生会给投资者带来非常巨大的损失。

（四）股票的收益

与债券相比，投资股票的收益率较高。一般来说，股票投资的收益主要包括资本利得和股息收入。股息收入又可分为现金股息和股票股息。资本利得是指股票买卖的差价收益，可正可负，主要取决于公司经营状况、股票市场的价格波动以及投资者的投资水平。

股息是指股东从公司领取的红利，其来源是公司税后净利润。公司从营业收入中扣减各项成本和费用支出、应偿还的债务及应缴纳税金后，余下的即税后净利润。从税后净利润中提取法定公积金、公益金，支付优先股股息和提取任意盈余公积金后，剩下的资金才可用于支付普通股股息。股息的具体形式主要有现金股息和股票股息。

现金股息以货币形式支付，派发现金股息使公司的资产和所有者权益同时减少，股东手中的现金增加。派发数量取决于董事会对公司的长远发展和股东目前利益的权衡。一般来说，股东更偏重目前利益，希望派发更多的现金股息，而董事会更关心公司的财务状况和长远发展，希望保留更多的现金用于公司经营。但是由于股息的高低会影响公司股价，而股价又会影响公司的信誉和筹资能力。所以，董事会对股息发放政策也要进行合理的权衡。

股票股息俗称"送红股"，通常由公司用新增发的股票或一部分库存股票作为股息代替现金分派给股东。股票股息一般按股东持股比例进行分配，实际上是当年留存收益的资本化，也就是说，股票股息是股东权益账户中不同项目之间的转移。对公司的资产、负债、股东权益总额毫无影响，但总股本增大了，同时每股净资产降低了。

对上市公司来说，在股东分红时是送红股，还是完全不分红、将利润滚存至下一年度，并没有什么区别，都是把应分给股东的利润留在企业作为下一年度发展生产所用的资金。但当上市公司不分红或将利润滚存至下一年时，这部分利润就以资本公积金的形式记录在资产负债表中。而送红股时，这一部分利润就要作为追加股本记录在股本金中，成为股东权益的一部分。因此，在送红股时，上市公司股本发生了变化，上市公司需到当地工商管理机构进行重新注册登记，并对外发布股本变动公告。

要注意区别送红股与公积金转增股本的关系。送红股与公积金转增股本都是使股东无偿获得上市公司分配的股票，只是上市公司在财务核算的账务处理上不一样。

送红股即股票股利，是上市公司将应分给投资者的股利以股票的形式发放。从会计角度来讲，股票股利只是资金在股东权益类账户下的转移，是将资金从留存收益账户转移到股本账户，并不改变股东的股权比例，也不增加公司资产。每位股东所持有股票的市场价值也保持不变，而增加的股本摊薄了每股收益。资本公积金转增股本是指用资本公积金向股东转送股票。资本公积金与股本、未分配利润、盈余公积金等同属于股东权益类账户，这些都是公司净资产，都归投资者所有。从会计角度讲，用资本公积金转增股本，也可看作是股东权益类账户下的转账，即记减资本公积金，同时将转增的金额记入股本账户，投资者在公司中的权益当然不可能因此增加。

可见，送红股与公积金转增股本的实质是股东权益的内部结构调整，对净资产收益率没有影响，对公司盈利能力也并没有任何实质性影响。送红股与公积金转增股本后，公司股本总数虽然扩大了，但股东权益并不因此而增加。在公司送红股与公积金转增股本方案的实施日，公司股价将做除权处理。例如，某公司实施"每 10 股转增 20 股"的分配方案，登记日的收盘价为 30 元/股，投资者持有 100 股，市值 3000 元，该方案实施后，虽然投资者的股份增多了，由 100 股变成了 300 股，但股价却由每股 30 元变成了除权后的 10 元，除权后如股价没变化，投资者的股票市值还是 3000 元。可见，尽管送红股或公积金转增股本的方案使得投资者手中股票数量增加了，但股价也将进行相应的调整，投资者持股比例不变，持有股票总价值也未发生变化。既然送红股、公积金转增股本只是增加了投资者持有的股票，而没有改变投资者在公司中的权益，那么很显然的一个结果就是每股所拥有的权益同比例下降了，并且，若公司下年度经营状况与上年度相差不大，则下年度每股收益亦将同比例下降。

上市公司选择送红股或公积金转增股本的分配方案，其动机比较复杂。有的是想借此保持良好的市场形象，也有一些股价较高、股票流动性较差的公司，希望通过送红股或公积金转增股本降低股价，增强公司股票的流动性。除此之外，也不排除个别上市公司出于配合二级市场炒作，或者配合大股东和高管出售股票，或者配合激励对象达到行权条件，再或者为了在再融资过程中吸引投资者认购公司股票等目的而推出大比例送红股或公积金转增股本的分配方案。

（五）股票的内在价值

对股票的内在价值的估值方法主要包括股息贴现模型（dividend discount models，DDM）和市盈率估值模型。

1. 股息贴现模型

股息贴现模型也称现金流贴现模型，它是运用收入资本化的方法来决定股票的内在价值，因为对任何股票的投资的现金流都是自股票购买之后的所有预期股息收益。按照股息贴现模型，假设投资者现在买入某只普通股股票，第 N 年卖出，该股票 i 时刻的预期现金流为 D_i。则该股票的内在价值为：

$$V = \sum_{i=1}^{N} \frac{D_i}{(1+r)^i} \qquad (1-9)$$

在评估股票内在价值的基础上，可以根据净现值（NPV）即股票内在价值与股票投资成本之差来进行投资决策。

若 NPV > 0，说明所有预期现金流入的现值之和大于投资成本，即该股票价格被低估，具有投资价值。若 NPV < 0，说明所有预期现金流入的现值之和小于投资成本，即该股票价格被高估，不具有投资价值。若 NPV = 0，所有预期现金流入的现值之和等于投资成本，这时的贴现率被称为内部收益率。

运用现金流贴现法评估股票内在价值，需要投资者能够预测未来各期获得的股息，这是十分困难的。为此，人们提出了关于股息增长率的不同假定，根据这些假定可以得到不同的股息贴现模型，如零增长模型、常数增长模型、多元增长模型等。

（1）零增长模型。

零增长模型假设股票的股息增长率 g 为 0，即股息按一个固定数量支付。在这个假设下，股票的内在价值为：

$$V = \sum_{i=1}^{\infty} \frac{D_0}{(1+r)^i} = D_0 \sum_{i=1}^{\infty} \frac{1}{(1+r)^i} = \frac{D_0}{r} \qquad (1-10)$$

其中，D_0 为每期支付的固定股息。

【例题 1 – 10】 股票估值。

解：假定某股票每年固定支付股息为 2 元/股，必要收益率为 10%，该股目前股价为 15 元，投资者是否应该购买该股票？

根据零增长模型，该股票的内在价值 $V = 2 \div 10\% = 20$（元），每股净现值 20 – 15 = 5（元），净现值大于 0，说明该股价值被低估，应该购买该股票。

由于优先股股东可以无限期地获得固定股息，因此可以采用零增长模型计算优先股的内在价值：

$$V = \sum_{i=1}^{\infty} \frac{D_0}{(1+r)^i} = D_0 \sum_{i=1}^{\infty} \frac{1}{(1+r)^i} = \frac{D_0}{r} \qquad (1-11)$$

其中，V 为股票内在价值；D_0 为每期分配的固定股息；r 为贴现率，即必要风险收益率，它由资金的时间价值和市场对该证券风险程度的评价所决定，实质反映了该证券的风险水平。风险越高，贴现率越大。

【例题 1-11】 优先股估值。

某优先股每年支付股息 10 元/股，必要收益率为 8%，试计算该优先股内在价值。

解：根据式（1-11），$V = \dfrac{D_0}{K} = \dfrac{10}{8\%} = 125$（元）。

（2）常数增长模型。

常数增长模型包括两种情况：一是股息按照一个固定的增长率增长，二是股息以固定不变的绝对值增长。第一种情况比较普遍，我们只讨论这种情况。假设股息按照某个固定的增长率 g 增长，则第 i 期的股息为 $D_i = D_0(1+g)^i$。

按照现金流贴现模型，假设 $r > g$，则该股票的内在价值为：

$$V = \sum_{i=1}^{\infty} \frac{D_0(1+g)^i}{(1+r)^i} = D_0 \sum_{i=1}^{\infty} \frac{(1+g)^i}{(1+r)^i} = \frac{1+g}{r-g}D_0 = \frac{D_1}{r-g} \qquad (1-12)$$

其中，$D_1 = D_0(1+g)$，为第 1 期支付的股息。

【例题 1-12】 利用常数增长模型估值。

某股票今年每股支付股息 2 元，预期未来股息按每年 5% 的增长率增长，假设到期收益率为 10%，该股目前价格为 50 元，该股票是否具有投资价值？

解：根据常数增长模型，该股票内在价值为 $V = (1 + 0.05) \div (0.1 - 0.05) \times 2 = 42$（元），股价高于股票的内在价值，不具备投资价值，投资者应该卖出该股票。

（3）可变增长模型。

在实际中，股票的股息增长率一般不是固定的而是经常变化的，当然变化的具体情形千差万别，我们考虑一种简单的情况，即股息在时间 L 以前按照固定增长率 g_1 增长；在时间 L 以后，按照固定增长率 g_2 增长，于是可以构建一个二元增长模型：

$$\begin{aligned}
V &= \sum_{i=1}^{L} \frac{D_0(1+g_1)^i}{(1+r)^i} + \sum_{i=L+1}^{\infty} \frac{D_L(1+g_2)^{i-L}}{(1+r)^i} \\
&= \sum_{i=1}^{L} \frac{D_0(1+g_1)^i}{(1+r)^i} + \frac{D_{L+1}}{(1+r)^L(r-g_2)} \qquad (1-13)
\end{aligned}$$

其中，$D_{L+1} = D_0(1+g_1)^L(1+g_2)$。

【例题 1 – 13】 利用二元增长模型估值。

假设某公司股票目前股息为 0.2 元/股，预期回报率为 16%，未来 5 年的股息增长率为 20%，随后的股息增长率为 10%，该股票目前的市场价格为 4 元/股，投资者是否可以投资该股票？

解：在本题中，$D_0 = 0.2$，$g_1 = 0.2$，$g_2 = 0.1$，$L = 5$，$r = 0.16$。按照二元增长模型，

$$V = \sum_{i=1}^{5} \frac{0.2 \times (1 + 0.2)^i}{(1 + 0.16)^i} + \frac{0.2 \times (1 + 0.2)^5 (1 + 0.1)}{(1 + 0.16)^5 (0.16 - 0.1)}$$

$$= 1.11 + 4.34 = 5.45 (元)$$

由于该股票内在价值 5.45 元高于目前市场价格 4 元，因此具有投资价值。投资者应该买入该股票。

2. 市盈率估值模型

虽然现金流贴现模型有其内在的合理性，但是许多证券分析师却使用另一种更为简单的方法对普通股进行估值，这种方法即市盈率估值法。市盈率（price earnings ratio，P/E）是一个重要的股票价值分析指标，它是指每股价格与每股收益的比值，即市盈率 = 每股价格/每股收益。证券分析师在运用市盈率估值模型时往往先确定一个合理的或"正常"的市盈率，然后将股票的实际市盈率与"正常"市盈率进行比较，从而确定股票的价值是否被市场高估或低估。

考虑一种简单的情况。假设股息增长遵循不变增长模型，则股票的内在价值为 $V = D_1 / (r - g)$。尽管股票市场价格可能会高于或低于其内在价值，但是当市场均衡时，股票市场价格 P 应该等于其内在价值 V，于是有 $P = V = D_1 / (r - g)$。假设股票的派息比率为 b，则 $D_1 =$ 当期的每股收益 $E \times$ 派息比率 $b = E \times b$。所以，$P = E \times b / (r - g)$，或者也可表示为市盈率 $P/E = b / (r - g)$。

 专栏 1 – 6：金融工具的公允价值

注意不要把股票的内在价值与公允价值相混淆。为了解决证券估值难题给投资业绩计算、会计处理、所得税征收、基金申购和赎回等带来的麻烦，实践中通常将市场价值和模型定价结合起来，引入"公允价值"（fair value）。根据《企业会计准则第 22 号——金融工具确认和计量》规定，如果存在活跃市场交

易，则以市场报价作为金融工具的公允价值；如果不存在活跃市场交易，则采用估值技术确定公允价值。估值技术包括参考熟悉情况并自愿交易的各方最近进行的市场交易中使用的价格、参照实质上相同的其他金融工具的当前公允价值、现金流量折现法和期权定价模型等。

（六）股票价格指数

股票是证券市场的主要交易品种，股票价格反映了证券市场的变化趋势。但是由于股票种类繁多，股价变动频繁，一种或几种股票的价格难以反映整个股票市场的情况。所以，一般采用股票价格的平均数指标——股票价格指数来衡量整个股市的价格水平。股票价格指数是指选择若干种有代表性的上市公司的股票作为成分股，将计算期的股票价格与某一基期的股票价格相比较的相对变化指数，用以反映市场股票价格的平均水平。实际上，在证券市场中，除了股价指数以外还有其他证券价格指数，如债券指数、基金指数等等。但由于股票是最常见、最重要的证券，所以股价指数也成为证券市场上影响最大的价格指数。

1. 股票价格指数的意义

股票价格指数是反映股票市场价格变动的平均数。从静态观点来看，它所反映的是一定时点上上市股票价格的相对水平；从动态观点来看，它表示的是一定时期内股票市场价格的平均涨跌幅度。

股票价格指数具有重要的经济和社会意义。它是反映国家政治经济状况的晴雨表。由于股价指数以若干具有代表性的上市公司股票价格为基础编制，而这些公司在国家经济中占有举足轻重的地位，所以股票价格指数与社会经济发展及政治气候之间存在密切的联系。社会经济运行良好，人们对未来充满信心，则股价指数会稳步上升；否则，则会下跌。并且股价指数的波动通常在社会经济出现波动之前发生。因此，所谓证券市场具有反映社会经济政治发展状况"晴雨表"的功能主要是通过股价指数的变动来体现的。股价指数也是投资者进行投资的重要参考依据。投资者通过观察股价指数的波动，可以预测股市未来变化趋势，从而寻找合适的投资机会。

2. 股票价格指数的编制过程

编制股票价格指数一般分为四个步骤：

第一步：选择样本股。选择一定数量有代表性的上市公司股票作为编制股价指数的样本股。样本股可以是全部上市股票，也可以是其中有代表性的一部分。以全部上市股票作为样本股编制的股价指数称为股票价格综合指数，以部分有代表性股票为样本股编制的股价指数称为股票价格成分指数。样本股的选择主要考虑两条标准：一是样本股市值占交易所上市全部股票市值的相当部分；二是样本股价格变动趋势能够反映股市价格变动的总趋势。

第二步：选定某一时间为基期，计算基期平均股价或市值。

第三步：计算计算期的平均股价，并做必要修正。

第四步：指数化。将基期的平均股价定为某一常数（如100，1000），以后各时期的股票价格指数与基期股价相比较，计算比较的百分比，即得到该时期的股票价格指数。根据股票样本和计算方法的不同，股票价格指数计算方法有以下几种：

（1）简单算术股价指数。包括相对法和综合法，计算公式如下：

$$p = \frac{1}{n} \sum_{i=1}^{n} \frac{p_t^i}{p_0^i} \times 固定乘数 \qquad (1-14)$$

$$p = \frac{\sum_{i=1}^{n} p_t^i}{\sum_{i=1}^{n} p_0^i} \times 固定乘数 \qquad (1-15)$$

式（1-14）是相对法计算公式，式（1-15）是综合法计算公式。其中，p 为股价指数；p_0^i 为第 i 种成分股基期价格；p_t^i 为第 i 种成分股 t 时刻的股价；n 为成分股数目。

（2）加权股价指数：以样本股票发行量或成交量为权数加以计算，又分为基期加权、计算期加权。

$$p = \frac{\sum_{i=1}^{n} p_t^i Q_0^i}{\sum_{i=1}^{n} p_0^i Q_0^i} \times 固定乘数 \qquad (1-16)$$

$$p = \frac{\sum_{i=1}^{n} p_t^i Q_t^i}{\sum_{i=1}^{n} p_0^i Q_t^i} \times 固定乘数 \qquad (1-17)$$

式（1-16）是基期加权股价指数，以基期发行量或成交量为权数，又称拉斯贝尔指数（Laspeyre index）。式（1-17）是计算期加权股价指数，以计算期发行量或成交量为权数，又称派许指数（Paasche index）。其中，Q_0^i为第 i 种股票基期发行量或成交量；Q_i^i为第 i 种股票计算期发行量或成交量。

目前世界上大多数股票价格指数都是用派许法计算的，只有个别股价指数是通过拉斯贝尔法计算的。

世界各地的证券市场都编制了自己的股票价格指数，如英国的金融时报股价指数，日本的日经 225 股价指数，中国香港的恒生指数，等等。各个证券市场股价指数的影响力主要决定于所在国家或地区实体经济和金融市场的影响力。美国是目前世界上经济实力最强的国家，因此美国证券市场的股票价格指数受全球投资者关注的程度最高。美国证券市场最著名的股票价格指数包括道·琼斯指数、全国证券交易商协会自动报价系统（NASDAQ）指数和标准普尔（Poor）指数。道·琼斯指数是世界上编制最早和最有影响力的股票价格指数，由查尔斯·亨利·道（Charles Henry Dow）和爱德华·琼斯（Edward Jones）于 1884 年 7 月 3 日开始编制。现在的道·琼斯指数实际上是一组股价平均数，包括工业股价平均数、运输业股价平均数、公用事业股价平均数、包含 65 家公司股票的道·琼斯股价综合平均数和包含 700 家公司股票的道·琼斯公正市价指数等 5 组指标。一般所说的道·琼斯指数就是指其中的道·琼斯工业股价平均数，基期是 1928 年 10 月 1 日，基期指数定为 100，采用修正的简单算术平均法编制。NASDAQ 指数是美国另一个著名的股票价格指数，以反映美国高科技上市公司股票行情著称。NASDAQ 市场设立了 13 种指数，其中的 NASDAQ 综合指数是 NASDAQ 的主要市场指数，该指数以在 NASDAQ 市场上市的所有本国和外国上市公司的普通股为基础计算，按每个公司的市场价值分配权重。该指数 1971 年 2 月 5 日启动，基期指数为 100。标准普尔 500 指数由标准普尔公司编制，其代表性比道·琼斯平均指数更广泛，故更能真实地反映股市的行情变动。一般来说，一些银行的证券专家和经济学家偏向采用标准普尔指数，而大多数证券公司和投资者则更喜欢采用道·琼斯工业股票指数。

我国有代表的股价指数包括上证综合指数、深证成分指数和沪深 300 指数等。上证综合指数是上海证券交易编制的一个重要股价指数，它以 1990 年 12 月 19 日为基期，以全部上市股票为样本，以股票发行量为权数按加权平均法计算。深证成分指数是深圳证券交易所编制的一个重要股价指数，它选取在深交所上市的具有代表性的 40 种股票为成分股，以成分股的可流通股数为权数，以 1994 年 7 月 20 日为基期，基期指数为 1000。由上海证券交易所和深圳证券交易所联合编制的沪深 300 指数以 2004 年 12 月 31 日为基日，基日点位 1000 点。沪深 300 指数由上海和深圳证券市场中选取 300 只 A 股作为样本，其中沪市有 179 只，深市 121 只。样本选择标准为规模大、流动性好的股票。沪深 300 指数样本覆盖了沪深市场六成左右的市值，具有良好的市场代表性。沪深 300 指数的编制目标是反映中国 A 股市场的整体走势，并作为投资业绩的评价标准，为指数化投资及指数衍生产品创新提供基础条件。

三、证券投资基金

与股票和债券相比，证券投资基金出现较晚，但发展很快。目前，证券投资基金也与股票、债券一样成为广大投资者所熟悉的一种大众化投资工具。

基金起源于英国，19 世纪中叶在产业革命推动下英国经济发展迅速，殖民地和海外贸易遍及全球，大量资金为追逐高额利润涌向其他国家，但大多数投资者缺乏国际投资经验，难以直接参与海外投资。于是就产生了众人集资，委托专人管理的想法。1868 年英国政府成立了"海外和殖民地政府信托基金"，公开向社会发售受益凭证，主要投资于国外殖民地的公司债，被认为是最早的契约型基金。1873 年苏格兰人罗伯特·富莱明（Robert Fleming）创立"苏格兰信托"，为丹地市（Dundee）的中小投资者办理美洲新大陆的铁路投资，这是第一家专家操作的信托基金。早期的基金主要投资于债券，因为当时股份公司的信用较差，股票风险较大，而伦敦证券交易所又以债券交易为主。早期的基金都是封闭型基金，第一只开放型基金是 1924 年在美国成立的"马萨诸塞投资信托基金"，该基金也是一家公司型证券投资基金。在美国，公司型开放式基金通常也被称为"共同基金"。如今，基金与银行、证券、保险构成了现代金融体系的四大支柱产业。

在我国，境内最早上市交易的基金是 1993 年 8 月在上海证券交易所挂牌交易的"淄博乡镇企业投资基金"。1998 年 3 月，基金金泰、基金开元等第一批规范化的契约型封闭式证券投资基金成立。2001 年 9 月，第一只契约型开放式基金——华安创新证券投资基金成立。近年来，国内证券投资基金发展迅速，开放式基金在基金产品中的比例越来越大，基金品种和投资风格也日趋丰富。2004 年 6 月，《证券投资基金法》正式实施，为我国证券投资基金的发展奠定了法律基础。

（一）证券投资基金的概念

证券投资基金是通过发售基金份额，将众多投资者的资金集中起来，形成独立资产，由基金托管人托管，基金管理人管理，以投资组合的方式进行证券投资的一种利益共享、风险共担的集合证券投资形式。与直接投资股票或债券不同，证券投资基金是一种间接投资工具。一方面它以股票、债券等证券为投资对象；另一方面，基金投资者通过购买基金份额的方式间接进行证券投资。在某种意义上讲，证券投资基金也是一种金融信托方式。

一只证券投资基金的设立和运行一般涉及三类当事人：基金投资者、基金管理人和基金托管人。基金投资者是指基金份额的持有人。对于契约型基金而言，基金投资者与基金管理人之间构成信托投资关系。对于公司型基金而言，基金投资者是基金公司的股东。基金管理人是基金产品的募集者和基金的管理者，由基金管理公司担任，基金管理公司一般由商业银行、证券公司、信托投资公司等金融机构发起成立，具有独立法人地位。基金管理人定期收取固定比例的佣金，但不参与投资收益的分配。为充分保障基金投资者的权益，防止基金资产被挪为他用，还必须依据基金运行中"管理与保管分开"的原则，由基金托管人保管基金资产并对基金管理人的投资操作进行监督。基金托管人是基金资产的名义持有人，由商业银行担任。作为托管人的商业银行要设立专门的基金托管部，并保证基金资产与基金托管人的资产相互独立，以及不同基金的资产相互独立。

基金投资人、管理人和托管人三者之间依据信托关系进行基金运作：投资人委托管理人投资、委托托管人托管；管理人接受投资人委托进行投资管理，监督托管人并接受托管人监督；托管人保管基金资产，同时监督管理人并接受管理人监督，如图 1-1 所示。这种相互制衡机制，有利于保证基金财产的安全和基金的高效运用。

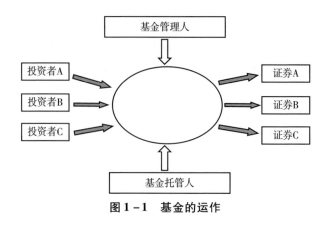

图 1 – 1 基金的运作

（二）证券投资基金的特点

与债券、股票一样，证券投资基金也是一种大众化程度很高的证券，特别适合于中小投资者作为投资理财的工具，这一切都与证券投资基金的特点密切相关。证券投资基金的主要特点包括：

1. 集合理财，专业管理

基金将众多投资者的资金集中起来，委托基金管理人进行共同投资，具有集合理财的特点，通过汇集众多投资者的资金，积少成多，有利于发挥资金的规模优势，降低投资成本。基金由基金管理人进行投资管理。基金管理公司一般拥有大量的专业投资研究人员和强大的信息网络，能够更好地对证券市场进行全方位的动态跟踪与分析。将资金交给基金管理人管理，使中小投资者也能享受到专业化的投资理财服务。

2. 组合投资，分散风险

"组合投资、分散风险"的科学性已为现代投资学所证明。中小投资者受资金数量所限，一般无法通过购买大量不同类型的股票或债券分散投资风险。基金由于资金雄厚，因此可以投资于几十种甚至上百种股票和债券，投资者购买基金就相当于用很少的资金购买了一揽子股票和债券，某些股票和债券价格下跌造成的损失可以用其他股票和债券上涨的盈利来弥补。因此可以充分享受到组合投资、分散风险的好处。当然如其他投资一样，基金投资也有风险，如基金经理人的代理风险，开放式基金因突发的大量连续赎回导致现金支付困难的巨额赎回风险，等等。

3. 利益共享, 风险共担

证券投资基金实行利益共享, 风险共担的原则。基金投资者是基金的所有者, 基金投资收益在扣除管理和托管费用后全部归基金投资者所有, 基金投资的风险也由投资者共同承担, 基金管理人和托管人只收取一定的管理费、托管费, 不参与基金收益的分配, 因而也不承担投资风险。

证券投资基金与股票、债券一样都是比较大众化的金融产品, 但是三者之间也存在一些具体的区别, 如表 1 - 4 所示:

表 1 - 4　　　　　　　　　　基金与股票、债券的区别

类别	股票	债券	基金
反映的经济关系不同	所有权关系, 一种所有权凭证, 投资者购买后就成为公司股东	债权债务关系, 一种债权凭证, 投资者购买后就成为公司债权人	信托关系, 一种受益凭证, 投资者购买后就成为基金的受益人
所筹资金的投向不同	直接投资工具, 主要投资实体经济	直接投资工具, 所募集资金主要投向实体经济	间接投资工具, 所募集资金主要投向有价证券等金融工具
投资收益与风险不同	高风险、高收益	低风险, 低收益	风险相对适中, 收益相对稳健

证券投资基金在证券市场和经济发展中有着重要作用: 一是为中小投资者拓宽了投资渠道, 使中小投资者在存款、购买债券和股票之外, 又有了一条较为理想的间接投资渠道; 二是基金作为重要的机构投资者, 对于稳定证券市场、扩大交易规模、丰富和活跃市场能够发挥非常重要的作用。

(三) 基金管理

证券投资基金由专业的基金团队和基金经理负责管理和运作。基金管理基本业务是依据基金章程或基金契约要求, 提供和管理基金的证券投资组合, 其基本过程是:

1. 确定投资政策

基金的投资政策一般在基金章程或契约中标明。无论对于投资者还是基金管理者, 了解基金的投资政策都有重要意义。投资者了解基金投资政策, 就是了解基金的投资理念、投资风格和投资范围, 以便选择适合自己风险偏

好的基金。对于基金经理来说，投资政策为其选择投资组合确定了政策导向，有助于减少投资的随意性和盲目性，也为评价基金管理的业绩提供了参考依据。

2. 进行证券分析

证券分析是基金管理中最为复杂的工作，主要是分析宏观经济、产业经济和公司经营等方面的相关信息对所投资证券预期收益率和风险的影响，寻找具有投资价值的证券，具体包括对证券及证券组合的期望收益值（预期收益率）、风险程度（标准差）和证券之间的相互关系（协方差）的评估，等等。

3. 构造投资组合

构造投资组合就是通过选择适当的证券并确定其权重，构造一个在给定风险水平下投资回报率最高的有效投资组合。理论上，可以将所有纳入选择范围的证券的预期收益率、风险和协方差计算出来，直接构造投资组合，但这样做难度太大，因此实际投资组合的构造通常是经过类别资产配置、细类资产配置和证券选择分步骤完成的。

类别资产配置是对投资组合中大类别资产如股票、债券投资比例的配置，包括长期资产配置和短期资产配置。长期资产配置是对纳入投资组合的资产种类、资产投资比例的上下限设定一个范围。短期资产配置在实际市场条件下，适时地改变长期资产的资产权重，增加投资组合的获利机会。

细类资产配置是对类别资产配置的进一步细化。例如，股票可分为成长型、稳定性、周期型等多种类型的股票，债券也有长期债券、短期债券，以及国债、企业债、金融债等类型，在进行细类资产配置时从中进行选择。

证券选择是在类别资产配置和细类资产配置的基础上，进一步选择需要投资的具体证券，以完成投资组合的构造。

在构造投资组合的上述三步中，每一步都可采取主动型管理或被动型管理的投资策略。主动型管理是基金经理根据证券分析的结果主动地调整投资组合的证券品种和比例，以实现高于市场平均水平的预期收益率。被动型管理是基金经理采取与市场指数相同的证券组合和比例，以实现与市场平均水平一致的收益率，各种指数基金采取的都是被动型投资组合策略。

4. 评价投资组合

定期地评价投资组合的效果是基金管理的必要环节。评价投资组合，一方面可以了解投资组合对投资目标的实现程度，从而对基金经理的业绩做出判断，另一方面可及时发现投资管理中成功的经验和存在的缺陷，为基金管理提供反馈，为进一步修正投资组合提供指导意见。

5. 修正投资组合

随着市场形势的变化，某些证券的风险和收益特征会变动得足以影响组合整体目标，这就需要及时调整证券组合的资产结构，剔除不利的证券并增加有利的证券。

需要注意的是，上述投资组合管理活动在实际中不是截然分开的，而是构成一个连续的、相互交叉的过程。

（四）基金的种类

证券投资基金的品种丰富多样且不断推陈出新。了解不同类型基金产品的特点，对于投资者选择适合自身需要的基金产品具有重要意义。基金产品很多，可按照不同的标准进行分类。

1. 按照组织形式的不同，可分为契约型基金和公司型基金

契约型基金又称单位信托基金，是依据基金合同而设立的一类基金，涉及管理人、信托人和投资人三方当事人。基金合同是规定基金当事人之间权利义务的法律文件。目前我国发行的基金都为契约型基金。

公司型投资基金是具有独立法人资格的股份投资公司。公司型基金发行股份募集资金，投资者认购公司股份后成为基金公司股东，享有公司股东的权利和义务。与一般股份公司不同的是，它委托基金管理公司作为专业财务顾问来经营和管理基金资产。公司型基金以美国的投资公司为代表。

2. 按照基金单位是否可赎回，可分为封闭式资金和开放式资金

封闭式基金是指基金份额在基金合同期限内固定不变的基金。在封闭期内基金份额只能在证券交易所交易，不能赎回。基金期限届满即为基金终止，管理人应对基金资产进行清产核算，并将清算后的基金净资产按出资比例进行分配。封闭式基金的交易价格受市场供求关系影响显著，并不必然反映其单位基金净资产，常出现溢价或折价。所谓溢价是指封闭式基金二级市场的交易价格超过基金单位净值，折价是指该交易价格低于基金单位净值。

开放式基金是指基金份额不固定，基金份额可以不断申购或赎回的基金。在美国，开放式基金也称共同基金。按照规定，为了预备支付基金持有

人的赎回款项，开放式基金应当保持不低于基金资产净值5%的现金或者到期日在1年之内的国债。

 专栏1-7：开放式基金的认购、申购与赎回

在开放式基金募集期内购买基金份额称为认购。在开放式基金合同生效后，申请购买基金份额称为申购。基金持有人要求基金管理人购回基金持有人所持有的基金份额称为赎回。由于投资者在申购、赎回开放式基金份额时并不能即时知道买卖的成交价格，因此开放式基金的申购、赎回采取"金额申购、份额赎回"的原则，即申购以全额申请、赎回以份额申请。

开放式基金的交易价格取决于每单位基金净资产（基金单位资产净值），不受市场供求影响：

$$开放式基金申购价 = 基金单位净资产 + 购买费$$
$$开放式基金赎回价 = 基金单位净资产 - 赎回费$$
$$基金单位资产净值 = （基金总资产 - 基金总负债）÷ 已售基金单位总数$$

基金总资产包括基金购买的各类证券价值、银行存款本息、基金应收的认购基金款项利息以及其他权益所形成的价值总和。基金总负债是指基金应付给基金管理人的管理费和基金托管人的托管费及其他负债之和。开放式基金的资产净值一般按所持有证券的当日收盘价估值。

封闭式基金和开放式基金的区别如表1-5所示。

表1-5 封闭式基金与开放式基金比较

类别	封闭式基金	开放式基金
期限不同	有固定存续期，一般为15年	无固定期限
份额限制不同	基金份额固定，在封闭期内未经法定程序认可不能增减	基金规模不固定，投资者可随时申购或赎回，基金份额也随之增减
交易方式	在交易所交易，交易在投资者之间完成	可在柜台交易也可上市交易，交易在投资者与基金管理公司之间完成
交易价格	价格受市场供求影响，常出现溢价或折价	价格取决于基金单位净资产
资产净值公布时间不同	每周或更长时间公布一次	每个交易日公布一次
交易费用	手续费	申购费或赎回费

续表

类别	封闭式基金	开放式基金
激励约束机制与投资策略不同	封闭期内，不管表现如何，投资者都无法赎回投资，因而基金经理不会在经营上面临直接的压力，可以根据预先设定的投资计划进行长期投资和全额投资，并将基金资产投资于流动性较差的证券上，一定程度上有利于基金长期业绩的提高	一方面，业绩表现好则会吸引新的投资，基金管理公司的管理费收入也随之增加，反之则面临赎回的压力，因此与封闭式基金相比，能提供更好的激励约束机制。另一方面，由于份额不固定，随时要满足基金赎回要求，开放式基金必须保留一定的现金资产，并高度重视基金资产的流动性，在一定程度上会对基金的长期经营业绩产生不利影响

 专栏 1-8：上市开放式基金

上市开放式基金（listed open-ended fund，LOF）是一种既可在场外市场进行申购与赎回基金份额，也可以在交易所买卖基金份额的开放式基金，是我国对证券投资基金的一种本土化创新。

LOF 在证券交易所的交易规则与封闭式基金基本相同，买入 LOF 的申报数量应为 100 份或其整数倍。LOF 的场外、场内申购与赎回均采取"金额申购、份额赎回"的原则，场内投资者以证券账户向交易所交易系统申报基金申购、赎回申请，场外投资者以开放式基金账户通过代销机构提交基金申购、赎回申请。

由于 LOF 是分系统登记的，登记在基金注册登记系统中的基金份额只能申请赎回，不能在证券交易所直接卖出；登记在证券登记结算系统中的基金份额只能在证券交易所卖出，不能直接申请赎回。投资者如果是在场外市场（银行网点）申购的基金份额，想要交易所卖出，须办理一定的转托管手续；同样，如果是在交易所买进的基金份额，想要在场外市场赎回，也要办理一定的转托管手续。转托管过程需要 2 个交易日。

LOF 解决了开放式基金上市交易的问题，在此之前，封闭式基金只能在二级市场上交易，开放式基金只能在一级市场上申购赎回，两者没有任何关系。LOF的推出打破了两者之间的鸿沟，扩展了开放式基金交易方式，提高了交易效率、降低了交易成本。

LOF 还可以进行跨市场套利。由于 LOF 既可在证券交易所上市交易，又可在场外市场申购、赎回，所以当证券交易所的 LOF 价格与场外市场的 LOF 申购、赎回价格产生偏离时，就为投资者提供了套利机会：当证券交易所的 LOF

价格高于基金单位净值时，投资者可在场外市场以等于基金单位净值的低价申购 LOF，再在证券交易所高价卖出。反之，当证券交易所的 LOF 价格低于基金单位净值时，投资者可在证券交易所低价买入 LOF，再在场外市场高价赎回。这种制度安排使 LOF 不会出现封闭式基金的大幅折价交易现象。但需注意，由于套利过程中进行跨系统转登记手续的时间较长，加上手续费的存在，当场内、场外市场的价格差异并不明显时，套利行为可能并不获利。

由于开放式基金具有按净值交易，可随时赎回等特性，对基金管理人激励约束机制比较完善，运作起来比较规范，深受投资者特别是机构投资者的喜爱，因此开放式基金成为世界基金业发展的主要趋势。

3. 按照投资对象的不同，可分为股票型基金、债券型基金、混合型基金、货币市场基金和衍生证券基金

股票型基金以上市公司股票为主要投资对象，投资目标侧重追求资本利得和长期资本增值。《证券投资基金运作管理办法》规定，60% 以上的基金资产投资于股票的，为股票基金。由于股票基金规模大，有一定操纵市场的能力，为了防止其过度投机，对基金购买某一家上市公司的股票总额占基金资产净值的比例一般有严格限制。我国相关法规规定，证券投资基金不得谋求对上市公司的控股和直接管理。

债券型基金以投资债券为主，但也可少量投资非债券资产。《证券投资基金运作管理办法》规定，80% 以上的基金资产投资于债券的为债券基金。债券型基金收益稳定、风险小，适合于稳健投资者。债券型基金的收益受市场利率影响较大，当市场利率上升时，其收益下降；反之，市场利率下降时，其收益上升。目前，国内债券型基金根据其投资范围可细分为纯债券型基金、一级债券型基金和二级债券型基金。

纯债基金不参与股票投资，只投资固定收益类金融工具。一级债券型基金除固定收益类金融工具外，还参与一级市场新股投资。二级债券型基金除固定收益类金融工具以外，还适当参与二级市场股票买卖，也参与一级市场新股投资。三者之中，二级债券型基金风险最高，但预期收益也最高；纯债券型基金收益较低但风险也低。不难发现，纯债券型基金和一级债券型基金更适合追求稳定收益的保守型投资人，二级债券型基金则为追求低风险的投资人提供了一个更为进取的选择。由于其配置的特性，二级债券型基金在震荡市场中能攻守兼备，在立足债市收益的基础上，抓住股市波段机遇获取超额收益的概率有所提升。

混合基金既投资股票也投资债券，其投资风险主要取决于股票与债券配置的比例大小。一般而言，偏股型基金的风险较高，但预期收益率也较高；偏债型基金的风险较低，预期收益率也较低；股债平衡型基金的风险与收益则较为适中。

货币市场基金以货币市场工具为投资对象。货币市场工具是指到期期限在 1 年之内的短期证券，主要包括：现金；1 年以内（含 1 年）的银行定期存款、大额可转让存单；剩余期限在 397 天以内（含 397 天）的债券；期限在 1 年以内（含 1 年）的债券回购；期限在 1 年以内（含 1 年）的中央银行票据；剩余期限在 397 天以内（含 397 天）的资产支持证券。货币市场工具的短期性使得货币市场基金具有风险低、流动性好的特点，是短期投资的理想工具，也是暂时存放现金的理想场所。

货币市场基金是一种"类储蓄"产品，但和储蓄也有一定区别，如持有货币市场基金所获利息收入免缴利息税。货币市场基金可以随时申购和赎回，收益率通常高于银行存款利息收入 1~2 个百分点。

在计价方面，货币市场基金每份单位始终保持在 1 元，超过 1 元后的收益会按时自动转化为基金份额。拥有多少基金份额即拥有多少资产，也正是由于货币市场基金的单位净值始终保持在 1 元不变，今后时机成熟时货币市场基金才能衍生出转账、直接消费、签发支票等"类货币"功能。

在基金费率方面，货币市场基金基本不收申购赎回费，管理费也是所有开放式基金产品中最低的，从而使投资者以较低成本享受到专家理财。

与股票市场相比，货币市场的进入门槛较高，最小投资额通常在 1 万美元以上，因此进入货币市场的主要是机构投资者，中小个人投资者很难进入。货币市场基金的出现，使得普通公众也有机会间接进入货币市场。

不同类型基金的风险与收益比较如图 1-2 所示。

4. 按照投资目标的不同，分为成长型基金、价值型基金和平衡型基金

成长型基金追求基金资产的长期增值，通常投资于高成长的公司股票。价值型基金主要以大盘蓝筹股、公司债、政府债券等稳定收益证券为投资对象，追求稳定的经常性收入。平衡型基金也称混合型基金，追求基金资产长期增值与获得稳定收入之间的平衡，它既投资股票，又投资债券，风险一般低于股票基金，而收益则高于债券基金。按照中国证券监督管理委员会（简称"证监会"）对基金类别的分类标准，投资于股票、债券和货币市场工具，但股票投资和债券投资的比例不符合股票基金、债券基金规定的为混合基金。

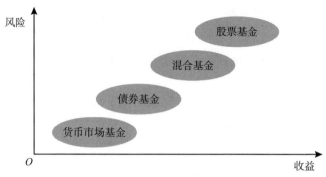

图 1 – 2 不同类型基金的风险与收益比较

5. 按照投资策略的不同，分为主动型基金和被动型基金

主动型基金一般采取"主动管理"的投资策略，基金经理根据自己的判断，主动地选择投资品种和投资时机，追求高于市场回报率的投资收益。

被动型基金也称指数基金，采取"被动管理"的投资策略，它借助数量化模型和计算机技术，以特定的指数为标的指数，并以该指数的成分股为投资对象，通过购买该指数的全部或部分成分股构建投资组合，追求与标的指数相同的业绩表现，力求使投资组合的收益率拟合目标指数所代表的资本市场平均收益率。指数型基金采用被动投资管理策略（passive investment strategy），投资策略简单、管理成本低。2002 年成立的华安上证 180 指数增强型证券投资基金是我国第一个指数基金。

采用被动投资管理策略的理论依据是美国财务学家尤金·法玛（Eugene Fama）提出的市场有效性假说（efficient market hypothesis）。该假说认为证券市场能够充分及时地反映各种信息，从而保证证券价格始终与其价值相一致，因而任何预测证券价格走势的做法都是徒劳的，投资者没有必要一定要"战胜市场"，追求高于市场平均水平的收益率，只需用长期稳定地持有模拟市场指数的证券组合获得市场平均收益率即可。相反，采取主动投资管理策略（active investment strategy）的投资者则不相信市场的有效性，他们认为市场是弱有效甚至是经常无效的，存在着严重的信息不对称，投资者应该主动地分析各种信息，发现被错误定价的证券，抓住投资机会。主动型投资者经常选择调整投资品种和比例，他们投入投资决策的精力要高于被动型投资者。

专栏 1-9：证券交易所交易基金

　　证券交易所交易基金（exchange traded funds，ETF）是一种特殊类型的开放式基金，它结合了封闭式基金和开放式基金的运作特点，投资者既可以在场外市场申购或赎回基金份额，同时，又可以在场内市场买卖 ETF 份额。不过，ETF 的申购赎回采取实物申购与赎回机制，即投资者申购 ETF 时需要用这支 ETF 指定的一揽子股票来换取 ETF 份额，赎回时得到的不是现金，而是换回相应的一揽子股票。

　　由于绝大多数 ETF 都是指数型基金，因此通常也被称为"交易型开放式指数基金"。ETF 指数基金代表一揽子股票的所有权，是可以像股票一样在证券交易所交易的指数基金，通常采用被动管理方法，以拟合某一指数为目标，其交易价格、基金份额净值走势与所跟踪的指数基本一致。因此，投资者买卖一只 ETF，就等同于买卖了它所跟踪的指数，可取得与该指数基本一致的收益。ETF 兼具股票和指数基金的特色。2004 年 1 月在上海证券交易所上市交易的华夏上证 50ETF 是我国境内第一只 ETF。

　　ETF 在概念上可以看作一档指数现货，结合 ETF 本身多空皆可操作的特性，若机构投资者手上有股票，但看空股市，就可以利用融券方式卖出 ETF 来做反向操作，以减少手上现货损失的金额。对整体市场而言，ETF 的出现使得金融投资渠道更加多样化，增加了市场的做空通道。例如，过去机构投资者在操作基金时，只能通过减少仓位来避险，股指期货推出后虽然增加做空通道，但投资者使用股指期货做长期避险工具时，还须面临每月结仓、交易成本和价差问题，使用 ETF 作为避险工具，不但能降低股票仓位风险，也无须在现货市场卖股票，从而为投资者提供了更多样化的选择。

　　ETF 实行一级市场与二级市场并存的交易机制。在一级市场上，投资人以股票换份额（申购）、以份额换股票（赎回）的方式直接向基金公司申购和赎回，但申购和赎回份额的门槛较高，必须是最小申购和赎回份额（通常为 50 万份）的整数倍，这使得只有机构投资者才有实力参与一级市场的实物申购和赎回。在二级市场，ETF 与普通股票一样在交易所挂牌交易，机构投资者和个人都可参与。

　　一级市场的存在使得 ETF 的二级市场价格不会过于偏离其单位净值，否则两个市场的差价就会引发套利交易。例如，当二级市场 ETF 价格明显低于基金单位净值即出现折价时，机构投资人会通过二级市场买入基金份额，然后拿到一级市场上赎回一揽子股票，再将股票出售获利。这种套利交易使得对折价交易基金的需求大量增加，从而缩小了基金市场价格与单位净值之间的差距，最终会使套利机会消失。套利机制的存在，使得基金的市场价格与单位净值在大多数时候是一致的。

除了上述基金类型外，随着基金市场上的金融创新，不断会有新的基金产品出现，极大丰富了证券投资基金的品种。

伞形基金（umbrella funds）是指一个母基金（parent funds）设立若干子基金（sub-funds），各个子基金依据不同投资策略进行独立投资，各子基金之间可根据规定的程序相互转换，即投资人可将某个子基金转换成同一伞形基金旗下其他子基金。如 2003 年湘财合丰基金管理公司发起设立的湘财合丰价值优化类行业基金、周期类行业基金、稳定类行业基金，适用一个基金契约，共同组成了伞形结构系列基金。

保本基金是指在满足一定持有期后，为投资者提供本金或收益保障的基金。为了能够保证本金安全或实现承诺的最低回报，保本基金通常会将大部分资金投资于与基金到期日一致的债券，然后将其余部分投资于股票等高风险资产，以实现在保证本金安全的前提下，获得更高回报的目标。

基金中的基金（fund of funds，FoF）是一种专门投资于其他证券投资基金的基金。FoF 并不直接投资股票或债券，其投资范围仅限于其他基金，通过持有其他证券投资基金而间接持有股票、债券等证券资产，它是结合基金产品创新和销售渠道创新的基金新品种。FoF 将多只基金捆绑在一起，投资 FoF 等于同时投资多只基金，但比分别投资的成本大大降低了。FoF 按照基金的运作模式进行操作，与其他基金一样，是一种可长期投资的金融工具。2017 年 9 月，我国首批公募 FoF 正式发行。

思考与练习

1. 有一个两年后到期的无息债券，到期时投资者将得到 1000 元，当前市场价格为 857.34 元，求该债券的到期收益率。

2. 一年前某国债发行时，某投资者以发行价购买了面值 100 元、票面利率 10% 的 3 年期国债，每年付息 1 次，该债券目前价格是 105 元，求该债券的持有期收益率。

3. 查询一个上市公司的资料，看看它的股本结构中都包含哪些类型的股票。

4. 查询一下沪深交易所的有关信息，找出 5 个"蓝筹股"，它们都有什么特点？

5. 某上市公司过去一年支付的股息为每股 1.80 元，这样第二年的股息就预期为 1.80 × (1 + 5%) = 1.89 元。同时预测该公司的股息将按每年 5% 的比例无限增长。假设必要的内部收益率为 11%，该公司当前股价为每股 40 元，问该公司股票是否具有投资价值？

6. 公司债为什么比国债风险大？

7. 有了普通股票，为什么还要发行优先股票？

8. 债券型基金只能投资债券吗？查询一只债券型基金资料，看看它都投资于哪些产品，投资比例各是多少？该基金价格走势如何？该基金具有怎样的投资风格？

9. 用表格的形式比较股票、债券、基金三种普通证券之间的相同点和不同点。如果让你在股票、债券和基金三个方面进行投资组合，你的组合比例将是怎样的？

第二章

衍 生 证 券

衍生证券（derivative securities）也称金融衍生产品、衍生金融工具，是指其价值依赖于标的资产的金融产品。这些标的资产可能是股票、股价指数、债券、货币、外汇、利率、汇率等基础证券或基础金融变量。简单地说，衍生证券就是其价值源于其他证券的证券。衍生证券主要有金融远期合约、金融期货、金融期权、金融互换四大类型。

衍生证券尽管种类繁多，但也有一些共同特点，例如：都是以合约形式来交易；自合约签订之时起，交易双方的权利和义务就明确下来，而实际的交易往往在将来某个时期进行；衍生证券的收益主要来自于标的资产的价格波动，金融衍生产品价值的确定以标的资产价格为基础，损益取决于标的资产交易的约定价格与实际价格的差额；衍生证券交易一般采用保证金或权利金制度，投资者只需支付少量保证金或权利金就可进行大额的衍生品交易，具有杠杆交易的特点，这使得衍生品投资的收益和风险都同时成倍放大，因而衍生品投资一般还具有高杠杆性、高风险性的特点。

金融衍生产品的兴起有着深刻的背景。20 世纪 70 年代以来，汇市、债市、股市等金融市场波动加剧，金融风险急剧放大。为了规避风险，人们开发出各种具有套期保值功能的金融衍生产品。同时，各国的金融自由化政策对于金融衍生品的发展也起到了推波助澜的作用。金融自由化包括利率自由化、允许金融机构混业经营、开放金融市场等等。金融自由化一方面使金融市场波动加剧，迫使人们积极开发新的避险工具。另一方面促进了金融竞争，推动金融机构不断进行金融创新，以增加竞争力和开拓新的利润来源。信息技术的发展也为金融创新提供了强大的技术支持。金融衍生产品是金融创新最活跃的领域，各种新的金融衍生品层出不穷。大型金融机构可以根据客户需要，利用金融工程学原理量身定做各种金融衍生品。

在本章中，我们在阐述期货和期权的基本概念和交易原理的基础上，重点介绍金融期货和金融期权，对其他衍生金融产品只做简单介绍。

一、商品期货交易原理

期货（futures）实质上是一种商品交易方式。随着社会经济的发展，商品交易方式日益复杂多样。根据交易合约的签订与实际交割之间的关系，可将商品交易方式分为现货交易、远期合同交易、期货交易、期权交易四种类型。

（一）期货交易的产生和发展

1. 现货交易

现货交易（spot trade）是历史最悠久、也最普遍的交易方式，包括物物交换和以货币为媒介的商品流通，特点是"一手交钱一手交货"。现货交易的交易成本低、效率高、速度快，因而应用广泛，但也存在一些局限性，例如，对于一些从事生产周期长、大宗初级产品经营的企业来说，价格的较大波动会使这些企业无法事先根据价格信号确定经营成本和经营利润，带来经营风险。

2. 远期交易

为了弥补现货交易的缺陷，逐渐产生了先签订合同，经过一段时间再进行交割的远期交易（forward trade）。远期交易是在现货交易的基础上发展起来的，它是指双方约定在未来某个时间按照现在确定的价格进行交易。在远期交易中签订的合同称为远期合约（forward contract），它是指一个在确定的将来时间按确定的价格购买或出售某项资产的协议，是最基本的衍生证券之一，如企业的生产订单。采取远期交易，由于产品销路和价格都已得到落实，因而有利于建立稳定的购销关系，减少商品生产者的市场风险，并且在远期合同交易中，购方常常预付一部分定金，这更有利于稳定生产和增大履约的可能性。同时，远期交易价格还有一定的预见性和指导性。远期交易不仅用于实体经济领域，在金融领域中也被广泛运用，如远期外汇交易。

但是，远期交易只是解决了生产者的市场风险问题，却没有排除经营者的风险。此外，远期交易还存在以下一些缺陷：一是流动性不好，甲和乙签订的远期合同很难转让给第三方，不利于调整生产经营和转移风险；二是安全性不足，存在交易对手违约的风险；三是合同不规范，每签订一份远期交易合同，都要对合同内容重新商定，手续烦琐，特别是在商品等级等非价格因素方面容易产生纠纷；四是没有形成集中的交易市场，交易分散，信息闭塞，不能提供准确的价格信号，不利于指导生产和经营；五是价格仅能一次性地反映市场供求预期变化，而不能够连续反映供求变化，价格信号缺乏权威性。为了克服远期合同交易的种种局限，最终出现了期货交易（future trade）。

3. 期货交易

1848 年，美国芝加哥的 82 位商人为了降低粮食交易风险，发起组建了芝加哥期货交易所（Chicago Board of Trade，CBOT），芝加哥期货交易所的成立，标志着期货交易的正式开始。1865 年，芝加哥期货交易所推出世界上第一份标准期货合约，对交易商品的质量、数量、交易时间和地点都作出统一规定，并开始实施保证金制度，以确保买卖双方能够履行合约。1882 年，芝加哥期货交易所开始允许以对冲方式免除履约责任，即在芝加哥期货交易所进行期货交易，在期货合约未到期前，买卖双方都可以通过合约转让或反向买卖，即买回或卖出他原来卖出或买进的期货合约，来解除履约义务，而无须征求交易对方的同意。正是这一点标志着与远期合同交易不同的现代意义上的期货交易正式诞生。至此，现代期货合约的基本原则已基本形成。1925 年，芝加哥期货交易所结算公司（BOTCC）成立，同时规定芝加哥期货交易所的所有交易都要进入结算公司结算，真正现代意义上的期货交易制度基本上已经完备。随着期货交易的扩大，投机者开始介入市场，同时专门代理买卖的期货经纪公司也有了很大的发展。

早期的期货主要是商品期货，包括农产品期货、金属矿产品期货和能源产品期货等几大类。20 世纪 60 年代以来，期货交易又有了新的发展，除了商品期货以外，各种金融期货也不断地被创新出来。期货市场的管理也日趋成熟，监管法规不断完善，政府对期货交易的监管、期货交易所和期货行业协会的自律性监管更加严格。期货交易更加虚拟化，即买空卖空的比例不断上升。即使有一部分人做套期保值业务，但在合约到期前也大都通过对销了结交易，只有极少数人真正进行了实物交割。

（二）期货交易的基本特点

期货交易是指交易双方在集中的交易市场以公开竞价方式进行的标准化期货合约的交易。与其他商品交易方式相比，商品期货交易有一些不同特点。

与现货交易相比，期货交易的特点表现在：

（1）交易对象不同。现货交易对象一般是实物商品，期货交易的对象则是期货合约。

（2）交易目的不同。现货交易的目的是获取实物商品，期货交易的目的则或是通过套期保值规避风险，或是利用杠杆机制进行投机。

（3）交易价格含义不同。现货交易价格是实时的成交价，代表在某一时点上供求双方均能接受的均衡价格。期货交易价格则是对现货商品未来价格的预期，相当于在交易的同时发现了现货商品的未来价格。由此来看，期货交易过程就是未来价格的发现过程。

（4）交易方式不同。现货交易一般要求全额结算，期货交易则采取保证金交易方式和逐日盯市制度。

（5）交割情况不同。现货交易一般都进行实物交割，而大多数期货合约则到期前就通过相反交易对冲平仓了结。

（6）交易品种不同。现货交易品种基本不受什么限制，所有商品都可进行现货交易，但是并非任何商品都可进行期货交易。就商品期货而言，适合期货交易的商品一般要适宜贮存和运输，以便能够适应不同交割期的要求。期货商品还应当在品质、规格、等级方面易于划分和评级，以便能够设计出标准化的期货合约。另外，期货商品大多是经常进行大宗交易和价格波动比较频繁的商品，这类商品的生产经营者避险需求强烈。

与远期交易相比，期货交易的特点表现在：

（1）交易组织机制不同。远期交易是在场外市场进行的双边交易，而期货交易在交易所集中交易，交易双方并不直接接触。

（2）交易方式不同。远期合同交易一般是一次性交易，或者说价格是一次性形成的，不可变的，交易合同不能转让和反向交易，合同最后一般都要进行交割。而期货交易实际上是连续性交易，价格可以连续变化，交易合约可以转让并可通过对冲平仓了结，多数情况下不必进行交割。

我们举一个简单例子说明期货合约反向交易的特点。假设 2 月 5 日，甲卖出了一份 5 月份到期的大豆期货合约，价格是 9000 元/吨，一份大豆合约（相当于 10 吨大豆）的价值就是 9000 元/吨 × 10 吨 = 90000（元）。甲卖出该份合约相当于签订了一份远期合同，承诺到 5 月份的交割日以 9000 元/吨的价格卖给交易对手 10 吨大豆（甲实际上不需要知道具体的交易对手是谁，他直接向期货交易所卖出大豆合约，再由期货交易所作为中介撮合交易对手）。假设恰好乙买入该份合约，即乙也签订了一份远期合同，承诺到 5 月份的交割日以 9000 元/吨的价格买入 10 吨大豆（此时，乙不需要支付 90000 元现金，一般只需支付合约价值的 5%，即 4500 元保证金，甲亦如此）。

2 月 5 日：甲 $\xrightarrow{\text{卖出合约}}$ 期货交易所 $\xleftarrow{\text{买入合约}}$ 乙

假设到了 3 月 5 日，该合约的价格跌到 8000 元/吨。甲随即以该价格买入一份 5 月份到期的大豆期货合约，这相当于甲又签订了一份合同，承诺到 5 月份的交割日，以 8000 元/吨向交易对手（假设交易对手为丙，但甲不需要知道交易对手具体是谁）买入 10 吨大豆。同时，丙卖出该份合约，相当于丙签订了一份合同，承诺到 5 月份的交割日以 8000 元/吨的价格卖出 10 吨大豆。

3 月 5 日：甲 $\xrightarrow{\text{买入合约}}$ 期货交易所 $\xleftarrow{\text{卖出合约}}$ 丙

于是，甲通过在 2 月 5 日卖出合约和 3 月 5 日买入合约进行了对冲，实际上也就相当于甲通过先卖出和再买入期货合约，解除了与乙和丙的合约关系，或者说，甲将与乙签订的合同转让给了丙。现在就剩下乙和丙之间的期货合约，即乙承诺到 5 月份向丙买入 10 吨大豆，丙承诺到 5 月份向乙卖出 10 吨大豆，但合同价格由原来的 9000 元/吨变为 8000 元/吨。这里，可以看出期货合约价格与远期合同价格的区别。远期合同价格是交易双方直接签订的，一次性确定且不能再变化。而期货合约价格是众多交易者在交易所竞价形成的，是可以连续变化的。

（3）标准化程度不同。远期交易的具体内容一般是由交易双方通过一对一的谈判确定，许多远期交易没有统一的合约标准，而期货交易则完全是标准化交易，除了交易价格外，其他交易要素都实现了标准化。

（4）交易风险不同。期货交易实行保证金制度和每日结算制度，交易双方均以交易所为交易对手，一般不存在违约风险，而远期交易的交易双方直接签约，存在违约风险。

（5）交易目的不同。远期交易与现货交易一样都以获取标的物为目的，在合同未到期前一般不转手，而大多数情况下期货交易并不进行实物交割，大部分期货合约在到期之前，就通过反向交易平仓了结。

（6）经济功能不同。远期交易的主要功能是为商品寻找买主和卖主，避免供过于求时积压商品，供不应求时买不到商品。而期货交易的主要功能则是规避价格风险。

（三）期货合约

期货交易是一种合同的买卖，交易的"商品"是各种期货合约。所谓期货合约（future contract），是指由期货交易所统一制订、规定在将来某一特定时间和地点交割一定数量和质量商品的标准化合约。期货合约最显著的特征是标准化，合约商品的交易单位、产品规格、保证金比例、交易时间、交割日期、交割点等都由期货交易所统一制订，只有价格由买卖双方通过竞价来决定。

表 2 - 1 所示为一份期货合约。

表 2 - 1　　　　　　大连商品交易所黄大豆 1 号合约

交易品种	黄大豆 1 号
交易单位	10 吨/手
报价单位	元（人民币）/吨
最小变动价位	1 元/吨
涨跌停板幅度	上一交易日结算价的 4%
合约交割月份	1，3，5，7，9，11
交易时间	每周一至周五上午 9：00～11：30，下午 13：30～15：00
最后交易日	合约月份第十个交易日
最后交割日	最后交易日后七日（遇法定节假日顺延）
交割等级	大连商品交易所黄大豆 1 号交割质量标准（FA/DCE D001 - 2009）
交割地点	大连商品交易所指定交割仓库
交易保证金	合约价值的 5%

交易手续费	不超过 4 元/手
交割方式	实物交割
交易代码	A
上市交易所	大连商品交易所

资料来源：大连商品交易所网站，http://www.dce.com.cn/dalianshangpin/sspz/487124/487128/1391009/index.html.

（四）期货市场参与者

期货交易是买卖双方通过经纪人在期货交易所内，按照一定的规则和程序，经过公开平等的竞争，并经过期货结算所的登记、注册和确认，最终得以完成的一种交易行为。期货市场参与者包括期货交易所、结算所、经纪商和期货交易者。

1. 期货交易所

期货交易所是进行期货合约交易的场所，其职能包括：为期货交易提供场所和设施；制定标准化期货合约；制定和实施期货交易业务规则；组织、监督期货交易活动；提供和管理期货交易的市场信息。期货交易所一般采取会员制，会员的最大权利是可在交易所直接进行期货交易，非会员要做期货交易需要委托会员代理。目前，我国有 5 家期货交易所。其中，大连商品交易所、上海期货交易所和郑州商品交易所主要从事商品期货、商品期权交易，中国金融期货交易所主要从事金融期货、金融期权交易。2021 年 4 月成立的广州期货交易所是一个全方位多领域覆盖的交易所，在业务范围上重点发展四大板块：第一类是服务绿色发展相关品种，如碳排放权期货、电力期货、工业硅等；第二类是大宗商品指数类，如商品综合指数期货；第三类是国际市场互挂类，通过实现与境外交易所的产品互挂，推动资本市场更高水平的对外开放；第四类是具有粤港澳大湾区、"一带一路"沿线国家特色的大宗商品板块，如咖啡期货。

2. 期货结算所

期货结算所是期货交易的专门清算机构，通常附属于期货交易所。期货结算所在期货交易中主要发挥三种功能：

第一，简化交易手续。期货结算所在期货交易中充当双重角色，即在期货的买方面前充当卖方的角色，在期货的卖方面前充当买方的角色。因而期货交易的买卖双方无须知道真正的交易对象是谁，因为无论怎样，期货结算所都要为每笔交易承担责任。这样期货交易者就可以随时通过反向买卖同一期货合约的方式来解除其原来持有合约的到期实物交割责任，而不必征求交易对方是否同意。由于简化了结算手续，大大提高了结算效率，活跃了期货交易，为增大期货交易规模提供了条件。

第二，简化交割手续。按照期货交易规则，只要交易者持有的期货合约到期，就必须进行实际交割。在交割过程中，买卖双方无须直接见面，完全由期货结算所负责双方的货款交割，大大简化了交割手续。

第三，通过保证金和当日结算制度，防范违约风险。保证金制度和当日结算制度是期货结算所控制交易风险的两大机制，主要内容包括：一是要求交易双方必须缴纳初始保证金；二是对交易双方的账户采取无负债的当日结算；三是要求交易双方缴纳日常的最低保证金，即维持保证金。

（1）初始保证金。只要期货合约签订，买卖双方都被要求存入初始保证金，即确保他们能够真正履约的保证金，因此初始保证金也称为履约保证金。初始保证金比率一般由期货交易所制定。初始保证金＝交易金额×初始保证金比率。例如，期货交易者 B 购买了一份 9 月份到期的黄大豆 1 号合约，价格 1000 元/吨，合约价值 $1000 \times 10 = 10000$（元）（同时，一定有一个期货交易者 S 以 1000 元/吨的价格卖出一份 9 月份到期的黄大豆 1 号合约）。若黄大豆 1 号合约初始保证金率为合约价值的 5%，他要缴纳 $10000 \times 5\% = 500$（元）的初始保证金，剩下的 9500 元可视为用交易所给他的 9500 元贷款来支付。

（2）当日结算制度。虽然初始保证金为履约提供了一定程度的保障，但随着合约价格每天发生变化，初始保证金的保障作用可能会变得不足。为此，期货结算所每天都对期货交易者账户上的权益进行结算，这被称为盯住市场（marking to the market）或当日结算制度，又称每日无负债结算制度。按照这一制度，结算所在每日交易结束后，按当日结算价对交易者结算所有合约的盈亏、交易保证金及手续费、税金等费用，对应收应付的款项实行净额一次划转，相应增加或减少保证金。交易结束后，一旦发现交易者保证金账户上的实际保证金（资产的市值－贷款）不足，结算所就会要求交易者追加保证金，否则强制平仓。其中，实际保证金比率＝（资产的市值－贷款）÷资产的市值。需要注意的是，作为当日结算制度的一部分，期货结算所每天用一个新的合约来代替已存在的合约，这一新合约的交易价格由市场公开竞价决定。

例如，上例中若 9 月份到期的黄大豆 1 号合约价格跌到 980 元/吨，则实际保证金比率 = (980 × 10 – 9500) ÷ (980 × 10) = 3.06%。若黄大豆 1 号合约价格跌到 900 元/吨，那么实际保证金比率 = (9000 – 9500) ÷ 9500 = – 5.2%，这表明期货合约的市值不够偿还 9500 元的贷款。一旦交易者违约比如潜逃，期货结算所将不得不承担 500 元的贷款损失。

（3）维持保证金。为了防止上述风险发生，期货结算所要求期货交易者账户中的实际保证金不能低于初始保证金的一定比例（在我国通常为 0.75），这一比例的保证金就是维持保证金，即期货交易所规定的交易者保证金账户中所必须保有的最低余额，也就是说，（资产的市值 – 贷款）÷ 初始保证金 > 维持保证金比率。如果保证金账户的余额高于初始保证金，则期货交易者可以提取账户中超出初始保证金的盈利部分。如果保证金账户的余额高于维持保证金但低于初始保证金，则期货交易者虽然不必追加保证金，但也不能提取现金。如果交易者保证金账户的余额低于维持保证金，期货结算所将要求交易者立即追加保证金达到初始保证金水平，否则将对交易者持有的头寸强制平仓。

例如，在上例中如果黄大豆 1 号合约维持保证金比例为 0.75，那么 B 和 S 都必须每天在他们的账户上保留至少 500 × 0.75 = 375（元）的维持保证金。如果黄大豆 1 号合约价格跌到 960 元/吨，那么 B 的账户余额为 500 + (960 – 1000) × 10 = 100（元），低于维持保证金 375 元，因此 B 会被要求存入 400 元追加保证金，使其保证金账户达到 500 元的初始保证金水平，否则就会被强制平仓。而 S 的账户余额为 500 + (1000 – 960) × 10 = 900（元），超过初始保证金 400 元，他可以提取这 400 元的盈利。

3. 期货经纪商

期货交易不仅限于在期货交易所内进行，而且按规定只有取得交易所会员资格的个人或组织才可进场直接交易，非会员要进行期货交易必须由交易所会员来代理。期货经纪商就是主要代理他人进行期货交易并收取一定佣金的公司。

4. 期货交易者

期货交易者主要包括套期保值者（hedger）和投机者（speculator）。套期保值者大多是加工商、农场主、制造商、贸易商等实际的生产经营者。他们进行期货交易的目的不是为了从价格波动中获利，而是寻求对现货商品的价格保障，尽可能消除价格风险。套期保值交易的特点是交易量大、交易部位变动不频繁，合约保留时间长。投机者一般通过预测期货价格变化趋势来买卖期货合约赚取价差。当预测期货价格上涨时就买入期货合约，预测价格下跌时就卖出期货合约。所以，投机交易特点是交易数量小、交易部位变动频繁，合约保持时间相对较短。

（五）期货交易程序

期货交易程序与股票交易很类似，主要包括开户、下单、竞价与成交、结算等几个环节，如图 2 - 1 所示。

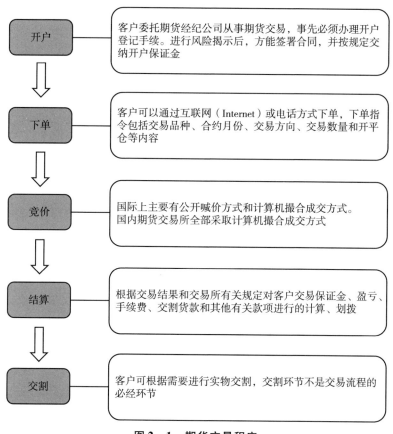

开户	客户委托期货经纪公司从事期货交易，事先必须办理开户登记手续。进行风险揭示后，方能签署合同，并按规定交纳开户保证金
下单	客户可以通过互联网（Internet）或电话方式下单，下单指令包括交易品种、合约月份、交易方向、交易数量和开平仓等内容
竞价	国际上主要有公开喊价方式和计算机撮合成交方式。国内期货交易所全部采取计算机撮合成交方式
结算	根据交易结果和交易所有关规定对客户交易保证金、盈亏、手续费、交割货款和其他有关款项进行的计算、划拨
交割	客户可根据需要进行实物交割，交割环节不是交易流程的必经环节

图 2 - 1 期货交易程序

期货交易成交后，交易双方即承诺按合约规定的价格、数量、品种、质量和期限交割一定的商品。为保证合约得到履行，期货结算所每日都对未平仓合约的盈亏进行清算。盈利记入交易者的保证金账户，交易者也可将盈利取走。亏损则从保证金账户余额中扣除，如果保证金账户余额低于维持保证金水平，交易所会立即要求交易者补交足够的保证金后方能继续交易。

绝大多数期货合约一般都在最后交易日前通过平仓了结交易，但也有少数期货合约未在最后交易日收盘前进行平仓，这类期货合约就进入交割环节。由于期货合约在到期前往往已经多次转手买卖，而且期货交易者主要通过期货经纪公司进行交易，交易双方并不知道交易对手是谁，所以最后持有到期合约的交易双方必须通过期货结算所进行交割。按照期货交易所的规定，期货交易的交割结算价一般是以最后交易日收盘时，现货市场同种商品的市场价格为基准。交割地点由期货交易所指定。

交割时，期货合约的卖方必须在期货交割月份的第一个交易日之前，通过期货经纪公司将交货通知书转交给期货结算所。一般由期货合约卖方确定具体交割日期，而买方只能按期货结算所的安排，在期货交割月份内的某日和期货交易所认可的某个交货地点收到商品。当货物运到交货地点后，期货结算所进行抽样检查，如果检查合格，则在卖方确定的交易日前将交货通知书交给买方。持有到期未平仓合约的买方在收到收货通知书后，必须在规定的交割日之前将全部货款通过期货经纪公司交到期货结算所。这样，到交割日卖方将提货单通过期货经纪公司转交给买方，并收取全部货款。买方收到提货单后，验收提货，至此期货交易的实物交割结束。

（六）期货交易的功能

期货交易是一种非常复杂的交易组织形式，具有多重功能。期货交易的基本功能是价格发现和套期保值。此外，期货交易还有投机获益和套利功能。

1. 价格发现

价格发现是指在市场上买卖双方通过交易活动，使某一商品在某一时间和地点的交易价格接近均衡价格的过程。期货市场将众多影响供求关系的因素集中在交易所内，通过公开竞价形成一个统一的交易价格。这一价格预示了市场未来的供求趋势，能够对未来各时期的潜在供求进行提前调节，有助于减少盲目生产，防止价格波动过度，实现资源最优配置。由于期货价格与现货价格走向一致并逐渐趋同，所以今天的期货价格可能就是未来的现货价格。这一关系使得世界各地的套期保值者和现货经营者都可依据期货价格来衡量相关现货商品的价格走势。这样，期货价格就成为世界各地现货价格的基础。在国际市场上，越来越多的有相应期货价格的商品，其现货报价就是以期货价格减去基差或下浮一定百分比的形式报出。例如，伦敦金属交易所（LME）的金属期货价格是国际有色金属市场现货定价基础。这种现象的存在并非意味着期货价格决定现货价格，实际正相反，从根本上说，是现货市场的供求关系以及市场参与者对未来现货价格的预期决定着期货合约的价格，但这并不妨碍以期货价格为基础报出现货价格。

当然，期货价格并非总是能够准确反映市场供求关系，也不必然等于未来现货价格。但是，期货价格克服了分散、局部的市场价格在空间、时间上的局限性，具有公开性、连续性、预期性的特点，能够较真实地反映一定时期一些大宗商品的价格水平。

2. 套期保值

期货交易的基本经济功能之一就是对价格风险的回避，这主要是通过套期保值来完成。套期保值的英文是"hedge"，也译为对冲。对冲的意义较广泛，一般来说，如果资产 A 与资产 B 的价格存在正相关关系，当某人拥有的资产 A 有贬值风险时，他可以通过卖出资产 B 来规避资产 A 的贬值风险，这就是"对冲"。

套期保值是以规避现货价格风险为目的的期货交易行为，它是指与现货市场有关的经营者或交易者在现货市场买入或卖出一定数量现货品种的同时，在期货市场上卖出或买入与现货品种相同、数值相当但交易方向相反的期货合约，以期在未来某个时间，通过同时将现货和期货市场上的头寸平仓后，以一个市场的盈利弥补另一个市场的亏损，达到规避价格风险的目的。形象一点说，套期保值就是对现货担心什么，就通过期货做什么，即"担心什么做什么"。担心现货价格下跌，就在期货市场卖出期货合约。担心现货价格上涨，就在期货市场买入期货合约。这样就可以使现货价格风险得到规避。

套期保值的基本特点是：（1）进入期货市场不以获利为目的。（2）期货交易不以实物交割为最终目的。（3）期货与现货的交易方向相反。（4）期货与现货交易的商品种类相同或相互之间具有较强的替代性。（5）商品数量相等或相近。（6）现货交易与期货交割月份相同或相近。在一个交易所内，同一种商品的期货合约通常有几个不同月份交割的期货合约可以进行交易。例如，2月末，期货市场上正在交易的某一商品期货合约的5个交割月份分别为3月、4月、5月、6月、7月，如果套期保值者保值期是1个月，即3月份进行现货交易，则选择3月份到期的期货合约作为套期保值工具比较合适；如果保值期是2个月，则选择4月份到期的合约。保持现货交易与期货交割的月份相同或相近能够使现货和期货在套期保值结束时价格趋于一致，提高套期保值的效果。

套期保值者一般是实际的生产者和消费者，他们拥有或需要买入期货合约中的商品，利用期货交易进行套期保值，可在一定程度上锁定价格，减少价格变动带来的损失。套期保值之所以有助于规避价格风险，其基本原理在于某一商品的期货价格与现货价格在同一时空内会受相同经济因素的影响和制约，因而一般情况下两个市场的价格变动趋势同涨同跌。套期保值就是利用同一商品现货价格与期货价格同涨同跌的价格关系，在现货与期货两个市场之间建立盈亏冲抵机制，通过合约的对冲，利用一个市场的盈利弥补另一个市场的亏损，达到锁定价格、规避风险的目的。现货价格与期货价格的同涨同跌关系也可以用微观经济学的市场供求关系模型加以解释，如图2-2所示。

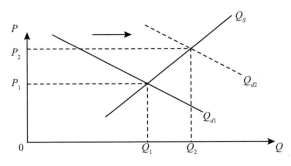

图2-2　现货价格与期货价格同涨同跌关系

在图2-2中，我们假设大豆最初的现货价格（市场价格，即均衡价格）为P_1，假设市场预期由于某种原因大豆明年价格会上涨，这种预期价格就相当于期货价格，它是大豆市场供求关系模型的外生变量。按照市场供求关系模型，如果大豆预期价格（期货价格）上涨，那么会导致大豆的市场需求曲线右移，结果大豆现货价格（市场均衡价格）也会由 P_1 上涨到 P_2。由此可见，一种商品的期货价格与现货价格存在同涨同跌的关系。

套期保值的类型有两种：一类是卖出套期保值，做这种套期保值的是将来准备在市场上出售商品的人或企业，他们最担心未来出售商品时价格下跌，使预期利润减少，所以事先把将要出售的商品在期货市场上先行卖空，达到锁定销售价格的目的。另一类是买入套期保值，做这种套期保值的是将来准备在市场上买入商品的人或企业，他们最担心未来购买商品时价格上升，使生产成本增加，所以事先把将要购入的商品在期货市场上先行买空，达到控制进货成本的目的。下面具体介绍进行这两种套期保值的方法。

（1）卖出套期保值。

卖出套期保值（sell hedge）又称卖期保值、空头套期保值。保值者根据他在现货市场的交易情况，先在期货市场卖出期货合约建立一个空头部位，然后在合约到期日之前买入期货合约建立另一个与先前空头部位相反的部位来对冲在手的空盘部位，两个部位在商品种类、合约张数和合约月份上必须一致。卖出套期保值的目的是为了锁住销售价格，做卖出套期保值的主要是初级产品的供应者如农民、农场主、储运商等。

【例题 2-1】小麦期货的卖出套期保值。

某农场有一批要在 8 月份收获的小麦。目前（4 月份）现货市场小麦价格是 810 元/吨，农场希望在 8 月份收获小麦时能以不低于现在的价格出售。农场担心到时小麦价格下跌，从而影响预期收益。于是，到期货市场进行卖出套期保值，即卖出 9 月份小麦期货合约，假定 4 月份时，9 月份小麦期货价格是 820 元/吨。由于保值期间，现货市场和期货市场的价格会有各种变化，因而，农场的保值效果也不同。

①现货市场的价格和期货市场的价格同幅下降。即到了 8 月份，小麦现货市场价格跌到 790 元/吨，9 月份小麦期货价格跌到 800 元/吨，如表 2-2 所示。

表 2-2　现货市场价格和期货市场价格同幅下降时的保值过程

时间	现货市场		期货市场	基差（元/吨）
4 月	810 元/吨	—	卖出 9 月份小麦合约 820 元/吨	810 - 820 = -10
8 月	790 元/吨	卖出小麦现货	买进 9 月份小麦合约 800 元/吨	790 - 800 = -10
结果	比预期亏损 20 元/吨		盈利 20 元/吨	基差不变

上述保值过程中，农场在期货市场的盈利正好弥补了他在现货市场因价格下跌而产生的损失，达到了套期保值的目的。

②现货市场价格跌幅小于期货市场价格跌幅。即到了 8 月份，小麦现货市场价格跌到 790 元/吨，9 月份小麦期货价格跌到 790 元/吨，如表 2 - 3 所示。

表 2 - 3　现货市场价格跌幅小于期货市场价格跌幅时的保值过程

时间	现货市场		期货市场	基差（元/吨）
4 月	810 元/吨	—	卖出 9 月份小麦合约 820 元/吨	810 - 820 = - 10
8 月	790 元/吨	卖出小麦现货	买进 9 月份小麦合约 790 元/吨	790 - 790 = - 0
结果	预期亏损 20 元/吨		盈利 30 元/吨	基差增大

上述保值过程中，农场在期货市场的盈利不仅弥补了他在现货市场因价格下跌而产生的损失，而且还有额外的收益。

③现货市场价格跌幅大于期货市场价格跌幅。即到了 8 月份，小麦现货市场价格跌到 790 元/吨，9 月份小麦期货价格跌到 810 元/吨，如表 2 - 4 所示。

表 2 - 4　现货市场价格跌幅大于期货市场价格跌幅时的保值过程

时间	现货市场		期货市场	基差（元/吨）
4 月	810 元/吨	—	卖出 9 月份小麦合约 820 元/吨	810 - 820 = - 10
8 月	790 元/吨	卖出小麦现货	买进 9 月份小麦合约 810 元/吨	790 - 810 = - 20
结果	比预期亏损 20 元/吨		盈利 10 元/吨	基差变小

上述保值过程中，农场在期货市场的盈利没有完全弥补在现货市场因价格下跌而产生的损失，保值效果差。

（2）买入套期保值。

买入套期保值（buy hedge），又称买期保值、多头套期保值。交易者先在期货市场上买入期货合约建立一个期货多头部位，然后在期货合约到期日之前卖出期货合约建立一个与先前多头部位相反的部位来进行对冲。两个部位的商品种类、合约张数和合约月份必须一致。买入套期保值的目的通常是为了控制进货成本，做商品期货买入套期保值的主要是加工商、出口商等。

【例题 2 - 2】 小麦期货的买入套期保值。

某面粉加工商拟在 5 月份购进 100 吨小麦，他希望到时能按目前（2 月）现货市场上 810 元/吨的价格购进，这样能获得一定的加工利润。但他不愿立即进货，因为要支付仓储费等。于是，他到期货市场进行买入套期保值，即买进 5 月份小麦期货合约。假定 2 月份时，5 月份小麦期货价格是 820 元/吨。由于在保值期间，现货市场的价格和期货市场的价格会有各种变化，因而加工商的保值效果会有不同。

①现货市场的价格和期货市场的价格同幅上涨。即到了 5 月份，小麦现货价格为 830 元/吨，5 月份小麦期货价格为 840 元/吨，如表 2 - 5 所示。

表 2 - 5　　现货市场价格和期货市场价格同幅上涨时的保值过程

时间	现货市场		期货市场	基差（元/吨）
2 月	810 元/吨	—	买入 5 月份小麦合约 820 元/吨	810 - 820 = - 10
5 月	830 元/吨	买入小麦现货	卖出 5 月份小麦合约 840 元/吨	830 - 840 = - 10
结果	比预期亏损 20 元/吨		盈利 20 元/吨	基差不变

上述保值过程中，加工商在期货市场的盈利正好弥补了他在现货市场因价格上涨带来的损失，实现了完全保值。

②现货市场价格涨幅小于期货市场价格涨幅。即到了 5 月份，小麦现货价格为 830 元/吨，5 月份小麦期货价格为 850 元/吨，如表 2 - 6 所示。

表 2 - 6　　现货市场价格涨幅小于期货市场价格涨幅时的保值过程

时间	现货市场		期货市场	基差（元/吨）
2 月	810 元/吨	—	买入 5 月份小麦合约 820 元/吨	810 - 820 = - 10
5 月	830 元/吨	买入小麦现货	卖出 5 月份小麦合约 850 元/吨	830 - 850 = - 20
结果	比预期亏损 20 元/吨		盈利 30 元/吨	基差变小

上述保值过程中，加工商在期货市场的盈利不仅弥补了他在现货市场因价格上涨而产生的损失，而且还有额外的收益，实现了超额保值。

③现货市场价格涨幅大于期货市场价格涨幅。即到了 5 月份，小麦现货价格为 840 元/吨，5 月份小麦期货价格为 840 元/吨，如表 2 - 7 所示。

表 2 - 7 现货市场价格涨幅大于期货市场价格涨幅时的保值过程

时间	现货市场		期货市场	基差（元/吨）
2 月	810 元/吨	—	买入 5 月份小麦合约 820 元/吨	810 - 820 = - 10
5 月	840 元/吨	买入小麦现货	卖出 5 月份小麦合约 840 元/吨	840 - 840 = 0
结果	比预期亏损 30 元/吨		盈利 20 元/吨	基差增大

上述保值过程中，加工商在期货市场的盈利没有完全弥补在现货市场因价格上涨而产生的损失，实现了部分保值，保值效果较差。但仍好于不进行套期保值的情形。

在进行套期保值交易时，需要注意以下几个事项：

第一，必须密切关注基差的变化。基差（basis）是指在某一特定的时间和地点，一种商品的现货价格与同一时间该商品的特定期货价格的差额。套期保值的效果取决于基差的变化。用 P_{S0}，P_{St} 分别表示商品在零时刻（套期开始时）和 t 时刻的现货价格；P_{F0}，P_{Ft} 分别表示套期开始时的期货价格和 t 时刻期货价格（平仓是期货价格）。B_0，B_t 分别表示零时刻和 t 时刻的基差。如果采用买入套期保值策略，则总盈亏计算如下：

现货交易盈亏 = $P_{St} - P_{S0}$，期货交易盈亏 = $P_{Ft} - P_{F0}$，

$$总盈亏 = 期货交易盈亏 - 现货交易盈亏$$
$$= (P_{Ft} - P_{F0}) - (P_{St} - P_{S0}) = (P_{S0} - P_{F0}) - (P_{St} - P_{Ft})$$
$$= B_0 - B_t \tag{2-1}$$

如果基差保持不变，则现货的盈亏与期货的盈亏相互抵消，总盈亏为零，实现完全套期保值。如果套期保值结束时，基差不等，则套期保值就会出现一定盈利或亏损。由式（2 - 1）可以看出，当采取买入套期保值策略时，如果 $B_0 > B_t$，则套期保值会出现盈利，或者说，当基差变小即基差走弱时，套期保值会产生盈利。同样，当基差变大即基差走强时，有利于卖出套期保值者。

第二，套期保值数量原则上应与现货数量相当。进行套期保值时，在期货市场上卖出和买入的合约数量必须根据现货经营情况来制定，原则上应该

与现货经营数量相当，不能超出现货经营数量，超出部分则变成投机行为，违背了套期保值的初衷。但是，由于期货价格的变化幅度和现货价格的变化幅度不完全相同，为达到最佳的套期保值效果，期货套期保值数量一般会小于现货经营数量。

第三，套期保值的目的是为了追求稳定收益。套期保值在避免价格不利变动带来风险的同时，也放弃了价格有利变动带来的收益。如果选择进行套期保值操作，可能会比不进行套期保值操作获得的收益小，但进行套期保值的目的是回避价格风险，保持生产和经营的持续性，而不是获得最高收益。基于这个目的从事套期保值交易，套期保值者得到的理想结果只能是现货和期货市场的亏损和盈利相抵，将收益稳定在预期水平。在成功的套期保值操作中，期货交易部分也可能产生亏损。但在现货市场产生额外盈利，盈亏相抵后，实现了企业预期的收益，即为成功的套期保值操作。

3. 投机获益

期货市场的参与者除了套期保值者外，另一类便是投机者。套期保值者参与期货交易的目的是寻求价格保障，规避市场风险，而投机者参与期货交易的目的则是通过预测市场价格的变化，获取价差收益，寻求风险利润。

期货投机的一般方法是利用价格差投机，包括买空和卖空两种形式。买空是指在看涨的市场里先买进合约，然后等待时机对冲平仓，即做多。卖空则是在看跌的市场中先卖出合约，然后伺机补进，即做空。例如，某投机者预测近期玉米价格将下跌，于是在 9 月份卖出 100 张（每张 5 吨）11 月份的玉米期货合约，价格是 800 元/吨。一个月后，玉米期货价格果然下跌至 760 元/吨，该投机者再买入玉米合约，每吨获利 40 元，不计佣金实际获利 $(800-760) \times 5 \times 100 = 20000$（元）。当预计价格上涨时做法相反，先买入合约，再卖出合约。利用价差投机，必须准确地把握期货价格的总趋势。否则，一旦判断失误，损失将十分惨重。正因为价差投机的风险较大，因此有经验的投机者很少单独选用此方法，而是更多地使用套期图利（简称套利）。

期货市场上的投机者，一般都会自认为可以正确预测商品价格走势，因此甘愿利用自己的资金冒险，不断买入和卖出期货合约，希望从价格变动中获取收益。期货投机对于期货市场来说，并不完全是消极的，而是有着重要的作用，主要表现在：

第一，承担风险，制造市场。期货市场的功能之一是规避风险，要使套期保值者能实现规避风险的目的，市场上就必须有风险的承担者。如果期货市场没有投机者，那么套期保值者很难实现其保值目的。这是因为，卖期保值者希望得到尽可能高的价格，而买期保值者希望得到尽可能低的价格，二者之间经常存在一定的价差。如果没有作为风险承担者的投机者去弥补这一价格差距，套期保值者之间就某一价格迅速达成协议恐怕很困难，套期保值者要想对冲在手的期货合约，恐怕也要大费周折。因此，投机者在套期保值的买者与卖者之间起了桥梁和中介的作用，承担了风险，制造了市场。

第二，增加市场交易量。期货投机既能使套期保值交易容易成交，又能减少由于套期保值者的进入和退出所可能引起的价格波动，这全得益于投机使交易量放大。例如，一个农场主需要立即卖出 60 份 9 月大豆期货合约，而另一豆油加工商则要等些时候才需购入 20 份 9 月大豆期货合约。这时，如果没有足够数量的投机者参与，那么农场主就无法马上把价格可能下跌的风险转移出去。又如，假设没有投机活动，每日市场交易量只有 600 份合约，此时如有人一下卖出 80 份合约，可能会导致价格剧烈波动；而有了投机活动，日交易量可达到 50000 份。在这样大的交易量中，即使有人一下卖出了 100 份合约，对价格造成的影响也不是很大。

第三，稳定市场价格。投机者在期货市场上先低价买入合约，再高价卖出合约；或者先高价卖出合约，再低价买回合约。低价买进，阻止了期货价格的持续下跌，高价卖出抑制了期货价格的过度上涨，稳定了市场价格。

第四，形成较能反映市场供求真实情况的价格。投机者为了在市场上获利，必然广泛地收集和分析与期货价格有关的各种信息，认真研究不同时期、不同地区的期货商品供求状况，以便寻找合适的投机机会。这样做的结果使期货价格可以在广泛的、详尽的信息基础上形成，能够为商品生产者和经营者提供比较合理真实的价格信号，从而有助于发挥期货市场价格发现的功能。

应当强调的是，虽然投机对增加期货交易的流动性起到了一定的积极作用，但如果过度投机则不仅会给投资者带来巨大的风险，还会损害期货市场的效率，严重的甚至会威胁到期货市场乃至整个金融体系的稳定。

 专栏 2-1：株洲冶炼集团锌期货事件

我国是世界上主要产锌国之一，同时也是世界上锌消费大国。20 世纪 80 年代受国家铅锌出口鼓励政策的影响，国内锌冶炼能力急剧扩张，使我国由锌进口国一跃变为出口国。

株洲冶炼集团是我国最大铅锌生产和出口基地之一，其生产的"火炬"牌锌是中国第一个在伦敦金属交易所注册的商标，经有关部门特批，可在国外金属期货市场交易。1995年，株冶集团开始境外锌期货交易并获得一定收益。此后，操盘手的权力逐步膨胀。

1997年3月，世界金属期货市场价格上扬，锌市走俏。株冶操盘手在1250美元/吨价位上抛空锌期货合约，株冶的生产成本约1100美元/吨，随后锌价继续上扬到1300美元/吨，株冶集团开始由套期保值转为卖空投机，即抛出远大于其年产量的合约，目的是打压锌价从期货上谋利。结果，临近交割日时遭交易对手逼仓，锌价继续走高至1674美元/吨，株冶集团保证金告急，被迫强行平仓，最终造成1.758亿元的亏损。此次事件的教训是：第一，企业内部控制松懈。早期的交易获利使得经办人员权力过大，越权交易，内部控制松懈，亏损后不及时汇报，反而继续加仓，最终带来巨亏。第二，风险意识欠缺。国际基金逼仓是导致株冶集团期货头寸损失的重要原因，对手之所以敢于逼仓，是因为掌握了株冶集团的内部交易信息，主办人员缺乏风险意识，给对手可乘之机。

资料来源：刘英华. 期货投资典型案例［M］. 上海：远东出版社，2009.

4. 套利功能

套利的经济学原理在于：忽略交易成本，同一商品只能有一个价格，因此当同一商品出现两个不同价格时就存在套利机会。期货套利是指套利者利用暂时存在的不合理价格关系，通过买入或卖出相同或相关的期货合约赚取价差的交易策略。这里所谓不合理价格关系大体有三种情况：同一市场同种期货合约在不同交割月份之间的不合理价格关系；同种期货合约在不同市场之间的不合理价格关系；同一市场同一交割月份的不同期货合约之间的不合理价格关系。这些不合理价格关系一般只存在一个较短的时间，在进行套利交易时，套利者买进自认为是"便宜的"合约，同时卖出那些自认为是"高价的"合约，利用期货合约间的价格差获取利润。期货套利主要分为期现套利和价差交易套利。如果是利用期货市场与现货市场之间的价差进行套利，则称为期现套利。如果是利用期货市场不同合约之间的价差进行套利，则称为价差交易套利。价差交易套利一般又分为三类：跨期套利、跨市场套利和跨商品套利。

（1）跨期套利。跨期套利是指投资者以赚取价差为目的，在同一市场同时买入、卖出同种商品不同交割月份的期货合约，以期在有利时机将这两个交割月份不同的合约对冲平仓获利。跨期套利是最常见的期货套利方式，又可分为牛市套利和熊市套利。

牛市套利也称买空套利。当市场处于牛市时，一般来说，较近月份的合约价格上升幅度往往要大于较远月份合约价格的上升幅度，或者近期月份合约价格的下降幅度要小于远期月份合约价格的下降幅度。在这种情况下，投资者买入近期月份期货合约的同时卖出远期月份的期货合约，获利可能性较大，称为牛市套利。

【例题 2 – 3】牛市套利交易。

6 月时，7 月到期的大豆期货合约价格是 1900 元/吨，9 月到期的大豆期货合约价格是 1980 元/吨。某投资者认为大豆价格处于牛市上涨阶段，决定做牛市套利：买入 7 月到期的大豆期货合约，卖出 9 月到期的大豆期货合约。到了 7 月，7 月到期的大豆期货合约价格上涨到 1980 元/吨，9 月到期的大豆期货合约的价格上涨到 2030 元/吨。此时，该投机者立即平仓，即卖出 7 月到期的大豆期货合约，买入 9 月到期的大豆期货合约，交易过程如表 2 – 8 所示：

表 2 – 8 　　　　　　　　　　　　　　　牛市套利交易

时间	7 月期货	9 月期货
6 月	买入 7 月大豆期货：价格 1900 元/吨	6 月卖出 9 月大豆期货：价格 1980 元/吨
7 月	卖出 7 月大豆期货：价格 1980 元/吨	7 月买入 9 月大豆期货：价格 2030 元/吨
结果	盈利 80 元/吨	亏损 50 元/吨

在以上套利交易中，该投机者在 7 月大豆期货交易中的盈利不但弥补了他在 9 月大豆期货交易中的亏损，而且还有 30 元/吨的利润。

熊市套利也称卖空套利。当市场是熊市时，一般来说，较近月份的合约价格下跌幅度要大于较远月份合约价格下跌的幅度，或者较近月份合约价格上涨幅度要小于远期月份合约价格的上涨幅度。在这种情况下，投资者在卖出近期月份期货合约的同时买入远期月份的期货合约，获利的可能性比较大，称为熊市套利。

【例题 2 – 4】熊市套利交易。

2 月时，3 月到期的大豆期货合约价格是 1380 元/吨，5 月到期的大豆合约价格 1395 元/吨。投机者认为目前大豆价格处于熊市，决定进行熊市套利：卖出 3 月到期的大豆期货，买入 5 月到期的大豆期货。到了 3 月，3 月到期的大豆期货价格下跌到 1340 元/吨，5 月到期的大豆期货价格下跌到 1370 元/吨。此时，该投机者立即平仓，即买入 3 月大豆期货，卖出 5 月大豆期货，交易过程如表 2-9 所示：

表 2-9　　　　　　　　　　　　熊市套利交易

时间	3 月期货	5 月期货
2 月	卖出 3 月大豆期货：价格 1380 元/吨	买入 5 月大豆期货：价格 1395 元/吨
3 月	买入 3 月大豆期货：价格 1340 元/吨	卖出 5 月大豆期货：价格 1370 元/吨
结果	盈利 40 元/吨	亏损 25 元/吨

在以上套利交易中，该投机者在 3 月大豆期货交易中的盈利不但弥补了他在 5 月大豆期货交易中的亏损，而且还有 15 元/吨的利润。

（2）跨市场套利。跨市场套利是指投资者利用同一商品在不同交易所的期货价格的不同即在一个交易所买入（卖出）某种期货合约，同时在另一交易所卖出（买入）同一交割月份和同一种类商品的期货合约，利用两个市场间的价差变化获利。

【例题 2-5】跨市场套利。

7 月时，A 交易所 11 月到期的砂糖期货合约为 3650 元/吨，B 交易所 11 月到期的砂糖期货合约为 3740 元/吨。某投机者预测近期砂糖价格将发生较大波动，并且两地间的价差将会缩小。于是，他决定做跨市场交易，即买入 A 交易所 11 月到期的砂糖期货，卖出 B 交易所 11 月到期的砂糖期货合约。2 个月后，A 交易所 11 月砂糖期货价格上涨到 3780 元/吨，B 交易所 11 月砂糖期货价格上涨到 3830 元/吨，该投机者立即平仓，其交易过程如表 2-10 所示：

表 2-10　　　　　　　　　　　　跨市场套利交易

时间	A 交易所	B 交易所	价差（元）
7 月	买入 11 月砂糖期货：价格 3650 元/吨	卖出 11 月砂糖期货：价格 3740 元/吨	3740－3650＝90

时间	A 交易所	B 交易所	价差（元）
9 月	卖出 11 月砂糖期货：价格 3780 元/吨	买入 11 月砂糖期货：价格 3830 元/吨	3830 − 3780 = 50
结果	盈利 130 元/吨	亏损 90 元/吨	价差缩小

上述交易中，投机者在 A 交易所的盈利不但弥补了他在 B 交易所的损失，而且还有 40 元/吨的利润。

（3）跨商品套利。跨商品套利是指利用两种不同但又相互关联的商品之间期货价格的差异进行套利交易，即买入（卖出）某一交割月份某种商品的期货合约，同时卖出（买入）另一种相同交割月份的另一关联商品的期货合约，以期在有利时机同时将这两种合约对冲平仓获利。跨商品套利必须具备以下条件：一是两种商品之间具有互补性或替代性；二是交易受同一因素制约；三是买入或卖出的期货合约提出应在相同的交割月份。跨商品套利可分为两种情况：一是相关商品之间的套利，二是原料与成品之间的套利。一般来说，在跨商品套利交易中，商品之间的相关性越高，套利的效果越好。毫不相关的两种商品即使在某一段时机价格变化具有一定规律性，也不能据此认为未来一定会遵循这种规律性，盲目做跨商品套利风险会很大。其次，商品价格的同向性越好，套利效果越好。跨商品套利要求不同商品价格的变化趋势必须相同或相近，一个单边上涨，另一个单边下跌，虽然理论上可以进行套利操作，但操作难度较大。最后，两种商品价格的变化速率差别越大，套利效果越好。

小麦/玉米套利交易是较流行的跨商品套利交易。一般来说，小麦价格高于玉米价格，但二者间的价差变化有一定的季节性规律。通常情况下，在小麦的收获季节，小麦价格相对较低，而玉米价格相对较高，二者间的价差趋于缩小；而在玉米的收获季节，玉米价格相对较低，而小麦价格相对较高，二者之间的价差趋于扩大。投机者可以利用这种价差变化的规律进行套利交易。

【例题 2 −6】 跨商品套利。

某投机者在 6 月预计小麦/玉米将会出现如下价格关系，即在夏季之前，小麦价格相对玉米价格会有较大下跌，而在秋季时，小麦价格相对于玉米价格会有较大上涨，他决定做二者之间的价差套利。10 月 20 日，11 月小麦期货价格上涨到 900 元/吨，玉米期货价格下跌到 750 元/吨。此时，投机者立即平仓，交易过程如表 2 – 11 所示：

表 2 – 11 跨商品套利交易

时间	小麦期货	玉米期货	价差（元）
6 月 20 日	买入 11 月小麦期货：价格 860 元/吨	卖出 11 月玉米期货：价格 790 元/吨	860 – 790 = 70
10 月 20 日	卖出 11 月小麦期货：价格 920 元/吨	买入 11 月玉米期货：价格 750 元/吨	900 – 750 = 150
结果	盈利 60 元/吨	盈利 40 元/吨	价差变大

在这一交易中，如果玉米价格不是下跌而是上涨，只要保证套利结束后的价差增大，仍能获利。如果预计小麦/玉米间的价差会出现缩小的趋势，则可先卖出小麦合约，买入玉米合约，只要预测正确，仍可获利。

最后，简单介绍一下期现套利。广义上，期现套利也可以视为一种跨市套利。一般的跨市套利在不同期货交易所之间进行，而期现套利则是在期货市场与现货市场之间进行。当同一商品的期货价格与现货价格出现差距时，就可以利用这种价格差进行期现套利。期现套利中的投资者扮演贸易商的角色来赚取正常的期现差价，适用于有现货基础的企业投资者。当同一商品的期货价格和现货价格出现巨大价差时，投资者可以在现货市场和期货市场同时进行反向操作，获取无风险利润。同时，当出现期货价格低于现货价格时，投资者可在期货市场上以更低的成本买入近期合约，通过交割拿到货物后自用，这样可以减少流通环节，节省费用。

二、金 融 期 货

金融期货（financial futures）是指以金融资产为标的资产的期货交易。金融期货与商品期货交易的基本原理一样，只不过标的资产不再是大豆、玉米、有色金属等实物商品，而是外汇、债券、利率、股价指数等金融资产或金融工具。金融期货的交易对象是金融期货合约。金融期货合约是由期货交易所统一制订的规定交易双方在未来某个时期交割一定数量某种金融资产的标准化合约，是一种衍生金融产品。金融期货主要包括三大品种——外汇期货、利率期货和股权类期货。

（一）金融期货的产生和发展

金融期货的产生主要源自于人们规避金融风险的需求。20 世纪 70 年代初，以美元为中心的布雷顿森林体系崩溃，使汇率风险等金融风险空前增大。为了有效控制和防范各种金融风险，人们创造出金融期货等大量具有套期保值功能的衍生金融产品。

1944 年 7 月，44 个国家在美国新罕布什尔州的布雷顿森林召开会议，确立了被称为"布雷顿森林体系"的国际货币体系，布雷顿森林体系的核心是实行双挂钩的固定汇率制，即美元与黄金直接挂钩，其他国家货币与美元按固定比价挂钩，并可按 35 美元/盎司的官价向美国兑换黄金。布雷顿森林体系的建立，对二战以后西欧各国的经济恢复与增长以及国际贸易的发展起到了重要作用。在固定汇率制下，各国货币之间的汇率波动被限制在极为有限的范围内（货币平价的 ±1%），外汇风险几乎为人们所忽视，对外汇风险管理的需求也自然不大。20 世纪 60 年代以后，随着西欧各国经济的复兴，其持有的美元日益增多，各自的本币也趋于坚挺，而美国却因先后对朝鲜和越南发动战争，连年出现巨额贸易逆差，国际收支不断恶化，通货膨胀居高不下，频频出现黄金大量外流、抛售美元的美元危机。在美国的黄金储备大量流失，美元地位岌岌可危的情况下，美国于 1971 年 8 月宣布停止履行以美元兑换黄金的义务，布雷顿森林体系破产。1973 年 3 月，主要西方国家达成协议，开始实行浮动汇率制。

在浮动汇率制下，各种货币之间的汇率波动频繁，外汇风险加剧。外汇风险包括商业性汇率风险和金融性汇率风险两大类。商业性汇率风险是指在国际贸易中因汇率变动而遭受损失的可能性，是最常见的外汇风险。例如，一家中国公司向美国出口价值 100 万美元的商品，假设签订合同时汇率是 1 美元 = 8.0 元人民币，100 万美元相当于 800 万人民币。三个月后该公司实际收到货款时，假如美元大幅度贬值，汇率为 1 美元 = 7.8 元人民币，则该公司收到的 100 万美元货款实际上只相当于 780 万元人民币。该公司因汇率变化而遭受损失。金融性汇率风险包括债权债务风险和储备风险。债权债务风险是指在国际借贷中因汇率变动而使其中一方遭受损失的可能性。储备风险是指国家、银行和公司持有的储备性外汇资产因汇率变动而使其实际价值减少的可能性。为了回避上述外汇风险，外汇期货应运而生。1972 年 5 月，芝加哥商业交易所的国际货币市场（IMM）率先推出包括英镑、加拿大元、联邦德国马克、日元、瑞士法郎、墨西哥比索和意大利里拉等在内的外汇期货合约。目前，全球进行外汇期货交易的期货交易所主要有芝加哥商业交易所的国际货币市场、新加坡国际货币交易所和伦敦国际金融期货交易所。

利率期货是为适应人们管理利率风险的需要而产生的。20 世纪 70 年代以来，西方各国纷纷放松利率管制，推行利率市场化政策，导致市场利率波动频繁。为了管理利率风险，利率期货随之产生。1975 年 10 月，芝加哥商品交易所推出世界上第一张利率期货合约——政府国民抵押贷款协会（GNMA）的抵押凭证期货交易。2013 年 9 月，中国金融期货交易所推出了 5 年期国债期货交易，标志着我国利率期货市场进入规范化发展的新阶段。

股权类期货主要包括股票期货、股票价格指数期货等，它们都是为了规避股市风险而产生的。股指期货是最主要的股权类期货，股指期货的产生主要源于人们对股市波动风险进行管理的需要。20 世纪 70 年代，西方各国出现经济滞胀，经济增长缓慢，物价飞涨，政治局势动荡，股票市场经历了二战后最严重的一次经济危机，在 1973 ~ 1974 年的股市下跌中道琼斯指数跌幅超过了 50%，人们意识到在股市下跌面前缺乏恰当的避险工具。1982 年 2 月，堪萨斯市期货交易所推出第一份股指期货合约——价值线综合平均指数合约；1982 年 4 月，芝加哥商业交易所（Chicago Mercantile Exchange，CME）推出了标准普尔（S&P）500 股指期货；其后纽约期货交易所（New York Board of Trade，NYBOT）也迅速推出了纽约证券交易所（NYSE）综合指数期货交易。股指期货一经诞生就受到市场的广泛关注，价值线指数期货推出的当年就成交了 35 万张，S&P500 指数期货的成交量更是达到了 150 万张。1984 年，股指期货交易量已占美国所有期货合约交易量的 20% 以上。股指期货的成功，不仅大大扩大了美国国内期货市场的规模，而且也引发了世界性的股指期货交易热潮。2010 年 4 月，沪深 300 指数期货上市交易，标志着我国股指期货交易市场正式启动。

金融期货问世时间虽然不长，但发展速度很快，在全球范围内，金融期货交易量甚至超过了其基础金融产品的交易量。随着全球金融市场的发展，金融期货日益呈现国际化趋势，世界主要金融期货市场的互动性增强，竞争也日趋激烈。

（二）金融期货的特点

金融期货合约是一种衍生金融商品。一方面它与一般金融商品一样，具有同质性、耐久性、价格易变性、持有成本低、结算和交割方便等特点。另一方面，它又具有期货合约的特点，主要包括：

（1）合约交易单位标准化。每一份金融期货合约的交易单位都是标准化的，这就如同大豆期货合约的交易单位都是 10 吨/份一样。例如，在芝加哥国际货币市场，每个英镑合约的交易单位都是 62500 英镑。如果交易者想买入价值 145000 英镑的外汇期货，则期货市场不能完全满足他的要求，他只能买入 2 个英镑期货合约，价值为 125000 英镑，或买入 3 个英镑期货合约，价值为 187500 英镑。我国沪深 300 股指期货合约每个点价格是 300 元，假如当前某种沪深 300 股指期货合约的点位是 3000 点，则一份该股指期货合约的价值为 3000 点 × 300 元/点 = 900000 元。

（2）合约期限标准化。金融期货合约的交割期限一般多是 3 个月、6 个月、9 个月、12 个月，最长的是 2 年。在芝加哥国际货币市场，外汇期货合约的到期交割日只有四个，即 3 月、6 月、9 月和 12 月的第三个星期三。

（3）高流动性。由于金融期货合约的标准化，因而它具有较高的流动性。交易者在买入或卖出某种金融期货合约后，在期货合约未到期前，他可卖出或买进等量的同种金融期货合约，以了结自己的期货头寸。第二笔交易称为对冲交易或平仓。交易者最后根据买入和卖出的价差来计算盈亏。

（三）金融期货的种类

按照所依赖的标的资产不同进行划分，金融期货主要有三大类：外汇期货、利率期货和股权类期货，在股权类期货中，最为重要的是股票价格指数期货，简称股指期货。

1. 外汇期货

外汇期货（foreign exchange futures）又称货币期货，是以外汇为标的资产的期货合约，如美元期货、日元期货、英镑期货等。外汇期货属于外汇衍生品。除了外汇期货以外，外汇衍生品还包括外汇远期合约、外汇掉期（互换）、外汇期权，以及具有远期、期货、掉期（互换）和期权中一种或多种特征的结构化金融工具。外汇期货主要用于规避外汇风险。在外汇期货市场上交易的是外汇期货合约，外汇期货合约是由期货交易所制订的标准化合约，外汇期货合约的价格一般用美元表示，即用每一单位外币折合多少美元来报价，并采取小数的形式，小数点后一般保留四位小数，如表 2 – 12 所示。

表 2 – 12   芝加哥商业交易所国际货币市场的外汇期货合约

合约类型	英镑	加拿大元	澳元	欧元	日元	瑞士法郎
交易代码	BP	CD	AD	EC	JY	SF
交易单位	6.25 万英镑	10 万加拿大元	10 万澳元	12.5 万欧元	1250 万日元	12.5 万瑞士法郎
最小变动价位	0.0001	0.0001	0.0001	0.0001	0.000001	0.0001
最小变动值	6.25 美元	10 美元	10 美元	12.25 美元	12.25 美元	12.25 美元
合约月份	3 月，6 月，9 月，12 月					
交易时间	芝加哥时间上午 7：20 ~ 下午 2：00					
交割日期	合约月份的第三个星期三					
交割地点	清算所指定的货币发行国银行					

2. 利率期货

利率期货（interest rate futures）是指交易双方在期货市场上以公开竞价方式进行的利率期货合约的交易。利率期货合约是指由交易双方订立的、约定在未来某个时间以事先约定的价格交割一定数量的某种与利率相关产品（各种债券）的标准化合约。

利率期货种类繁多。按照合约标的资产的期限，利率期货可分为短期利率期货和长期利率期货两大类。短期利率期货是指期货合约标的资产的期限在 1 年以内的各种利率期货，如商业票据期货、国库券期货和欧洲美元定期存款期货。长期利率期货是指期货合约标的资产的期限超过 1 年的各种利率期货，如中长期国债期货。

利率期货主要用于管理利率风险。所谓利率风险是指利率的变动导致债券价格与收益率发生波动的风险。债券是一种固定收益证券，大多数债券的票面利率是固定的，当市场利率上升时，债券价格下跌，给债券持有人带来损失。这主要是因为当市场利率上升时，固定票面利率的债券原票面利率较低，因此现金流量对投资者的吸引力下降，从而导致债券价值下降。反之，当市场利率下降时，固定票面利率就相对上升，带来的现金流量就显得比较有吸引力，因此债券价值上升。对投资者来说，以一定资金购买债券，当市场利率变动时，其投资的债券价值也会变动，这就是利率风险。

目前，我国的利率期货主要是在中国金融期货交易所上市的国债期货，包括 2 年期国债期货（TS）、5 年期国债期货（TF）、10 年期国债期货（T），基本形成了覆盖"长、中、短"关键期限的国债期货产品体系。2013年 9 月，5 年期国债期货上市，这是我国第一只以跨市场交易的债券为标的的衍生品，它的上市填补了我国场内利率衍生品的空白，如表 2 – 13 所示。2015 年 3 月，10 年期国债期货上市。10 年期国债收益率是中长期利率的风向标，是国债收益率曲线的关键节点，国际上运行的 10 年期国债期货是最成熟的国债期货品种。10 年期国债期货成功上市，标志着国债期货市场实现了从单品种向多品种的突破。2018 年 8 月，2 年期国债期货上市。2 年期国债期货是国债收益率曲线的起点。

表 2 – 13　　　　　中国金融期货交易所 5 年期国债期货合约

合约标的	面值 100 万元人民币、票面利率 3% 的名义中期国债
可交割国债	合约到期月份首日剩余期限为 4 ~ 5.25 年的记账式附息国债
报价方式	百元净价报价
最小变动价位	0.005 元
合约月份	最近三个季月（3 月、6 月、9 月、12 月中的最近三个月循环）
交易时间	9：15 ~ 11：30，13：00 ~ 15：15
最后交易日交易时间	9：15 ~ 11：30
每日交割最大波动限制	上一交易日结算价的 ±1.2%

续表

最低交易保证金	合约价值的1%
最后交易日	合约到期月份的第二个星期五
最后交割日	最后交易日的第三个交易日
交割方式	实物交割
交易代码	TF
上市交易所	中国金融期货交易所

3. 股票价格指数期货

股票价格指数期货（stock index futures），简称股指期货，是以股价指数为标的资产的金融期货合约。由于股票价格指数只是反映市场股票价格平均水平的一个点数，没有具体的实物形态，因此交易双方在交割时只能把股票价格指数的点数换算成货币单位进行结算，股指期货合约的价值等于股价指数乘以一个点位所代表的金额。目前我国的股指期货品种主要是在中国金融期货交易所上市交易的沪深300股指期货、中证500股指期货和上证50股指期货。其中，沪深300指数一个点的价值规定为300元，如表2-14所示。

表2-14 　　　　　　　　　　沪深300指数期货合约

合约标的	沪深300指数
合约乘数	每点300元
报价单位	指数点
最小变动价位	0.2点
合约月份	当月、下月及随后两个季月
交易时间	上午：9：15～11：30，下午：13：00～15：15
最后交易日交易时间	上午：9：15～11：30，下午：13：00～15：00
每日价格最大波动限制	上一个交易日结算价的±10%
最低交易保证金	合约价值的12%
最后交易日	合约到期月份的第三个周五，遇国家法定假日顺延
交割日期	同最后交易日
交割方式	现金交割
交易代码	IF
上市交易所	中国金融期货交易所

股指期货的主要作用是帮助股票投资者规避股票投资的系统性风险。研究表明，股票市场的系统性风险占整个市场风险的三成左右，非系统性风险则占到七成左右。通过建立分散化的投资组合，可以消除这七成的非系统性风险，却不能消除系统性风险，但利用股指期货的套期保值功能可规避剩下的系统性风险。

股指期货是一种期货交易，它与我们所熟悉的以现货交易进行的股票交易相比，有很多明显的区别：

（1）股指期货合约有到期日，不能无限期持有。股票买入后正常情况下可以一直持有，但股指期货合约有确定的到期日。因此交易股指期货必须注意合约到期日，以决定是提前平仓了结，还是等待合约到期进行现金交割。

（2）股指期货交易采用保证金制度，即在进行股指期货交易时，投资者不需支付合约价值的全额资金，只需支付一定比例的资金作为履约保证；而买入股票一般情况下都需要支付相当于股票价值的全部金额。由于股指期货是保证金交易，亏损额甚至可能超过投资本金，这一点和股票交易也不同。

（3）在结算方式上，股指期货交易采用当日无负债结算制度，交易所当日要对交易保证金进行结算，如果账户保证金不足，必须在规定的时间内补足，否则可能会被强行平仓；而股票交易采取全额交易，并不需要投资者追加资金，并且买入股票后在卖出以前，账面盈亏都是不结算的。

除了上述三大类金融期货外，金融市场上还有股票期货、股票组合期货等金融期货品种。股票期货以单只股票为标的资产，交易双方在合约到期日买卖规定数量的股票。事实上，股票期货均实行现金交割，交易双方只需按规定的合约乘数乘以价差，盈亏以现金方式进行交割。股票组合期货以标准化的股票组合为标的资产，如芝加哥商品交易所基于证券交易所交易基金（ETF）推出的期货。股票期货、股票组合期货和股指期货统称为股权类期货，它们都是为适应管理股市风险尤其是系统性风险的需要而产生的。

（四）金融期货的功能

与商品期货一样，金融期货的主要功能是套期保值，此外也具有价格发现、投机功能和套利功能。当然，金融期货的这些功能主要是针对股票、债券、外汇等金融工具的。

1. 套期保值

利用金融期货进行套期保值，是指在现货市场买入或卖出某种金融商品的同时，在期货市场上进行与现货交易品种、数量、期限相当但方向相反的期货交易，通过期货合约的对冲，以一个市场的盈利来弥补另一市场的亏损，从而回避现货价格变动带来的风险。金融期货的套期保值功能广泛应用于国际贸易、资产管理、基金管理等多个领域。

【例题 2 -7】外汇期货的套期保值。

某美国进口商 4 月 7 日从英国进口价值 10 万英镑的商品，三个月后，即 7 月 7 日，需向英国出口商支付 10 万英镑的货款。假设 4 月 7 日英镑的即期汇率为 1.5610 美元/1 英镑，9 月期英镑期货价格为 1.5620 美元/1 英镑，并且英镑汇率有上涨趋势。那么，美国进口商可利用期货市场进行避险，即在 4 月 7 日，买入 2 份 9 月期英镑期货合约，价值为 125000 英镑。7 月 7 日，美国进口商在期货市场上进行对冲，卖出 2 份英镑期货合约。然后在即期市场上买入 100000 英镑支付货款，进口商就可达到避险的目的。

我们来分析一下美国进口商在两个外汇市场交易的收益和亏损情况。假设 7 月 7 日英镑即期汇率上升为 1.5670 美元/1 英镑，由于期货价格与现货价格是同方向且大致同幅变动的，我们假设英镑期货价格上升为 1.5680 美元/1 英镑。那么，美国进口商在即期外汇市场和外汇期货市场的交易结果如表 2 -15 所示。

表 2 -15　　　　　　　　　　　　外汇套期保值交易

日期	现货市场	即期汇率	期货市场	期货汇率
4 月 7 日	—	1.5610 美元/1 英镑	买入 2 个 9 月份到期的英镑期货合约	1.5620 美元/1 英镑
7 月 7 日	买入 100000 英镑	1.5670 美元/1 英镑	卖出 2 个 9 月份到期的英镑期货合约	1.5680 美元/1 英镑
损益	100000 英镑 × (1.5610 美元/1 英镑 - 1.5670 美元/1 英镑) = -600 美元		125000 英镑 × (1.5680 美元/1 英镑 - 1.5620 美元/1 英镑) = 750 美元	

由此可见，期货市场上的收益不仅能够弥补现货市场上的损失，而且还

略有盈利。当然，如果即期汇率和期货价格都下跌，则套期保值者在即期市场上的收益也会被期货市场上的损失冲抵。

已拥有股票的投资者如证券投资基金或仓位较重的机构，在对未来股市走势没有把握或预测股价将会下跌时，为避免股价下跌带来的损失，卖出股指期货合约进行保值。一旦股市真的下跌，投资者可以从期货市场上再买入股指期货合约对冲获利，以弥补股票现货市场上的损失，这就是股指期货卖出套期保值的基本原理。

利用股指期货进行套期保值最重要的是确定买卖多少份合约才能完全进行保值。为此，需要确定套期保值比率：套期保值比率＝期货合约总值/现货总价值。

股指期货的套期保值比率通常使用所谓 β 系数。β 系数是一种评估证券系统性风险的指标，用以度量一种证券或证券组合相对于总体市场的波动性。依据资本资产定价模型，β 系数的基本含义是指当指数变化 1% 时，证券组合价值变化的百分比。例如，β 系数为 1.3，则表明当市场指数上涨 1% 时，证券组合的价值可能上涨 1.3%，反之亦然。如果 β 系数为 -1.3，则说明市场指数上涨 1% 时，证券组合的价值可能下跌 1.3%。β 系数反映了个股对市场变化的敏感性，或者说个股与大盘的相关性，反映了个股或股票组合的市场系统性风险的大小。一个现货组合的 β 系数越大，说明系统性风险越大，因而需要对冲的合约份数也就越多。因此，β 系数可被用作股指期货的套期保值比率，即：套期保值比率＝β 系数＝期货合约总值/现货总价值，由此可得，套期保值合约份数＝现货总价值÷单位期货合约价值×β 系数。

在股指期货套期保值中，投资者能否准确地估计其现货部分的 β 系数并据此确定套期保值比率，是套期保值的关键。

【例题 2 - 8】股指期货的卖出套期保值。

某证券投资基金在 7 月 30 日收益率已达到 80%，鉴于后市下跌可能性较大，为了保持业绩到 9 月，决定利用沪深 300 股指期货实行套期保值。假定其股票组合现值为 3.42 亿元，其股票组合与 300 指数的 β 系数为 1（即二者涨跌比例完全一致）。假定 9 月 2 日现货指数为 3600 点，12 月到期的股指期货合约为 3800 点，该基金卖出期货合约头寸＝3.42 亿÷(3800×300) × 1 = 300（张）。

假定到了 9 月 2 日，股票现货指数跌到 3240 点，12 月到期的股指期货跌到 3420 点（现指跌 360 点，期指跌 380 点），跌幅都是 10%，这时投资者买进期货合约进行平仓，具体操作如表 2 – 16 所示（不考虑交易手续费）。

表 2 – 16　　　　　　　　　　股指期货的卖出套期保值交易

日期	现货市场	股指期货市场
7 月 30 日	现货指数 3600 点，股票现货市值 3.42 亿元	12 月到期的股指期货合约为 3800 点，卖出 12 月股指期货合约 3.42 亿 ÷（3800 × 300）× 1 = 300（张）
9 月 2 日	现货指数 3240 点	12 月到期的股指期货合约为 3420 点，买入 300 张 12 月份期货合约进行平仓
结果	现货价值减值 3.42 亿 ×（3600 – 3240）÷ 3600 × 100% = 0.342（亿元）	盈利 300 ×（3800 – 3420）× 300 = 0.342（亿元），股指期货的盈利恰好弥补股票现货市值的减值，完全套期保值

【例题 2 – 9】股指期货的买入套期保值。

当投资者将要收到一笔资金，但在资金未到之前，该投资者预期股市短期内会上涨，为了便于控制购入股票的时间，他可先买入股指期货合约，预先固定将来购入股票的价格，资金到后便可运用这笔资金进行股票投资。用股指期货市场上赚取的利润补偿股票价格上涨带来的损失。

某机构在 5 月 15 日得到承诺，7 月 10 日会有 1800 万元资金到账，该机构看中 A、B、C 三只股票，5 月 15 日这三只股票的价格分别为 20 元、25 元、50 元，如果现在就有资金，每个股票投入 600 万元就可分别买进 30 万股、24 万股和 12 万股。由于现在行情看涨，他们担心资金到账时，股价已上涨，就买不到这么多股票了。于是，利用股指期货进行买入套期保值锁定成本。假定 5 月 15 日，7 月到期的股指期货为 3000 点，三只股票的 β 系数都为 1。7 月 10 日，该机构如期收到 1800 万元，7 月到期的股指期货涨至 3300 点，三只股票价格分别上涨到 22 元、27.5 元、55 元。该机构买入套期保值操作如表 2 – 17 所示。

表 2 - 17   **股指期货的买入套期保值交易**

日期	股票现货市场	期货市场
5 月 15 日	A、B、C 三只股票价格分别为 20 元、25 元、50 元，三只股票的 β 系数都为 1。计划 7 月用 1800 万元分别买进 30 万股、24 万股和 12 万股	7 月到期的股指期货合约为 3000 点，买入期货合约 1800 万 ÷（3000 × 300）× 1 = 20（张）
7 月 10 日	A、B、C 股价分别涨到 22 元、27.5 元、55 元。仍分别买进 30 万股、24 万股和 12 万股，需资金 22 × 30 万 + 27.5 × 24 万 + 55 × 12 万 = 1980（万元）	7 月到期股指期货合约为 3300 点，卖出 20 张 7 月份股指期货合约
损益	资金缺口 1980 - 1800 = 180（万元）	盈利 20 ×（3300 - 3000）× 300 = 180（万元）
结果	用期货市场盈利弥补现货市场资金缺口，可按计划分别买入 A、B、C 股票 30 万股、24 万股和 12 万股，达到锁定购买成本的保值目标	

股指期货之所以具有套期保值的功能，是因为在一般情况下，股指期货价格与股票现货价格受相近因素的影响，因而它们的变动方向是一致的。因此，投资者只要在股指期货市场建立与股票现货市场相反的持仓，则在市场价格发生变化时，他必然会在一个市场上获利而在另一个市场上亏损。通过计算适当的套期保值比率可以达到亏损与获利的大致平衡，实现保值的目的。需要注意的是，在实际交易中，盈亏正好相等的完全套期保值往往难以实现。一是因为期货合约的标准化使套期保值者难以根据实际需要选择合意的数量和交割日；二是由于受基差风险的影响。

2. 价格发现

金融期货的另一个功能就是价格发现。价格发现是指在公开、公平、高效、竞争的期货市场中，通过集中竞价形成期货价格的功能。金融期货价格具有预期性、连续性和权威性的特点，能够比较准确地反映未来金融商品价格的变动趋势。金融期货市场之所以有价格发现功能，是因为期货市场将众多影响供求关系的因素集中于交易所内，通过公开竞价，集中转化为一个统一的为市场所认可的交易价格。

3. 投机功能

金融期货具有较强的投机功能，金融期货合约是标准化合约，流动性高，给投机者根据市场变化迅速调整期货头寸提供了便利。金融期货交易实行保证金制度，具有较强的杠杆效应，这样投机者就能够以少量的资本进行超额交易。

【例题 2 - 10】股指期货的投机交易。

所谓股指期货的投机交易，是指投资者根据对股指期货合约价格的变动趋势做出预测，看涨时买进股指期货合约，看跌时卖出股指期货合约而获取价差收益的交易行为。

假设 3 月 20 日，9 月份到期的沪深 300 指数期货合约开盘价为 3000点，若期货投机者预测当日该期货合约价格上涨，以期货开盘价多头建仓买入一张 9 月份到期的股指期货合约，并在当日某个较高的期货价格 3100点平仓卖出，则当日实现盈利（3100 - 3000）× 300 = 30000（元）。若期货公司要求的初始保证金率等于交易商规定的最低交易保证金率 12%，则投机者需要缴纳的保证金为 3000 × 300 × 12% = 108000（元），日收益率 = 30000 ÷ 108000 = 27.78%。

4. 套利功能

股指期货套利是指利用股指期货市场存在的不合理价格，同时参与股指期货与股票现货市场交易，或者同时进行不同期限、不同（但相近）类别股票指数合约交易，以赚取差价的行为。股指期货套利也分为期现套利、跨期套利、跨市套利和跨品种套利。

（五）金融期货的内在价值

由于期货合约是联系现在与未来之间的一种合约，因此期货价格反映了市场对现货价格未来的预期。在一个理性的无摩擦的均衡市场上，期货价格与现货价格具有稳定的关系。即期货价格相当于交易者持有现货金融工具至到期日所必须支付的净成本。所谓净成本是指因持有现货金融工具所取得的收益与购买金融工具付出的融资成本之间的差额，也称"持有成本"，这一差额可为正数，也可为负数。持有成本的正负取决于现货金融工具的收益率与融资利率的对比关系，而在现货金融工具的收益率、价格及融资利率一定的条件下，持有成本的绝对值还受持有者持有现货金融工具的时间因素影响。所以，在现货金融工具价格一定时，金融期货的理论价格决定于现货金融工具的收益率、融资利率及持有现货金融工具的时间。理论上，金融期货价格可能高于、等于或低于相应现货金融工具。我们用单利公式表示金融期货的理论价格：

$$F_t = S_t(1 + R) \qquad (2 - 2)$$

其中，F_t 为金融期货理论价格，S_t 为现货当前价格，R 为从 t 到 T 时刻持有现货的成本和时间价值。

三、金融期权

期权和期权类衍生产品是最复杂且种类繁多的衍生金融产品。与期货交易原理一样，期权交易原理也是金融创新的一种重要理论依据。

（一）期权的概念

期权（options）又称选择权，是指在未来某个时期内按约定价格买入或卖出一定数量的特定商品或金融工具的权利。期权交易就是对这种选择权的买卖，在期权交易中，期权购买者向期权出售者支付一定费用后，就取得了能在未来某个时期以约定价格向期权出售者买入或卖出一定数量某种商品的权利，而期权出售者在收取期权费用后就承担了按约定价格无条件向期权购买者卖出或买入某种商品的责任。

日常生活中我们有时也用到期权。例如，你从某个经销商那里预订了一台电脑，约好两个星期后来购买，价格5000元，向经销商交纳订金200元。这就相当于进行了一次期权交易。两周后，如果该电脑市场价格不变或上涨，你有权按5000元的价格买进。若两周后，你发现另一家商店同类电脑价格只有4500元，那么你也有权不买预订好的电脑，而去购买更便宜的电脑，损失仅为200元订金。在这里，你拥有的可去也可不去该经销商那里购买电脑的权利就是一种期权，你向经销商交纳订金就等于购买了期权，5000元就是"履约价格"，200元订金就是"权利金"，两周时间就是期权的"有效期"。

期权与期货是有区别的，期货的执行对买卖双方都具有强制性，而期权的执行只对卖方具有强制性，对买方却不具有强制性。这是因为，期权的购买者除了购买了在约定时期内、按约定价格购买或出售一定商品的权利，同时也购买了在不利的市场条件下不执行这一合约的权利。而对期权的出售者而言，他只有义务而没有权利，这是因为期权的购买者支付了期权费而拥有理论权利，期权出售者收取了期权费而失去了权利。当然，当期权标的资产的市场价格向不利于自己的方向发展时，期权出售者也可以进行反向交易，对冲平仓，以避免更大的损失。

历史上，在古希腊就已经出现期权交易，据文献记载，古希腊哲学家泰勒斯（Thales）曾利用天文知识预测第二年橄榄的收成，再以极低价格取得第二年当地橄榄压榨机使用权牟利。17世纪在荷兰郁金香交易中也大量使用了期权。但是真正有组织的期权市场是在20世纪70年代正式形成的。1973年随着计算机技术的发展，著名的布莱克－斯科尔斯（Black－Scholes）期权定价模型在期权交易中得到了广泛应用。由于该模型解决了期权定价问题，从而极大地推动了期权交易的扩张。1973年4月26日，世界上第一家期权交易所——芝加哥期权交易所（Chicago Board of Options Exchange，CBOE）成立。此后，伦敦、阿姆斯特丹、东京、香港等地都开办了期权交易，交易标的物的范围不断扩大，涉及股票、股票指数、货币、利率等金融商品和谷物、矿产品、牲畜等实物商品。

我国的期权市场发展较晚，2015年2月在上海黄金交易所上市的黄金实物询价期权是我国首个商品现货期权。2017年3月，我国首个商品期货期权——豆粕期货期权在大商所挂牌上市，开启了中国商品期权新时代。目前，我国期权市场的上市品种主要有在证券交易所上市的股票期权和在期货交易所上市的期货期权。股票期权合约为证券交易所统一制定的、规定买方有权在将来特定时间以特定价格买入或者卖出约定股票或者跟踪股票指数的交易型开放式指数基金（ETF）等标的物的标准化合约，如上证50ETF期权合约。期权是交易双方关于未来买卖权利达成的合约。就个股期权来说，期权的买方（权利方）通过向卖方（义务方）支付一定的费用（权利金），获得一种权利，即有权在约定的时间以约定的价格向期权卖方买入或卖出约定数量的特定股票或ETF。当然，买方（权利方）也可以选择放弃行使权利。如果买方决定行使权利，卖方就有义务配合。期货期权（options on futures）是对期货合约买卖权的交易，包括商品期货期权和金融期货期权。一般所说的期权通常是指现货期权，而期货期权则是指"期货合约的期权"，期货期权合约表示在期权到期日或之前，以协议价格购买或卖出一定数量的特定商品或资产的期货合同。我国各大期货交易所目前上市的期权产品如表2－18所示。

表 2－18　　　　　　　　　　　我国期货期权产品

期货交易所	期权产品	期权产品类型
大连商品交易所	豆粕期权、玉米期权、铁矿石期权、液化石油气期权、聚乙烯期权、聚氯乙烯期权、聚丙烯期权、棕榈油期权	商品期货期权
郑州商品交易所	菜籽粕期货期权、棉花期货期权、精对苯二甲酸（PTA）期货期权、动力煤期货期权	商品期货期权
上海期货交易所	原油期货期权、铜期货期权、铝期货期权、锌期货期权、黄金期货期权、天然橡胶期货期权	商品期货期权
中国金融期货交易所	沪深 300 股指期权	金融期货期权

（二）期权合约

期权合约是指期权购买者向期权出售者支付权利金后，即赋予期权购买者在规定期限内按事先约定的价格买入或卖出一定数量相关商品的权利的一种标准化合约，期权合约的最小变动价位、每日价格波动限制、合约月份、交易时间、履约方式等都是标准化的，这与期货合约很相似。期权合约的各种要素包括：

（1）期权购买者。期权购买者是指支付一笔费用（期权费）之后，获得期权合约所赋予的权利的人。这一权利是指在期权合约的有效期内，可以按事先约定的履约价格（敲定价格）向期权出售者买入或卖出一定数量相关商品的权利。期权购买者既可以行使这一权利，也可以放弃这一权利，但无论期权购买者行使还是放弃其权利，他支付给出售者的期权费不能予以退还。

（2）期权出售者。期权出售者是指收取期权购买者支付的期权费后，承担在合约履约期内履行该期权合约义务的人。在履约期内，只要期权购买者要求执行期权，期权出售者就必须无条件履行合约所规定的义务，而没有选择的权利。

（3）期权费。期权费也称期权价格或权利金。期权费是指期权购买者向期权出售者支付的费用。期权权利金是期权合约中唯一的变量，由交易双方在期权市场上竞价形成，其他条件均已事先约定。期权费是期权购买者为获取期权合约赋予的权利必须支付给期权出售者的费用。对于期权购买者而言，期权费是他可能损失的最高限度。对于期权出售者而言，期权费是他在期权交易中的固定收入。

（4）执行价格。执行价格也称协定价格（strike price，exercise price）、敲定价格、履约价格，是指在期权合约中预先确定的在履约时期权购买者买入或卖出一定数量相关商品的价格。在期权有效期内，无论相关水平的市场价格如何变化，只要期权购买者要求执行期权，期权出售者都必须按照协定价格履行合约义务。

（5）通知日。期权购买者要求履约时，必须在事先确定的合约到期日前的某一天预先通知结算所，再由结算所通知该期权的卖方，这一天称为通知日，通知日的确定一般取决于期权合约有效期的长短。

（6）到期日。到期日也称履行日，是一份期权合约的最终有效日期，超过这一天，期权合约自动作废，在此之前已作通知的合约，应在这一天进行交割。

（三）期权的类型

期权是一种重要的金融衍生产品，期权类金融衍生产品的种类也是十分丰富的，根据期权合约所规定的主要条款的不同，可以把期权分为多种类型。

1. 按期权合约执行日期的不同，可分为欧式期权、美式期权和修正的美式期权

欧式期权规定，期权购买者只能在合约到期日执行合约。美式期权则规定，期权购买者可在合约到期日或到期日前的任何一个交易日执行合约，这种规定便于合约持有者选择最有利的价格执行合约，因此，美式期权的价格通常也高于欧式期权，在世界期权市场上，美式期权的交易量也远大于欧式期权。修正的美式期权也称百慕大期权，可以在期权到期日前的一系列规定日期执行。

2. 按市场价格与协定价格的关系，可分为实值期权、虚值期权和平价期权

市场价格与期权协定价格的关系有实值、虚值和平价三种不同的情况。对于看涨期权而言，市场价格高于协定价格为实值期权，市场价格低于协定价格为虚值期权；对于看跌期权而言，市场价格低于协定价格为实值期权，市场价格高于协定价格为虚值期权；如果市场价格等于协定价格，则无论看涨期权还是看跌期权均为平价期权。

3. 按期权合约规定的权利的不同，分为看涨期权和看跌期权

看涨期权（call options）也称认购权或买入选择权，是指期权购买者向期权出售者支付一定的期权费后，即拥有在合约有效期内按执行价格向期权出售者买入一定数量的相关商品的权利。在使用看涨期权时，期权购买者一般相信市场价格会上升，而期权出售者则不相信价格会上升，甚至预测价格将下跌。如果价格上涨了，则期权购买者可行使期权，按照执行价格（此时一般已低于市场价格）向期权出售者买入一定数量的商品，然后再在市场上按更高的市场价格出售获取收益。如果价格不升反跌，期权购买者可以放弃使用期权的权利，他的损失仅为期权费，而期权出售者的收益也仅为期权费。

看跌期权（put options）也称认沽权或卖出选择权，是指期权购买者向期权出售者支付期权费后，即拥有在期权合约有效期内按执行价格向期权出售者卖出一定数量相关商品的权利。在使用看跌期权时，期权购买者一般相信市场价格会下跌，而期权出售者则预测价格将上涨。如果市场价格下跌，则期权购买者可从市场上低价买入该类商品，再按履约价格卖给期权出售者，赚取执行价格与市场价格的差价。如果价格不跌反涨，期权购买者可以放弃使用期权，他的损失为期权费，而期权出售者的收益也为期权费。

看涨期权与看跌期权的区别如图 2-3 所示。

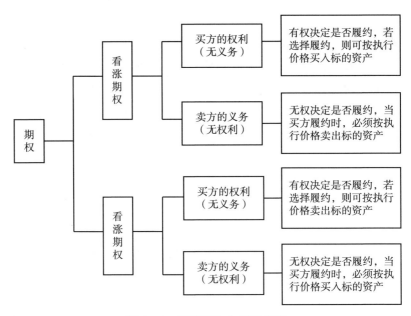

图 2-3 看涨期权与看跌期权

例如，9 月 30 日，一个执行价格为 25 元，到期日为 10 月 18 日的 GS 银行股票的美式看涨期权售价为 1.05 元。同一天，一个基于 GS 银行股票，有相同执行价格和到期日的美式看跌期权售价 1.45 元。看涨期权赋予其持有者在 10 月 18 日前以每股 25 元的价格购买 100 股 GS 银行股票的权利。看跌期权赋予其持有者在 10 月 18 日前以每股 25 元的价格出售 100 股 GS 银行股票的权利。看涨期权合约的价格为 1.05 元/股 × 100 股 = 105（元），看跌期权合约的价格为 1.45 元/股 × 100 股 = 145（元）。

（四）金融期权

所谓金融期权，是指以金融工具为标的资产的期权交易。具体地说，金融期权购买者向期权出售者支付一定费用购买期权后，就获得了按期权合约规定的价格在合约到期前或到期日向期权出售者买进或卖出一定数量某种金融工具的权利，而期权出售者在收取期权费用后就承担了按购买者要求卖出或买入某种金融工具的责任。2011 年 4 月，人民币外汇期权合约正式上市交易，标志着我国金融期权交易市场正式启动。

1. 金融期权的类型

按照金融期权所标的资产的不同，金融期权可以分为股权类期权、利率期权、货币期权、金融期货合约期权、互换期权等几种类型。

股权类期权包括股票期权、股票组合期权和股票指数期权。股票期权也称单只股票期权，是指买方在交付了期权费后，即取得在规定期限内按履约价格买入或卖出一定数量相关股票的权利。股票组合期权是以一揽子股票为标的资产的期权，如交易所交易基金的期权。股票指数期权以股票指数为标的资产，买方在支付了期权费后即取得在规定期限内以协定指数与市场实际指数进行盈亏结算的权利。股票指数期权没有可作实物交割的具体股票，采取现金轧差的方式结算。

利率期权指买方在支付了期权费后即取得在合约有效期内以一定的利率（价格）买入或卖出一定面额的利率工具的权利。利率期权合约通常以政府债券、大面额可转让债券存单等利率工具为标的资产。

货币期权又称外汇期权，指买方在支付了期权费后即取得在合约有效期内以约定的汇率购买或出售一定数额某种外汇资产的权利，其标的资产主要是美元、欧元、英镑、澳大利亚元、日元等国际货币。

金融期货合约期权是一种以金融期货合约为交易对象的选择权，它赋予其持有者在规定时间内以协定价格买卖特定金融期货合约的权利。

2. 金融期权的功能

金融期权同金融期货一样，也具有套期保值、价格发现和投机的作用，可作为风险控制工具。但是金融期权与金融期货在功能上也有所区别。理论上，金融期货交易双方的权利和义务是对称的，因而双方潜在的盈利和亏损都是无限的，而期权持有者在交易中的潜在亏损是有限的，仅限于他所支付的期权费，他可能的获利却是无限的。相反，期权出售者在交易中获得的盈利是有限的，仅限于所收取的期权费，而可能遭受的损失却是无限的。当然，在实际期权交易中，由于成交的期权合约很少被执行，因此期权出售者未必总是处于不利地位。

从套期保值角度看，金融期货与金融期权套期保值效果也不一样。利用金融期货进行套期保值，在避免价格不利变动造成的损失的同时，也必须放弃若价格有利变动可能获得的利益。而利用金融期权进行套期保值，若价格发生不利的变动，套期保值者通过执行期权避免损失，若价格发生有利的变动，套期保值者可通过放弃期权来保护利益。因此，通过期权交易，人们既可以避免价格不利变动造成的损失，又可以在相当程度上获得价格有利的变动带来的收益。

【例题 2-11】 外汇期权的套期保值。

某澳大利亚出口商向美国出口价值 100 万美元的商品，三个月后收到美元货款。为了避免汇率变动的风险，该出口商要进行套期保值。他可利用远期外汇市场或外汇期货市场进行套期保值，也可利用外汇期权进行套期保值。

如果澳大利亚出口商利用远期外汇市场或外汇期货市场进行套期保值，其交易行为是卖出远期美元或美元期货。假定三个月远期美元汇率是 1.3510 澳元/1 美元，那么无论三个月后美元汇率如何变化，出口商的澳元收入都是：100 万美元×1.3510 澳元/1 美元 =135.10（万澳元）。如果美元价格上升，出口商无法获得美元汇率上升带来的好处。可见，远期外汇交易和外汇期货交易只是按美元现在的价值对 100 万美元外汇头寸进行保值，它能防止美元下跌而导致的损失，但也放弃了美元可能上升而带来的利益。

如果澳大利亚出口商利用外汇期权进行套期保值，他可买入合约金额为 100 万美元的美元卖权合约。假设期权合约协议价格为 1.3710 澳元/1 美元，买入期权合约的价格为 0.001 澳元/1 美元。这样澳大利亚出口商在支付 100 万美元×0.001 澳元/1 美元＝0.1（万澳元）期权费后，就可获得在期权合约到期前或到期日以 1.3710 澳元/1 美元的价格卖出 100 万美元的权利。当三个月后美元即期汇率低于 1.3710 澳元/1 美元时，澳大利亚出口商可按期权合约的协议价格卖出 100 万美元而获取 100 万美元×1.3710 澳元/1 美元＝137.10（万澳元）的收入，起到按现值进行保值的作用。当三个月后美元即期汇率高于 1.3710 澳元/1 美元时，出口商则可放弃行使卖权，而按即期价格卖出 100 万美元，获取因美元汇率上升带来的好处。例如，三个月后美元即期汇率为 1.3910 澳元/1 美元，则澳大利亚出口商的收益是 100 美元×1.3910 澳元/1 美元－0.1 万澳元＝139（万澳元）。可见，外汇期权不仅可按现值对外汇头寸进行保值，同时，还可使外汇头寸持有者获得因汇率朝对自己有利方向变动时所带来的收益，具有对外汇头寸按将来值保值的功能。

3. 金融期权的理论价格

金融期权是一种权利的买卖。在期权交易中，期权的买方为获得期权合约所赋予的权利而向期权的卖方支付的费用就是期权的价格。理论上，期权价格包括内在价值和时间价值两个部分。

（1）内在价值。

金融期权的内在价值也称"履约价值"，是期权合约本身所具有的价值，也就是期权的买方如果立即执行期权所能获得的收益，它相当于期权执行价格与标的资产市场价格之间的差额。一种期权有无内在价值以及内在价值的大小取决于该期权的协定价格与其标的物市场价格之间的关系。协定价格是指期权的买卖双方在期权成交时约定的、在期权合约被执行时交易双方实际买卖标的物的价格。根据协定价格与标的物市场价格的关系，可将期权分为实值期权、虚值期权和平价期权三种。

就看涨期权而言，若市场价格高于协定价格，期权买方执行期权将有利可图，此时为实值期权；若市场价格低于协定价格，期权买方将放弃执行期权，为虚值期权。就看跌期权而言，市场价格低于协定价格为实值期权，市场价格高于协定价格为虚值期权。若市场价格等于协定价格，则无论看涨期权还是看跌期权均为平价期权。理论上，实值期权的内在价值为正，虚值期权的内在价值为负，平价期权的内在价值为 0。但实际上，无论是看涨期权还是看跌期权，也无论期权标的物的市场价格处于什么水平。期权的内在价值必然大于 0 或等于 0，而不可能为负。这是因为期权合约赋予买方执行期权与否的选择权，而没有规定相应的义务，当期权的内在价值为负时，买方可以放弃执行期权。若以 EV_t 表示期权在 t 时点的内在价值，x 表示期权合约的协定价格，S_t 表示期权标的物在 t 时点的市场价格，m 表示期权合约的交易单位，则有：

$$看涨期权在 t 时点的内在价值 EV_t = \begin{cases} m(S_t - x), & S_t > x \\ 0, & S_t \leq x \end{cases} \quad (2-3)$$

$$看跌期权在 t 时点的内在价值 EV_t = \begin{cases} 0, & S_t \geq x \\ m(x - S_t), & S_t < x \end{cases} \quad (2-4)$$

（2）时间价值。

金融期权的时间价值也称"外在价值"，是指期权的买方购买期权而实际支付的价格超过该期权内在价值的那部分价值。在现实的期权交易中，各种期权通常是以高于内在价值的价格买卖的，即使是平价期权或虚值期权，也会以大于 0 的价格成交。期权的买方之所以愿意支付额外的费用，是因为希望随着时间的推移和标的物市场价格的变动，该期权的内在价值得以增加，使虚值期权或平价期权变为实值期权，或使实值期权的内在价值进一步提高。期权的时间价值一般等于期权实际价格减去期权内在价值。

期权价格由内在价值和时间价值构成，因而凡是能够影响内在价值和时间价值的因素都能够影响期权的价格。一般来说，影响期权价格的因素主要包括协定价格和市场价格、期权剩余的有效时间、利率、标的物价格的波动性、标的资产的收益等。

期权定价一直是金融数学最复杂的问题之一。自从期权交易出现以来，人们一直在探讨期权的定价问题。第一个完整的期权定价模型是 1973 年由费希尔·布莱克和迈伦·斯克尔斯（Fisher Black and Myron Scholes）共同提出的，即布莱克–斯克尔斯（Black–Scholes）模型。该模型主要适合于不支付红利的欧式股票期权的定价分析。此后，费希尔·布莱克、迈伦·斯克尔斯和罗伯特·莫顿（Robert Merton）等人又提出了能够适用于支付红利的欧式股票期权和欧式期货期权定价等多种金融交易的定价模型。1979 年，考克斯（Cox）、罗斯（Ross）和鲁宾斯坦（Rubinstein）提出了二项式模型（Binomial Model），该模型建立了期权定价数值法的基础，解决了美式期权定价的问题。

（五）其他衍生金融产品

除了上述金融期货和金融期权外，活跃的金融创新还在不断创造出新的衍生金融产品。这些衍生金融产品大多也利用了期货交易或期权交易的基本原理。我们简单介绍其中一些比较常见的衍生金融产品。

1. 可转换证券

可转换证券（convertible security）本质上也是一种期权类衍生证券，其持有者可在一定时期内按照一定的比例或价格将该证券转换成一定数量的另一种证券（标的证券）。可转换证券种类很多，最常见的是可转换公司债券。可转换公司债券是指在一定期限内依据约定条件可以转换为公司股票的公司债券，它兼有债券和股票的双重性质，在转换前是公司债券，可定期得到债息收入，但不享有股东权利，转股后变成了股票，具备了股票的特征。在价值形态上，可转换公司债券赋予了投资者一个保底收入，即债息＋本金，同时又赋予投资者一个看涨期权，即在股票上涨时转换为普通股票的权利。因此，我们可以将可转换债券视为一份普通的公司债券和一份看涨期权的组合。可转换债券在发行时就明确约定，债券持有人可按照发行时约定的价格将债券转换成公司的普通股票。如果债券持有人不想转换，则可以继续持有债券，直到偿还期满时收取本金和利息，或者在流通市场出售变现。如果持有人看好发债公司股票增值潜力，在宽限期之后可以行使转换权，按照预定转换价格将债券转换成为股票，发债公司不得拒绝。正因为具有可转换性，可转换债券利率一般低于普通公司债券利率，企业发行可转换债券可以降低筹资成本。可转换债券一旦转换成普通股票，能使有还本期限的债权资本转换为长期稳定的股权资本，减少了公司的债务压力，扩大了股本规模。

按照《上市公司证券发行管理办法》规定，可转换公司债券的期限最短为 1 年，最长为 6 年，每张面值 100 元，利率由发行人与主承销商协商决定。上市公司发行的可转换公司债券在发行结束 6 个月后，方可转换为公司股票，转换期限由公司根据可转换公司债券的存续期限及公司财务状况确定。可转换公司债券持有人对转换或不转换股票拥有选择权，并于转股完成后的次日成为发行公司的股东。

按照《上市公司证券发行管理办法》规定，上市公司发行可转换公司债券必须在募集说明书中约定转股价格。转股价格是指可转换公司债券转换为每股股份所支付的价格。转股价格不应低于募集说明书公告日前 20 个交易日公司股票交易均价和前 1 个交易日的均价。每次申请转股的可转换公司债券面值必须是 1 手（1000 元）或 1 手的整数倍。

发行可转换债券时，发行人一般都要明确规定转换比例或转换价格。转换比例是指一张可转换债券能够兑换的股票数量，转换价格是指一张可转换债券按面额兑换成标的股票所依据的价格。二者之间的关系是：转换比例 = 可转换债券面额 ÷ 转换价格。

由于可转换公司债券可以转换为股票，因而具有了一定的转换价值。可转换公司债券的理论价值是指将其转换为股票时，按照股票市场价格计算的价值。其计算公式为：

$$CV = P \times R \qquad\qquad (2-5)$$

其中，CV 为转换价值，P 为股票价格，R 为转换比例。

【例题 2 - 12】 可转换公司债券的转换价值。

假设某可转换债券面额为 1000 元，规定其转换价格为 20 元/股，则转换比例为 $100 \div 20 = 50$，即 1000 元债券可按 20 元/股价格转换为 50 股普通股。如果目前股价为 22 元，则转换价值为 $22 \times 50 = 1100$（元）。

按照《上市公司证券发行管理办法》规定，上市公司发行可转换公司债必须设立赎回和回售条款。赎回是指发行人在发行一段时间后，可以提前赎回未到期的发行在外的可转换公司债。赎回条件一般是当公司股票在一段时间内连续高于转换价格达到一定幅度时，公司可按照事先约定的赎回价格买回发行在外尚未转换为股票的可转换公司债。回售是指公司股票在一段时间内连续低于转换价格达到某一幅度时，可转换公司债持有人按事先约定的价格将所持可转换债卖给发行人的行为。赎回和回售条款是可转换债在发行时规定的赎回行为和回售行为发生的具体市场条件。由于可转换公司债券具有可转换为股票的属性，以及赎回、回售条款的设置，使得可转换公司债券的定价非常复杂。

首先，由于可转换债券的持有者可按债券上约定的转股价格在转股期行使转股权利，这相当于以转股价格为期权执行价格的美式买权。如果股票市场价格高于期权执行价格，债券持有人就可行使期权获利。

其次，赎回条款规定，如果股价连续若干个交易日收盘价高于某一赎回启动价（该赎回启动价要高于转股价格），发行人有权按一定金额予以赎回。这样，赎回条款实际上相当于债券持有人在购买可转换公司债券时就无条件出售给发行人1份美式买权。当然，发行人实施赎回权的前提是债券持有人尚未行使转股权。债券持有人已经实施转股，则发行人赎回权自动无效。

最后，回售条款规定，如果股票价格连续若干个交易日收盘价低于某一赎回启动价格（该回售启动价要低于转股价格），债券持有人有权按一定金额回售给发行人。这样，回售条款相当于债券持有人同时拥有发行人出售的1份美式卖权。

综上所述，可转换公司债券相当于这样一种投资组合：投资者持有1份与可转换公司债券相同利率的普通债券，1份数量为转换比例、期权行使价为初始转股价格的美式买权，1份美式卖权，同时向发行人无条件出售了1份美式买权。因此，可转换公司债券的价值可近似表示为：

可转换公司债券价值≈纯粹债券价值＋投资者美式买权价值＋投资者美式卖权价值－发行人美式买权价值

2. 权证

权证（warrant）是指由标的证券发行人或其以外的第三者发行的一种凭证，该凭证持有人在规定期限内有权按约定价格向发行人购买或出售标的证券，权证实质上是一种期权类衍生金融产品。按照发行人不同，权证可分为股本权证（equity warrant）和备兑权证（derivative warrant）。

股本权证的标的资产通常为上市公司的股票。股本权证包括认股权证和认沽权证。认股权证属于看涨期权，它赋予权证持有人在约定时间按约定价格购买上市公司股票的权利。认沽权证属于看跌期权，它赋予权证持有人在约定时间按约定价格出售上市公司股票的权利。备兑权证由持有该相关资产的第三方发行，而非由相关企业本身发行，一般都是国际性投资银行，发行商拥有相关资产或有权拥有该资产。备兑权证被视为结构性产品，指定资产可以是股本证券之外的资产，如指数、货币、商品、债券或一揽子证券。备兑权证赋予的权利也包括认购权（看涨期权）和认沽权（看跌期权）。备兑的意思是指发行人将权证的指定资产存放在独立的受托人处，作为其履行责任的抵押。受托人则代表权证持有人的利益。

3. 互换

互换（financial swaps）是指交易双方约定在未来某一时间，按约定的条件，相互交换一系列现金流的合约。互换的种类包括股票互换、利率互换、货币互换等。通过互换，交易双方可以减少传统交易方式产生的较高的交易成本。

股票互换就是交易中的第一方按照双方认可的某一股票价格指数回报率，向交易的第二方支付一系列金额大小不一的现金。作为回报，交易的第二方同意按照现行利率向第一方支付一系列金额相同的现金。这两个系列的现金支付都是在一个给定的时期进行，并且按照某一名义本金的一定比例进行支付。通过股票互换，交易的第一方实际上相当于卖出了股票同时买入了债券，而交易的第二方相当于卖出了债券同时买入了股票。除了向互换银行（一般是商业银行或投资银行）支付一笔较小的签约费外，交易双方不需要像以往那样按实际买入或卖出股票和债券就进行了预期的资产组合调整，从而减少了买卖证券的交易成本。

举例来说，李丽是一位基金经理，她预测未来3年股市将大幅上涨。张军也是一位基金经理，但他预测未来3年股市将大跌。李丽正在考虑卖掉1亿元的债券，用卖债券的钱投资股票。而张军则考虑卖掉1亿元的股票，用卖股票的钱买债券。如果两位基金经理都想节省买卖股票或债券的交易费用，他们可以通过互换银行进行股票互换。互换银行为两位基金经理设计的互换合约是：

（1）每个季度结束时，张军向李丽支付一笔钱，数额相当于上证50指数在给定季度的回报率乘以名义本金。

（2）每个季度结束时，李丽向张军支付一笔钱，数额相当于季度回报率2%的债券利率乘以名义本金。

（3）名义本金为1亿元，合同期限为3年。

（4）交易双方向互换银行支付一定的签约费。

假设在签约第一年上证50指数的季度回报率分别为3%、-4%、1%和5%。则在第一季度，张军需向李丽支付1亿元×3%=300（万元），李丽需向张军支付1亿元×2%=200（万元），相抵消后，实际上只需张军向李丽支付100万元。同理，第二季度，李丽向张军支付600万元。第三季度，李丽向张军支付100万元。第四季度，张军向李丽支付300万元。这些数字反映了如果张军卖掉股票同时买入债券，以及李丽卖掉债券同时买入股票时可能发生的情形，但二人的交易成本都比较低。例如，考虑在第一年的第一季度，如果张军卖掉1亿元的股票，再用这1亿元同时买入季度回报率2%的债券，那么他将获得200万元的债券收益。现在通过股票互换，他可以继续持有这些股票并由此获得 300 万元的收益，但是他还必须向李丽支付 100 万元的净差额，结果还剩下 200 万元，与投资债券的收益相同，但节约了卖掉股票以及买入债券的交易费用。

利率互换是指交易双方约定在未来特定时间根据同种货币等量本金的不同利率确定交换的现金流，一般交易的一方根据浮动利率计算，另一方根据固定利率计算。通过利率互换，交易的一方实际上相当于卖掉了短期固定收益证券的同时买入了长期债券。而交易的另一方则相当于卖掉了这些长期债券的同时又买入了短期固定收益证券。除了向互换银行支付少许签约费外，交易双方几乎没有支付任何成本就对各自的证券组合进行了有效的重组。2008 年，我国开展了人民币利率互换业务。

货币互换是交易双方同意按一定的汇率交换一定数额的两种货币，在协议到期时，双方按同样的汇率换回相同金额的货币。在此期间，双方根据交换的金额相互支付利息。1981 年美国所罗门兄弟公司（Salomon Brothers）为国际商业机器公司（IBM）和世界银行办理了世界上第一份美元与马克和瑞士法郎的货币互换业务。

4. 存托凭证

如果一个美国投资者想要投资非美国公司的股票，他该怎么办呢？他可以选择投资某个可以在海外进行证券投资的美国共同基金，也可以在外国的证券交易所直接购买股票，当然这很麻烦。一个更好的选择是购买美国存托凭证。存托凭证是指在本国证券市场流通的代表外国公司股票的可转让凭证，目前主要是指美国存托凭证（american depositary receipts，ADRs）。ADRs 是指在美国证券市场流通的代表外国公司股票的可转让凭证，它由美国银行发行，代表了对一定数量存放在外国银行的外国公司股份的间接所有权。产生 ADRs 的美国银行负责保证美国投资者以美元收到公司支付的现金股息，银行收到的其他资料，如财务报告也将转给投资者。ADRs 的股东有权获得外国股票的全部股份和现金股息。ADRs 以美元标价并在美国的证券交易所交易，它排除了外国投资中的一些风险和烦琐程序。ADRs 推动了美国证券市场的国际化，它既有利于外国公司在美国上市，又有利于美国投资者在国内就能投资外国的股票。1993 年，上海石化以 ADRs 方式在纽约证券交易所挂牌上市，开启了中国公司在美上市的先河。

思考与练习

1. 大豆种植者在做大豆卖出套期保值时，如果大豆现货价格不是下跌而是出现上涨，还能否实现套期保值？为什么？

2. 举出一个生活中使用期权的案例，说明其中使用的是看涨期权还是看跌期权。

3. 目前在中国金融期货交易所都有哪些上市交易的金融衍生品？每一种金融衍生品的交易价格、交易数量是如何标示的？

4. 投资者哪些情况下会做股指期货的买期保值？哪些情况下会做股指期货的卖期保值？

5. 请用规范的表格描述下面套期保值的过程和结果：

7月，大豆现货价格为2010元/吨，某农场对该价格比较满意，但是大豆9月才能收割出售，该农场担心到时现货价格可能下跌，从而减少收益。为了避免将来价格下跌带来的风险，该农场决定在大连商品交易所进行大豆期货卖期保值交易。在7月卖出10手9月到期的大豆期货合约（1手=10吨），价格为2050元/吨。到了9月，大豆市场价格下跌到1980元/吨，该农场卖出100吨大豆，同时在期货市场买入10手9月大豆期货合约，价格为2020元/吨。

6. 请用规范的表格描述下面套期保值的过程和结果：

20×0年12月11日，某地一级冶金焦炭价格为2200元/吨，当地某焦化厂每月产焦炭2000吨。由于焦炭价格已处于历史高价区，该焦化厂担心未来数月焦炭销售价格难以保持高价。为了避免后期价格下跌的风险，该厂决定在焦炭市场进行套期保值交易。当日，焦炭2011年6月期货总合约价格在2200/吨附近波动，该厂当天即以2200元/吨的价格卖出2000吨，对明年6月产出的焦炭进行卖出套期保值。

正如焦化厂所料，随着焦炭大量上市，焦炭价格开始下滑。2011年6月11日，焦炭中远期1106合约价和现货市场均跌到2000元/吨，此时该厂在现货市场上以2000元/吨的价格抛售了2000吨焦炭，同时在期货市场上以2000元/吨的价格买入200手（1手=10吨）6月焦炭合约平仓。

7. 请用规范的表格描述下列外汇期货套期保值的过程：

20×2年6月8日，外汇市场现汇汇率为1.2200美元/欧元，美国某公司从德国进口价值125000欧元的商品，3个月后支付货款。为防止3个月后欧元升值而使进口成本增加，该公司便买入1份9月份到期的欧元期货合约，价值125000欧元，价格为1.2300美元/欧元。到了9月9日，美国公司从市场上按现汇汇率1.2300美元/欧元买入125000欧元支付货款，同时在期货市场上卖出1份价格为1.2450美元/欧元的9月份到期的欧元期货合约进行平仓。

8. 9 月 30 日，陈女士想买入某股票，价格为 10 元，打算买进 20 万股，但资金不够，要 11 月份才能到位，届时股价可能会上涨很多，为规避踏空风险，她决定买进期指合约以锁定股票成本。经计算，该股票 beta 值为 1.3。9 月 30 日，11 月份到期的期指合约 IF1011 价格为 2910 点，陈女士买进期指合约 3 张，保证金率为 20%。到 11 月时，陈女士资金到账。(1) 假设 11 月沪深 300 指数及期货都上涨 15%，期指涨至 3347 点，陈女士卖出期指合约进行套期保值，试描述她的套期保值过程及结果。(2) 假设 11 月沪深 300 指数及期货都下跌 15%，期指跌至 2474 点，同时股票下跌 19.5% 至 8.05 元。陈女士在卖出期指合约同时，买入 20 万股该股票，试描述她的套期保值过程及结果。

9. 某证券投资基金，在 6 月 2 日时，其股票组合的收益达到了 40%，总市值为 5 亿元。该基金预期银行可能加息和一些大盘股相继要上市，股票可能出现短期深幅下调，然而对后市还是看好。决定用沪深 300 指数期货进行保值。

假设其股票组合与沪深 300 指数的相关系数 β 为 0.9。6 月 2 日的沪深 300 指数现货指数为 1400 点，假设 9 月到期的期货合约为 1420 点。那么该基金的套期保值数量为：(500000000 ÷ 1420 ÷ 300) × 0.9 = 3169 手。6 月 22 日，股票市场企稳，沪深 300 指数现货指数为 1330，9 月到期的期货合约为 1349 点。该基金认为后市继续看涨，决定继续持有股票。试用表格描述该基金的套期保值过程及结果。

10. 当投资者将要收到一笔资金，但在资金未到之前，该投资者预期股市短期内会上涨，为了便于控制购入股票的时间，他可以先在股指期货市场买入期指合约，预先固定将来购入股票的价格，资金到后便可运用这笔资金进行股票投资。通过股指期货市场上赚取的利润补偿股票价格上涨带来的损失。

某投资者在 3 月 22 日已经知道在 5 月 30 日有 300 万资金到账可以投资股票。他看中了 A、B、C 三只股票，当时的价格分别为 10 元、20 元和 25 元，准备每个股票投资 100 万，可以分别买 10 万股、5 万股和 4 万股。由于行情看涨，担心到 5 月底股票价格上涨，决定采取股票指数期货锁定成本。假设经统计分析三个股票与沪深 300 指数的相关系数 β 为 1.3、1.2 和 0.8，则其组合 β 系数 = 1.3 × 1/3 + 1.2 × 1/3 + 0.8 × 1/3 = 1.1。3 月 22 日沪深 300 指数的现指为 1050 点，5 月 30 日沪深 300 指数的现指为 1380 点。假设 3 月 22 日 6 月份到期的沪深 300 指数期货合约为 1070 点，5 月 30 日 6 月份到期的沪深 300 指数期货合约为 1406 点。所以该投资者需要买入的期货合约数量 = 3000000/(1070 × 300) × 1.1 = 31 手。试用表格描述该基金的套期保值过程及结果。

第三章

证 券 市 场

证券市场是金融市场的重要部分。广义的金融市场包括货币市场、资本市场、外汇市场、黄金市场等。其中，货币市场是融通短期资金的市场，在货币市场上金融资产的期限在一年或一年以下。资本市场是融通长期资金的市场，在资本市场上金融资产的期限在一年以上。资本市场又可进一步划分为中长期信贷市场和证券市场，二者的区别在于中长期信贷市场属于间接融资市场，而证券市场则主要属于直接融资市场。

一、证券市场的结构与功能

证券市场是证券发行和交易的场所，是社会资金供求的重要中心。随着现代市场经济的发展，证券市场已经形成了多层次、多功能、日益全球化的复杂市场体系，在经济发展中发挥着越来越重要的作用。

（一）证券市场的结构

如同其他市场一样，在证券市场上活跃着众多的市场参与者，他们参与证券交易的动机和扮演的角色大不相同。同时，证券市场还具有多层次的市场结构，不同类型的证券市场在社会经济中发挥着不同的功能。

1. 证券市场参与者

证券市场的参与者虽然很多，但最重要的参与者主要是证券投资者、证券发行人、证券中介机构、自律性组织和证券监管机构。

证券投资者可以是自然人，也可以是法人。相应地，证券投资者可分为个人投资者和机构投资者。这些投资者的投资目的和投资方式不尽相同，或是进行长期投资，或是进行短期投机，或是进行资本运作。

个人投资者（individual investor）是指从事证券投资的自然人，数量众多、分布广泛。个人参与证券投资的主要动机是个人理财。每个人的投资额可能不大，但由于社会公众的广泛性，个人投资的社会总和却是可观的。随着经济的发展和金融意识的增强，越来越多的个人和家庭倾向于在银行储蓄之外进行适当的证券投资，如购买债券、股票、基金等大众化的普通证券，有一些人还从事金融期货、金融期权等衍生金融产品的投资。当然，并不是所有的自然人都可以成为证券投资者。按照《证券法》规定，证券交易所、证券公司和证券登记结算机构的从业人员、证券监管机构的工作人员以及法律法规禁止参与股票交易的其他人员在任期或法定期限内不得直接或间接参与股票交易。

机构投资者（institutional investor）是指在证券市场上进行投资的各种社会组织，如投资银行、信托公司、社会保障基金、证券公司、保险公司、各类证券投资基金以及各类企业等。机构投资者一般资金雄厚、投资分析能力强，相对倾向于长期投资，并且其投资行为常常对某些证券价格乃至整个证券市场产生巨大影响，因此有时人们把那些对股价具有一定操纵能力的机构投资者称为"庄家"，而把那些力量较弱，只能跟随市场价格波动的个人投资者称为"散户"。

 专栏 3 - 1：QFII 及 QDII

在一些新兴市场国家和地区，由于货币没有实现完全可自由兑换、资本项目尚未开放，外资介入有可能对其证券市场带来较大的负面冲击，这些国家和地区为了吸引外资就有条件地开放本国资本市场，实行合格境外机构投资者（qualified foreign investment institution，QFII）制度。在我国，QFII 作为有序、稳妥开放证券市场的过渡性制度安排，允许合格境外机构投资者依照规定汇入一定额度的外汇资金，转换为当地货币，并委托境内商业银行作为托管人托管资产、委托境内证券公司办理在境内的证券交易活动，其资本利得、股息等经批准后可转为外汇汇出。中国在 2002 年开始实行 QFII 制度。

合格境内机构投资者（qualified domestic investment institution，QDII）指经中

国证监会批准可以在境内募集资金进行境外证券投资的机构投资者，其初衷是在人民币没有实现自由兑换、资本项目未完全开放的情况下，有限度地允许境内投资者投资海外资本市场。2006 年 8 月发行的华安国际配置基金是国内首家 QDII 基金。

证券发行人主要是企业和政府。政府主要发行政府债券，包括国债和地方债券。对于企业来说，股份有限公司可以发行股票和债券，而有限责任公司只能发行债券。

证券中介机构是指在证券发行人和投资者之间从事各种中介服务的机构。证券公司是最主要的证券中介机构，同时也是最活跃的机构投资者。证券公司主要经营三大业务：经纪业务、承销与保荐业务和资产管理业务。此外，还可经营投资咨询与财务顾问等其他业务。除了证券公司外，证券市场上还有其他一些证券服务机构，如证券登记结算公司、会计师事务所、资产评估机构、清算机构、律师事务所、证券评级机构、证券投资咨询公司等。这些中介机构为投资者提供各种服务，使证券市场参与各方能够合理、安全、有序、高效地进行证券交易。例如，上市公司年度报告中的财务会计报告都应经会计师事务所审计，这有助于投资者了解公司的真实状况，为投资决策提供科学依据。

 专栏 3 - 2：注册会计师从事证券业务的条件

在我国，财政部和中国证监会对注册会计师、会计师事务所执行证券、期货相关业务实行许可证管理。注册会计师申请证券许可证应当符合下列条件：（1）所在会计师事务所已取得证券许可证；（2）具有证券、期货相关业务资格考试合格证书；（3）取得注册会计师证书 1 年以上；（4）不超过 60 岁；（5）执业质量和职业道德良好，在以往执业活动中没有违法违规行为。

自律性组织主要包括证券交易所和证券业协会。在我国，证券交易所的主要职责是为证券交易提供规范化的、集中公开的交易场所。证券业协会是证券业的自律性组织，是社会团体法人。按照《中华人民共和国证券法》的规定，证券公司应当加入证券业协会，证券业协会为会员提供各种服务，并进行相关监督。

证券监管机构分为政府监管机构和自律监管机构。在我国，政府监管机构是国务院直属的中国证券监督管理委员会，自律监管机构是中国证券业协会。

专栏 3－3：证券业从业人员资格考试

　　中国证券业协会每年举办证券业从业人员资格考试。考试分为一般从业资格考试和专项业务类资格考试。一般从业资格考试的考试科目包括两门：《证券市场基本法律规》和《金融市场基础知识》。专项业务类资格考试包括两门：《发布证券研究报告业务》（证券分析师胜任能力考试）和《证券投资顾问业务》（证券投资顾问胜任能力考试）。

　　2. 证券市场类型

　　（1）按照市场功能的不同，可分为证券发行市场和证券交易市场。

　　证券发行市场又称"一级市场"，是发行人为筹集资金，向投资者出售新证券的市场。它没有特定的发行场所，发行方式也是多样的，有时通过中介机构如证券公司、投资银行来推销，有时是在发行人与投资者之间直接进行。在证券发行市场上，如果证券是第一次发售给公众，就称为首次公开发行（initial public offering，IPO），如果是增加发行一种已发行过的证券，就称为增发。证券交易市场又称"二级市场"，是投资者将已发行证券进行相互转让的市场。

　　发行市场与交易市场之间是相互影响的，发行市场是交易市场的基础，交易市场是发行市场存在和发展的条件。如果发行市场规模过小，则会造成交易市场上证券的供不应求，可能会产生过度投机和市场泡沫。反之如果发行节奏过快则会造成证券供过于求，导致交易市场持续低迷，股价大幅下跌，反过来又影响了发行市场的筹资。

　　（2）按照交易组织形式的不同，可分为证券交易所和场外交易市场。

　　证券交易所也称"场内交易市场"，是证券买卖双方集中公开交易的场所，是一个高度组织化、集中进行证券交易的市场，是整个证券市场的核心。证券交易所本身并不买卖证券，也不决定证券价格，而是为证券交易提供一定的场所和设施，配备必要的管理和服务人员，并对证券交易进行周密的组织和严格的管理，为证券交易的顺利进行提供一个稳定、公开、高效的市场。证券交易所具有以下特征：第一，有固定的交易场所和交易时间。第二，交易采取经纪制，即参加交易的必须是具备会员资格的证券商。一般投资者不能直接进入交易所交易，只能委托会员作为经纪人间接进行交易。第三，交易对象限于合乎一定标准的上市证券。第四，通过公开竞价决定交易价格。第五，集中了证券的供求双方，具有较高的成交速度和成交率。第六，实行"公开、公平、公正"原则，并对证券交易加以严格管理。

证券交易所的组织形式大致分为两类，即公司制和会员制。公司制的证券交易所是以股份有限公司的形式组织并以营利为目的的公司法人，一般由金融机构及各类民营公司组建。它必须遵守本国公司法的规定，在政府有关证券机构的监管下，吸收各类证券挂牌上市，但它本身的股票不得在本交易所上市。同时，任何成员公司的股东、高级职员、雇员不得担任交易所的高级职员，以保证交易的公正性。会员制的证券交易所是由会员自愿组成，不以营利为目的的社会法人。

改革开放以来，随着资本市场的逐步建立和完善，我国逐步设立了三大证券交易所，即上海证券交易所、深圳证券交易所和北京证券交易所。上海证券交易所（上交所）成立于 1990 年 11 月 26 日，是会员制法人。经过 30 年的快速成长，上交所已发展成为拥有股票、债券、基金、衍生品 4 大类证券交易品种、市场结构较为完整的证券交易所。目前上交所已成为全球第三大证券交易所。截至 2020 年底，上交所 IPO 数量及融资金额均位列全球第一；股票成交金额超过 75 万亿元，在全球交易所中排名第四。深圳证券交易所（深交所）于 1990 年 12 月 1 日开始营业。深交所是实行自律管理的会员制法人。据世界证券交易所联合会（WFE）2020 年底统计，深市成交金额、融资金额、股票市价总值分别位列世界第三、第四和第七。北京证券交易所（北交所）成立于 2021 年 9 月 3 日，是我国第一家公司制证券交易所。北京证券交易所坚持服务创新型中小企业的市场定位，力图实现"三个目标"：一是构建一套契合创新型中小企业特点的涵盖发行上市、交易、退市、持续监管、投资者适当性管理的基础制度安排，补足多层次资本市场发展普惠金融的短板。二是畅通北交所在多层次资本市场的纽带作用，形成相互补充、相互促进的中小企业直接融资成长路径。三是培育一批专精特新中小企业。

场外交易市场（over-the-counter market，OTC）是在证券交易所以外的证券交易市场的总称。在证券市场发展的初期，许多有价证券都是在证券商的柜台上进行的，因此称为柜台市场。随着信息技术的发展，现在许多场外交易已不在柜台进行，而是由客户与证券商通过电话、电传和计算机网络进行。由于进入证券交易所的证券必须符合上市标准，且必须委托证券经纪人买卖，还要交纳一定的经纪佣金，为避开较严格的上市标准，降低交易成本，就产生了场外交易的需求。场外交易市场是证券发行的主要市场，同时也是尚达不到交易所上市交易资格的各种债券和股票的主要交易场所。场外交易市场与证券交易所相互补充，共同构成了证券交易市场。

场外交易市场是一个分散的无形市场，没有固定交易场所，由众多独立经营的证券商通过各种信息设备分别进行交易。场外交易市场的证券交易一般采取做市商（market maker）制。与证券交易所的竞价交易不同，做市商制是一种报价驱动交易机制，证券交易的买卖价格均由做市商报出，投资者根据报价与做市商即时成交。在这种交易机制下，投资者之间不直接进行交易，而是从做市商那里买入或卖出证券，做市商以其自有的资金和证券与投资者进行交易，赚取买卖差价。证券商既是交易的直接参与者，又是市场的组织者，故称"做市商"。场外交易市场也有很多类型，如第三市场，它是指已在证券交易所上市交易的证券的场外交易。还有一些机构摒弃了通过经纪人和交易所来交易上市股票和其他证券，这种买卖双方直接交易的形式被称为第四市场。

我国的场外交易市场主要包括商业银行的记账式国债柜台市场、银行间债券市场和代办股份转让系统。银行间债券市场主要面向商业银行、非银行金融机构等金融机构进行债券现货交易和债券回购。代办股份转让系统又称三板市场，主要是指证券公司以其自有或租用的业务设施为非上市股份有限公司提供股份转让服务。

（3）按照上市主体不同，可分为主板市场和创业板市场。

主板市场也称一板市场，一般是指传统意义上的证券市场（通常指股票市场）。主板市场是一个国家或地区证券发行、上市及交易的主要场所，也是资本市场中最重要的组成部分。主板市场的表现很大程度上能够反映经济发展状况，有"国民经济晴雨表"之称。主板市场对发行人的上市要求较高，上市企业多为成熟的、业绩优良的大企业。在中国，主板市场主要指上海证券交易所和深圳证券交易所。

创业板市场也称二板市场，主要是为高成长性的中小企业和高科技企业提供融资服务的资本市场，其上市标准低于主板市场。主板市场对发行人的营业期限、股本大小、盈利水平、最低市值等方面的要求标准较高，上市企业多为大型成熟企业，具有较大的资本规模以及稳定的盈利能力。创业板市场对于完善风险投资体系、解决科技型中小企业融资难题、发展新兴战略产业具有重要作用。1971 年诞生于美国的全国证券交易商协会自动报价系统

（national association of securities dealers' automated quotation system，NASDAQ）市场是世界上最早设立的创业板市场，也是迄今为止最为成功的创业板市场，为美国高科技产业的发展作出了重要贡献。我国的创业板市场则主要面向成长型的创业企业，重点支持自主创新企业，是我国多层次资本市场建设的重要一环。

（二）证券市场的功能

作为资本市场的重要组成部分，证券市场的基本功能是为资本的交易提供服务。从服务于资本交易的角度来看，证券市场的功能可以概括为四个方面：

1. 促进资本形成

证券市场促进资本形成的功能主要是指证券市场的融资功能。在现代经济中，已经很少有企业只靠自有资本从事经营，企业的发展越来越依赖于社会资本。企业筹集社会资金的方式有两种：一是间接融资，即向银行借款，其特点是资金的供求双方不直接建立债权债务关系，而是分别与银行等中介机构建立债权债务关系。二是直接融资，即发行证券，其特点是在证券发行人与投资者之间直接建立股权或债权债务关系。与间接融资相比，证券市场的直接融资具有融资规模大、成本低、期限长、灵活方便等诸多优点，能够迅速将分散的社会资金汇集成巨额资本，以满足大规模生产经营和经济建设的需要。马克思说过："假如必须等待积累去使单个资本增长到能够修建铁路的程度，那么恐怕直到今天世界上还没有铁路。但是，集中通过股份公司转瞬之间就把这件事完成了。"[①] 证券融资减少了银行的中介，降低了融资成本。证券融资偿还期限一般都很长，股票融资甚至是永久性的，且无还本付息压力，因而筹集来的资金比较稳定。证券融资灵活方便，证券市场不仅投资品种多，如各种债券、股票、基金以及衍生金融工具，企业可根据情况灵活选择，投资者也可灵活决定自己的投资组合，而且证券市场流动性也很好，投资者可以很方便地将所持有的证券进行转让以兑换现金。

2. 评估资本价值

证券市场具有评估资本价值即资本定价的功能。有价证券是资本的存在

---

① 马克思. 资本论（第1卷）[M]. 北京：人民出版社，1975：688.

形式，证券价格实际上也就是证券所代表的资本的价格。一方面，实际资本的价值主要取决于资本创造效益的能力，而资本创造效益的能力只有在证券市场上才能获得相对客观的评价，通过市场供求机制形成资本价格；另一方面，实际资本通常是一个难以分割的有机整体，只有通过证券市场，利用虚拟资本和实际资本价值运动的分离，才能使实际资本价值获得相对独立的运动形式，如资产的分割、兼并、收购等。

3. 优化资本配置

证券市场进行资本配置的机制主要表现在：一是投资者为获取更高的投资收益，不断研究企业经营状况，将资金投向效益好、增长快的企业；二是企业为满足投资者的收益要求以及筹集到更多的资金，不断改进经营水平；三是企业可在证券市场上进行资本重组，经营不善的企业可能被其他企业兼并，一些企业也可以在证券市场上出售自己的不良资产，从而重新将有限的资源配置到优秀企业或企业的优势业务上，这些行为最终都有助于提高社会资本的配置效率。

 专栏 3-4：公司收购

收购一般是指一个公司通过产权交易取得其他公司一定程度的控制权，以实现一定经济目标的行为。公司收购是证券市场上一种常见的资本重组行为，其具体形式复杂多样。被收购的公司一般被称为目标公司。

按照目标公司是否抵制划分，公司收购可分为善意收购和敌意收购。善意收购是指收购者征得目标公司经营者同意后，目标公司主动向收购者提供必要资料，并劝说其股东接受公开收购要约，出售股票。敌意收购是指收购行为受到目标公司反对，而收购者仍要强行收购，或者收购者事先未与目标公司协商，突然提出收购要约。

按照持股对象是否确定划分，收购分为要约收购和协议收购。要约收购是指收购者为了取得上市公司控制权而向所有股东发出购买该上市公司股份的收购要约，收购该上市公司股份。收购要约上要写明收购价格、数量和要约期间等收购条件。协议收购是指收购者与上市公司特定股东就收购该公司股票的条件、价格、期限等达成协议，由公司特定股东向收购者转让股票。

4. 实现资本价值

投资者将资本投入企业的主要目的在于获得资本回报。资本回报的方式主要有二：一是通过利润分配获得收益，二是通过资本增值获得收益。由于企业在经营活动中面临着多种风险，投资者的投资机会也不断发生变化，同时通过利润分配获得投资收益常常需要较长的时间，由此通过出售资本投资的凭证，在转让资本未来收益的基础上获得资本增值收益，就成为投资者的重要选择。这种选择通过资本市场中的证券交易来实现。

实现资本价值并不仅仅发生在获得资本回报的场合，在投资者需要提高资本的流动性、转移投资方向和收回资本残值的场合，同样需要实现资本价值。实践中，正是因为资本市场能够有效保障资本价值的实现，所以资金供给者才敢于将现金通过投资转变为资本。从这个意义上说，实现资本价值的功能是推进资本形成的保障机制。

二、证 券 发 行

证券发行市场又称一级市场，是发行人向投资者出售各种新证券的市场，一般无固定场所，是无形市场，由发行者、投资者和中介机构三方面构成。证券发行人是资金的需求者和证券的供给者，主要是企业、政府和金融机构。证券投资者是指认购证券的个人或机构。证券发行市场上的中介机构包括证券承销商、会计师事务所、律师事务所、资产评估机构和审计机构等，其中最主要的中介机构是证券承销商。按照证券的种类划分，证券发行包括股票的发行、债券的发行和基金的发行等。股票是证券市场上最主要的投资品种，其发行过程也具有代表性，所以本节主要介绍股票的发行过程。

（一）证券发行审核制度

在证券市场上，证券发行一般需要通过证券市场监管机构的审核。但是在不同的国家，证券发行审核的内容和方式有所区别，据此可以划分为核准制和注册制两大类型。

1. 核准制

即所谓实质管理原则，要求证券发行人不仅要公开披露有关信息，而且必须符合证券监管机构制定的一系列实质条件，如公司业务性质、盈利能力、治理结构等。证券发行人是否符合证券发行的各种实质条件需经证券监管机构审核，经证券监管机构审核通过后方可取得发行资格。采取核准制的主要目的在于禁止质量差的证券公开发行。核准制强调政府对证券发行的决定权，是一种政府主导型的发行制度。

2. 注册制

即所谓公开管理原则，是指发行人申请发行股票时，必须依法将公开的各种材料完全准确地向证券监管机构申报。证券监管机构的职责是对申报文件的全面性、准确性、真实性和及时性作形式审查，不对发行人的资质进行实质性审核和价值判断，而将发行公司股票的优劣留给市场来判断。在注册制下，发行人只需做到信息充分披露，在注册申报后的规定时间内，未被证券管理机构拒绝注册，即可进行证券发行，无须证券监管机构进行实质审核。注册发行的目的是向投资者全面充分地提供与拟发行证券相关的信息，并不保证发行人资质优良、发行价格适当。可见，注册制强调的是市场对证券发行的决定权，是一种市场主导型的发行制度。

核准制和注册制各有利弊。在核准制下，通过证券监管机构的审核，一般只有优质企业的股票才可上市发行，这在一定程度上有利于减少中小投资者的投资分析成本和投资风险，但核准制的审核周期较长，会影响股票发行的速度，削弱证券市场的融资功能，同时也易产生寻租等腐败行为。核准制一般比较适合处于发展初期的证券市场。注册制取消了证券发行的实质审核环节，有利于提高股票发行速度，增强证券市场融资功能，但对投资者的信息分析和风险承受能力要求较高，一般比较适合成熟的证券市场。

（二）证券发行方式

在证券市场上，证券发行方式是丰富多样的，可以按照不同标准进行分类。我们以股票发行为例，主要从发行对象、发行中介、销售模式、发行次序等四个角度进行分类。

1. 按照发行对象不同划分，可分为公开发行和私募发行

公开发行也称公募发行，是指发行人向不特定的社会公众投资者出售证券，任何合法的投资者都可认购拟发行的证券。按照我国《证券法》规定，向不特定对象发行证券或向特定对象发行证券累计超过200人的，为公开发行，必须经过国务院证券监管机构或国务院授权部门核准。公开发行是证券

发行中最常见的发行方式。公开发行股票的股份公司为公众公司，其中，在证券交易所上市交易的股份有限公司称为上市公司；符合公开发行条件，但未在证券交易所上市交易的股份有限公司称为非上市公众公司，非上市公众公司股票在柜台市场交易。

私募发行也称不公开发行，是指发行人向特定的投资者发售证券，特定的投资者包括公司股东和内部员工、投资基金、保险公司、商业银行等金融机构以及与发行人关系密切的企业等机构投资者。

2. 按照有无发行中介划分，可分为直接发行和间接发行

直接发行是指发行人不通过中介机构直接向投资者发售证券。间接发行是指发行人委托证券公司等中介机构代理发售证券。一般来说，间接发行是最基本的发行方式，主要用于公募发行。而私募发行则以直接发行为主。

3. 按照销售方式划分，可分为直接销售和间接销售

直接销售是指证券发行人不通过中介直接向投资者销售证券。间接销售也称承销，即委托他人代理销售，目前大多数证券发行都采取承销方式。承销又分为代销和包销。代销是由发行人委托承销商代为向社会销售证券，承销商按照规定的发行条件在规定期限内推销证券，到期时证券如果没有全部销售出去，未出售部分仍然退还给发行人，承销商不承担任何风险。包销包括余额包销和全额包销两种。余额包销是承销商先向社会推销股票，若在规定期限内未能将股票全部销售出去，未销售的余额由承销商负责认购。全额包销是先由承销商将股票全部认购下来，然后再向社会公众转售。

4. 按照发行次序划分，可分为首次公开发行和上市公司发行新股

在证券市场上，股票的首次公开发行被称为 IPO，也就是公司股票初次出售给社会公众。完成 IPO 的股份有限公司就成为上市公司。经过若干时间后，上市公司由于某种原因再次向市场发行股票称为上市公司发行新股，具体包括公开发行和非公开发行两种形式。其中，公开发行是指上市公司向不特定对象发行新股，包括向原股东配售股份（配股）和向不特定对象公开募集股份（公开增发）。非公开发行是指上市公司向特定对象发行股票（定向增发）。

上市公司在增发新股时采取哪一种发行方式主要取决于其发行目标，同时不同的新股发行方式产生的效果也有明显差别。

一般来说，上市公司采取公开增发的方式发行新股，主要目的是再融

资，即为公司经营筹集资金，同时这种发行方式也会产生扩大股东人数、分散股权、增强股票流动性、避免股份过于集中等效果。

而上市公司采取定向增发的方式发行新股，则通常会产生三种效果：一是定向增发极有可能给上市公司的业绩增长带来立竿见影的效果。例如，2006年鞍钢新轧（000898）向鞍钢集团定向增发，然后再用募集来的资金反向收购集团公司的优质钢铁资产，每股收益由2005年的0.702元增加到2006年的1.154元[1]。二是定向增发有利于引进战略投资者，为公司的长期发展打下坚实的基础。三是定向增发也改变了以往增发或配股所带来的股价压力格局，这是因为定向增发不会增加对二级市场的资金需求，更不会改变二级市场的存量资金格局。另外，定向增发价格往往较二级市场价格有一定溢价，这也有利于增加二级市场投资者的持股信心。

 专栏3-5：整体上市

一家公司想要上市必须达到一些硬性的会计指标，有时为了达到这个目的，股东一般会把一个大型企业分拆为股份公司和母公司两部分，把优质资产放在股份公司，而一些和主业无关、质量不好的资产放在母公司，这就是分拆上市。股份公司上市后再用得到的资金收购自己的母公司，就称为整体上市。整体上市的途径一般有以下四种模式：

（1）换股IPO模式，即母公司与上市子公司的公众股东以一定比例换股，吸收合并所属上市公司，同时发行新股。例如，2003年TCL集团吸收合并子公司TCL通讯，同时发行新股，原TCL通讯则被注销。该模式既能满足母公司在快速发展阶段对资金的需要，又能使母公司的资源得到整合，从而进一步促进资源使用效率的提高，适合处于快速发展时期的母公司[2]。

（2）换股并购模式，即将拥有同一实际控制人的各上市公司通过换股的方式进行吸收合并，完成公司的整体上市。例如，2004年第一百货通过向华联商厦股东定向发行股份进行换股，吸收合并华联商厦，更名为百联股份。由于该模式没有新增融资，因此主要适用于集团内资源整合，以完善集团内部管理流程，理顺产业链关系，为集团的长远发展夯实基础[3]。

① 祝晶. 对我国定向增发反向收购母公司整体上市模式的研究［J］. 商业会计，2015（8）.
② TCL集团公告称将以吸收合并方式合并TCL通讯［N］. 上海证券报，2003-9-30.
③ 周沪，徐国杰. 第一百货合并华联商厦 上海百联重组尘埃落定［N］. 中国证券报，2004-4-8.

（3）定向增发收购模式，即集团所属上市公司向大股东定向增发收购大股东资产以实现整体上市，这种模式应用较为广泛，如鞍钢集团、上海汽车等公司的整体上市方案都采取了该模式。

（4）再融资反收购母公司资产模式，这是比较传统的整体上市途径，即通过再融资（增发、配售或者可转债）收购母公司资产，其优点是方案简单，但再融资往往不受市场欢迎，特别是在新置入资产盈利能力较弱导致每股收益摊薄的时候。该模式主要适用于实力较强的企业集团，便于集团实施统一管理，理顺产业链。

三、证券交易

证券交易市场是为已经公开发行的证券提供流通转让机会的市场，通常分为证券交易所市场和场外交易市场。据此，证券交易也分为在证券交易所进行的上市交易和在证券交易所之外进行的场外交易两种类型。已公开发行的证券经过证券交易所批准在交易所公开挂牌交易，称为上市交易，在本节中，我们重点介绍股票的上市交易过程。

（一）股票交易程序

证券上市交易是指投资者通过经纪人在证券交易所买卖已发行的证券的过程，以股票交易为例，一般要经过开户、委托、成交、结算四个步骤，如图 3－1 所示。

1. 开户

投资者在选定的证券公司办理开户手续，一般要开设证券账户和资金账户，有些国家的证券交易所还可以开设保证金账户。开设现金账户的投资者必须以现款或现券进行交易。各国法律对开户都有一些限制，如不允许证券主管机构人员、证券交易所有关人员、证券公司有关人员开户。

2. 委托

投资者在开户后，即可委托证券经纪商代理买卖证券。委托包括柜台委托、自助委托、电话委托、网上委托等多种方式，现在最常见的是自助委托，即投资者通过计算机直接输入买卖指令。证券经纪商接到指令后要将委托指令内容传送到证券交易所进行撮合，这一过程也称为"申报"。

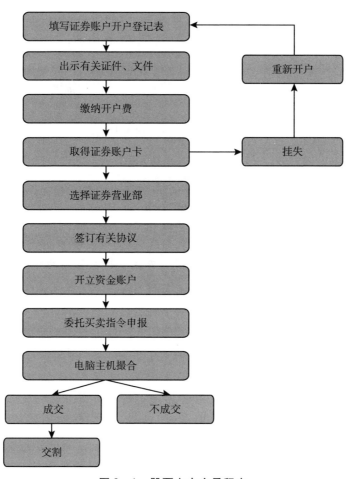

图 3-1 股票上市交易程序

3. 竞价与成交

证券市场的市场属性集中体现在竞价与成交环节上。竞价也称指令驱动机制，它是指交易双方各自将交易指令通过经纪商呈交到交易中心，由交易中心按照一定规则进行撮合，以达成交易，具体方式包括集合竞价和连续竞价。

在集合竞价中，所有交易订单并不是在收到后立即进行撮合成交，而是由交易中心先将规定时间内收集到的交易订单累积起来，确定一定的价格水平来清算市场，所有能够成交的订单都以这个价格成交。一般情况下，证券交易的开盘价由集合竞价产生，而深圳证券交易所的收盘价也由集合竞价产生。在开盘集合竞价期间未成交的买卖申报，自动进入连续竞价。连续竞价是指对买卖申报逐笔连续撮合的竞价方式。在连续竞价过程中，要遵循价格优先、时间优先的原则。价格优先是指最高买入价和最低卖出价的订单最先成交。时间优先是指同一买入价或卖出价的订单按申报时间的先后顺序成交。

为防止股市过度震荡，证券交易所为股票规定了日涨跌幅限制，即1个交易日内的交易价格相对于上一个交易日的收盘价的涨跌幅度不能超过一定百分比。股票、基金的涨跌幅一般为10%。买卖有价格涨跌幅限制的证券，在价格涨跌幅限制内的申报为有效申报，超过涨跌幅限制的申报为无效申报。

专栏 3-6：证券交易中的若干交易指标

（1）外盘和内盘。

在各种证券交易系统中，我们经常看到外盘和内盘的数据。所谓内盘就是指股票在买入价成交，成交价为申买价，内盘数据大说明此时抛盘比较踊跃；而外盘则是指股票在卖出价成交，成交价为申卖价，外盘数据大则显示买盘比较积极。

例如，若某股票A的委托情况是：委托买一的价格为8.30元，数量5手，而委托卖出一的价格为8.31元，数量为8手，二者不相等，股票A此刻就没有成交，申买和申卖处于僵持状态。此时，若场内的抛盘比较积极，突然报入一个卖出价8.30元，则股票A就会在8.30元的价位成交，成交价为申买价，这就是内盘。反之，若场内的买盘比较积极，突然报入一个买入价8.31元，则股票A就会在8.31元成交，成交价为申卖价，这就是外盘。庄家有时会利用外盘和内盘进行欺骗操作。例如，在股价已被打压到较低价位，在委卖一、卖二、卖三、卖四、卖五挂有巨量抛单，使投资者以为抛压很大，于是在委买一的价位提前卖出股票，而实际上庄家则在暗中吸货，待筹码接足后，突然撤掉巨量抛单，股价大幅上涨。在股价上升至较高位置，在委买一、买二、买三、买四、买五挂出巨量买单，使投资者认为行情还要继续上涨，纷纷以委卖一的价格买入股票，实际上庄家则在悄悄出货，待筹码卖出差不多时，突然撤掉巨量买单，并开始全线抛空，导致股价迅速下跌。

（2）委比。

委比是衡量某一时段买卖盘相对强度的指标。其计算公式是：

委比＝（委买手数－委卖手数）÷（委买手数＋委卖手数）×100%

其中，委买手数指在现在系统中所显示的委托买入个股的五档的总数量，委卖手数则是指现在系统中所显示的委托卖出个股的五档的总数量。委比的变化范围是 –100% ~ +100%，当委比为负时，卖盘大于买盘；委比为正时，买盘大于卖盘。委比值从 –100% 到 +100% 的变化是卖盘逐渐减弱，买盘逐渐增强的过程。当委比为 –100% 时，表示只有卖盘没有买盘，说明市场上抛盘非常大；当委比为 +100% 时，表示只有买盘而无卖盘，说明市场的买盘非常有力。

（3）量比。

量比是衡量相对成交量的指标。它是开市后每分钟的平均成交量与过去 5 个交易日每分钟平均交易量之比。

量比 = 现成交总手数 ÷（过去 5 个交易日平均每分钟成交量 × 当前累计开市的分钟数）。当量比大于 1 时，说明当日每分钟的平均成交量大于过去 5 日的平均值，交易比过去 5 日火爆；当量比小于 1 时，说明当日成交量小于过去 5 日的平均值。

（4）换手率。

换手率 =（成交股数/当时的流通股股数）× 100%。按时间参数的不同，在使用上又划分为日换手率、周换手率或特定时间区间的日均换手率等。

很多人认为换手率高，反映资金进出频繁。如果换手率高且伴随股价上涨，说明资金进入意愿强于退出意愿；而换手率高伴随股价下跌，则说明资金退出意愿强烈。实际上，换手率的高低仅反映交投活跃度，至于资金是进还是退其实很难判断。成交量也反映出一定的交投程度，但没有换手率实用效果好。

在具体应用方面，换手率过高的确需要加以关注。小盘股换手率在 10% 以上便处于值得警惕的状态，中盘股在 15% 左右，大盘股则在 20% 以上。总体看，换手率主要还是反映市场交投的表象，要据此来判断机构动向和股票后市走向，则还需要借助其他指标和基本面因素来综合评判。

4. 结算

结算是指一笔交易成立后，买卖双方结清价款和交收证券的过程，包括清算和交割两个方面。清算是指证券买卖成交后，通过证券交易所将各证券商之间的买卖数量和金额分别予以抵销，计算应收应付证券和应收应付金额的程序，包括资金清算和股票清算。交割是在清算后，卖方将证券交付买方，买方将价款交付卖方的行为。

5. 过户

对于记名证券而言，完成结算后，还有一个登记过户的环节，完成过户，证券交易才算结束。

投资者在股票交易时需要缴纳一些交易费用，主要包括委托费、佣金、印花税、过户费等。不同交易所的交易费用略有不同，而且会根据实际情况或国家政策进行调整。投资者在投资时要将这些交易费用计入投资成本中。

投资者在进行股票交易时，有时会发现某些股票价格突然间断性地下跌，出现这种情况其实并不是意味着股票价格实际下跌了，而往往与股票价格的除权除息有关。在上市公司分红、公积金转增股本和配股时，要进行除息和除权。除权指除去股票中领取股票股息（送红股）和取得配股权的权利，除息是指除去股票中领取现金股息的权利。

证券交易所在权益登记日（B股为最后交易日）的下一个交易日对证券进行除权、除息处理，该日被除权、除息的股票，沪市用 XR 表示除权，XD 表示除息，DR 为同时除权和除息，深市无标记。除权、除息日该证券的前收盘价改为除权（息）价。

除权（息）价 =（前收盘价 − 现金红利 + 配（新）股价格 × 流通股份变动比例）÷（1 + 流通股份变动比例）

除权、除息日的证券交易，除了证券交易所另有规定外，按除权、除息价作为计算涨跌幅的基准。

例如，某上市公司分配方案为每 10 股送 3 股，派 2 元现金，同时每 10 股配 2 股，配股价为 5 元，该股股权登记日收盘价为 12 元，则该股除权参考价为：

$$(12 - 0.2 + 0.2 \times 5) \div (1 + 0.3 + 0.2) = 8.53 （元）$$

（二）特别交易事项

特别交易事项一般是指证券交易中一些特殊的交易行为和交易情况，主要包括大宗交易、回转交易、股票交易特别处理、退市风险警示、暂停上市、终止上市等情况。

1. 大宗交易

大宗交易是指单笔数额较大的证券交易。例如，在上海证券交易所，A股单笔交易申报数量不低于 50 万股，或者交易金额不低于 300 万元人民币即为大宗交易。在上海证券交易所大宗交易的申报包括意向申报和成交申报。意向申报内容包括证券代码、证券账户、买卖方向等。意向申报中是否明确交易价格和交易数量，由申报方决定。申报方如果不明确价格，则视为按规定的最低价格买入或最高价格卖出。申报方如果不明确数量，则视为至少愿意以大宗交易单笔最低申报数量成交。当意向申报被其他参与者接受时，申报方应当至少与一个接受意向申报的参与者进行成交申报。买卖双方就大宗交易达成一致后，双方的成交申报分别通过各自委托会员的席位进行。

2. 回转交易

回转交易是指投资者买入的证券，经确认成交后，在交收前全部或部分卖出的交易行为。目前在上海证券交易所和深圳证券交易所，可进行当日回转交易的主要是债券和权证，投资者可在交易日的任何交易时间内反向卖出已买入但未交收的债券和权证，通常也称为"T+0"交易方式。

3. 股票交易的特别处理

当上市公司出现财务异常或其他异常状况，导致其股票存在退市风险，或者投资者难以判断公司前景，投资者权益可能受到损害时，交易所要对此类股票进行特别处理。上市股票交易的特别处理制度包括警示存在终止上市风险的特别处理（退市风险警示，*ST）和其他特别处理（ST）。

当上市公司出现以下异常情况时，上海证券交易所和深圳证券交易所对其在主板上市的股票交易实行其他特别处理：股票简称前冠以"ST"，以区别于其他股票，股价日涨跌幅限制为5%。这些异常情况包括：最近一个会计年度的审计结果表明股东权益为负值；最近一个会计年度的财务报告被会计师事务所出具无法表示意见或者否定意见的审计报告；上市公司因两年连续亏损而被实行*ST，之后亏损情形消除，于是按规定申请撤销*ST并获准，但其最近一个会计年度的审计结果显示主营业务未正常运营，或扣除非经常性损益后的净利润为负值；生产经营活动受到严重影响且预计在3个月内不能恢复正常；公司主要银行账号被冻结；董事会会议无法正常召开并形成决议；证监会根据规定，要求证券交易所对公司的股票交易实行特别提示。

*ST和ST股票日涨跌幅度限制为5%，这在一定程度上降低了投资者的风险，也抑制了庄家的刻意炒作。但并不是说此类股票就完全不具备投资价值。例如，有些*ST和ST股票虽然业绩欠佳，但存在较大的潜在重组机会，可能还会受到市场追捧。因此，对于*ST和ST股票要区别对待。

4. 暂停上市

按照《证券法》规定，上市公司出现以下情形时，证券交易所暂停其股票上市交易：公司股本总额、股权分布等发生变化不再具备上市条件；公司不按照规定公开其财务状况，或者对财务会计报告做虚假记载，可能误导投资者；公司有重大违法行为；公司最近 3 年连续亏损；证券交易所上市规则规定的其他情形。

5. 终止上市

按照《证券法》规定，上市公司出现以下情形时，由证券交易所决定终止其股票上市交易：公司股本总额、股权分布等发生变化不再具备上市条件，在证券交易所规定期限内仍不能达到上市条件；公司不按照规定公开其财务状况，或者对财务会计报告做虚假记载，且拒绝纠正；公司最近 3 年连续亏损，在其后 1 个年度内未能恢复盈利；公司解散或者被宣告破产；证券交易所上市规则规定的其他情形。

（三）证券交易方式

在证券市场上，最常见的证券交易方式为现货交易。除了现货交易以外，证券交易还可以采取远期交易、期货交易、回购交易、信用交易、期权交易等多种形式。

1. 现货交易

现货交易也称即期交易，就是现买现卖，指证券买卖成交后，双方按成交价格及时进行实物交割和资金清算的交易方式。采用这种交易方式，卖者交出证券，买者付款，买卖双方都有证券实物或资金的收付进出。现货交易的特点是实物交易。现货交易是证券交易所最常见、最基本的交易方式。

2. 远期交易

远期交易也称远期合同交易，是指交易双方约定在未来某个时间按照现在确定的价格进行交易。远期合同交易与现货交易有相似之处，本质上讲，二者的交易标的物都是实物商品，交易目的都是为了商品所有权的转移和商品价值的实现，因而都属于商品交易。但是二者也存在较大差异，主要表现在：①远期交易双方必须签订远期合同，而现货交易则不必。②远期交易的签约时间与商品交割时间通常间隔较长，而现货交易通常是现买现卖，即时交割。③远期交易往往要通过正式的磋商、谈判，双方达成一致意见签订合同之后才算成立，而现货交易则随机性较大，方便灵活，没有严格的交易程序。

3. 期货交易

期货交易是指交易双方在即时成交后，在远期交割的交易方式。在期货交易中，由于实际交割在远期进行，这就为交易双方提供了在合约到期前，通过反向交易免除到期交收实物的可能。也就是说，期货买方可以在合约到期前卖出相同种类、数量和交割日期的期货合约，卖方也可在合约到期前买入相同种类、数量和交割日期的期货合约。证券市场上的期货主要是金融期货，如外汇期货、利率期货和股指期货。

期货交易与远期交易有相似之处，都是定约成交，将来交割，但二者也有重大区别。远期交易是非标准化的，在场外市场进行，而期货交易则是标准化的，在期货交易所进行。另外，远期交易的目的与现货交易一样，是为了获取某种商品。而期货交易目的不是交割商品，而是风险规避或投机获利。

4. 回购交易

回购交易实际是一种以有价证券为抵押品拆借资金的信用行为，它是指证券买卖双方在成交的同时就约定于未来某一时间以某一价格再进行反向交易。其实质内容是：证券持有者为了融资，以持有的证券为抵押而融进资金，期满后则归还借贷的资金，并支付一定利息；而资金贷出方则暂时放弃资金使用权，并于回购期满时归还对方抵押证券，收回融出资金并获得一定利息。

回购交易融合了现货交易与远期交易的特点。由于回购协议有抵押——以另一种资产作保证，因此通常认为这类投资非常安全，最常见的回购交易是债券回购。债券回购交易包括债券质押式回购交易和债券买断式回购交易。

债券质押式回购交易是指融资方在将债券质押给融券方融入资金的同时，双方约定在未来某个指定日期，由融资方按约定回购利率计算的资金向融券方返回资金，融券方向融资方返回原出质债券的融资行为。目前，开展债券回购交易的主要市场是沪深证券交易所和全国银行间同业拆借中心。

债券买断式回购交易是指债券持有人（融资方）将一笔债券卖给债券购买方（融券方）的同时，交易双方约定在未来某个日期，再由融资方以约定价格从融券方购回相等数量同种债券的交易行为。

买断式回购与质押式回购的区别在于：在买断式回购的初始交易中，债券持有人将债券"卖"给融券方的同时，所有权转移给融券方；而在质押式回购的初始交易中，债券所有权并不转移，融券方只享有质权。由于所有权发生转移，因此买断式回购的融券方可以自由支配买入债券，如出售或做抵押等，只要在协议期满能够有相等数量同种债券返售给债券持有人即可。由此可见，在买断式回购中，大量债券不再像质押式回购那样被冻结，从而保证了市场上能够有大量可供交易的债券量，提高了债券市场的流动性。

 专栏 3-7：中国人民银行的公开市场业务

公开市场业务操作是中国人民银行一般性货币政策工具中最常用的一种工具。目前，中国人民银行的公开市场业务包括人民币操作和外汇操作两个部分。在我国，公开市场业务采取一级交易商制度，即央行公开市场业务的交易对象是若干家指定的商业银行。这些交易商可以运用国债、政策性金融债券等作为交易工具与央行开展公开市场业务，具体来说，主要包括回购交易、现券交易和央行票据交易三种类型。

回购交易分为正回购和逆回购两种方式。正回购是指央行向一级交易商卖出有价证券，并约定在未来某个时期买回有价证券的交易行为。通过正回购，央行从市场上收回流动性，正回购到期则是央行向市场投放流动性的操作。逆回购是指央行向一级交易商购买有价证券，并约定在未来某个时期再将有价证券卖给一级交易商的交易行为。逆回购是央行向市场投放流动性的操作。逆回购到期则为央行从市场收回流动性的操作。

现券交易分为现券买断和现券卖断两种。前者是央行直接从二级市场买入债券，一次性投放基础货币；后者是央行直接卖出持有的债券，一次性回笼基础货币。

中央银行票据是央行发行的短期债券，央行通过发行央行票据回笼基础货币，而央行票据到期则是投放基础货币。

5. 信用交易

信用交易也称融资融券交易、保证金交易，是指投资者通过经纪商提供担保物取得经纪商信用而进行的交易，包括投资者向经纪商借入资金买入证券（融资交易）或借入证券并卖出（融券交易）两种类型。与证券现货交易相比较，投资者通过融资融券，可以扩大交易筹码，具有一定的财务杠杆效应。

信用交易与一般证券交易有以下几点区别：一是在一般证券交易中，投资者要买入证券，必须事先有足额资金；卖出证券时，则必须有足额证券。而融资融券则不同，投资者预测证券价格上涨而手头没有足够资金时，可以向经纪商借入资金买入证券；预测证券价格下跌而手头没有证券时，则可向经纪商借入证券卖出。二是投资者从事一般证券交易时，与经纪商之间只存在委托买卖的关系，不需要向经纪商提供担保；而进行融资融券交易时，其与证券公司之间不仅存在委托买卖的关系，还存在资金或证券的借贷关系，因此还要事先以现金或证券的形式向证券公司交付一定比例的保证金，并将融资买入的证券和融券卖出，将所得资金交付证券公司，作为担保物。三是投资者从事一般证券交易时，风险完全自行承担，可以买卖所有上市交易的证券；而从事融资融券交易时，如不能按时、足额偿还资金或证券，还会给证券公司带来风险，所以投资者只能在与证券公司约定的范围内买卖证券。

6. 期权交易

期权交易是指期权持有人在规定期限内具有按交易双方商定的价格购买或出售一定数量某种金融资产的权利。期权交易是对一定期限内交易选择权的买卖。交易双方所买卖的权利将保证期权的购买者在某一特定时期内，有权按契约规定的价格和数量买入或卖出某种证券，同时也允许期权持有者放弃这种买卖证券的权利，任其作废，即期权的购买者对是否执行期权合约有选择权。

四、证券市场的监管

证券市场监管是指证券监管机构运用法律、经济和行政手段对证券市场参与者的行为进行监督与管理。按照国际证监会组织（IOSCO）1998年制定的《证券监管的目标与原则》，证券市场监管的目标主要有三个：一是保护投资者；二是保证证券市场的公开、效率和透明；三是降低系统性风险。

（一）证券市场监管的原则

一般来说，证券市场监督和管理需要遵循四项基本原则：依法监管的原则；保护投资者利益的原则；公开、公平、公正的"三公"原则；监督与自律相结合的原则。

市场经济是法治经济，对证券市场的管理必须依法进行，要不断健全证券市场法律法规体系，加强对证券违法行为的打击力度，维护证券市场的正常秩序。在我国，证券市场相关法律、法规主要分为四个层次：①全国人民代表大会及其常务委员会制定颁布的相关法律，如《中华人民共和国证券法》《中华人民共和国证券投资基金法》《中华人民共和国公司法》《中华人民共和国刑法》《中华人民共和国物权法》《中华人民共和国企业破产法》等；②国务院制定颁布的相关行政法规，如《证券公司监督管理条例》《证券公司风险处置条例》《股票发行与交易管理暂行条例》《证券、期货投资咨询管理暂行办法》等；③证券监管部门和相关部门制定的部门规章及规范性文件，如《证券风险与承销管理办法》《首次公开发行股票并在创业板上市管理暂行办法》等；④证券交易所、中国证券业协会及中国证券登记结算有限公司制定的自律性规则，如《证券从业人员行为守则》《证券投资基金业人员执业守则》《股票上市规则》等。

保护投资者特别是中小投资者的利益是证券市场监管的重要职责。相对于上市公司和机构投资者而言，中小投资者在证券市场中处于弱势地位，需要对其给予必要的投资者保护，这是保证证券市场稳定和健康发展的前提。

公开、公平、公正的"三公"原则是保证证券市场有序运行的重要原则。公开原则又称信息公开原则，要求证券市场参与者应当依法及时、真实、准确、完整地向社会公开发布有关信息，无虚假陈述、误导性陈述或者重大遗漏。公平原则要求在证券市场上不存在歧视，一切证券市场参与者享有平等的市场权利。公正原则要求监管机构给予所有证券市场参与者公正的待遇，维护证券交易双方的合法权益，杜绝欺诈、操纵市场、内幕交易等非法行为。

在证券市场监管体系中，政府监管是证券市场正常运作的基本保证，但仅有政府监管还不够，还要加强证券从业者的自律管理，二者相互配合才能构成完整的证券市场监管体系。在我国，证券市场的政府监管主要由中国证监会负责，而自律管理则由证券交易所、中国证券业协会等机构负责。

（二）证券市场监管的内容

对证券市场的监管是一个不断完善、健全的过程，既包括对市场行为的监管，也包括对市场参与者的监管。我国证券市场监管的主要内容大致包括以下几个方面。

1. 对证券发行市场的监管

主要体现在证券发行审核制度、证券发行与上市的信息披露制度、证券发行上市保荐制度三个方面。

在证券发行审核制度方面，我国目前实行的是核准制。核准制不仅要求发行人公开披露与证券发行有关的信息，还要求证券发行必须经证券监管机构审核批准方能实施。

证券发行与上市的信息披露制度包括证券发行信息披露制度、证券上市信息披露和持续信息披露度。信息披露制度是上市公司保障投资者利益、接受社会公众监督而依法将其自身的财务状况、经营状况等信息向政府监管机构报告，并向社会公开，以便投资者充分了解情况的信息公开制度。从经济学角度来看，上市公司信息披露制度主要是解决信息不完全问题。所谓信息不完全是指决策所依赖的信息在总量上不充分、在交易主体之间分布不对称、与客观事实有偏差的情况，具体又分为信息不完全、信息不对称和信息不准确三种情况。信息不完全会引发上市公司道德风险和逆向选择等行为，损害资本市场的效率，损害投资者的利益，因此需要建立完善的上市公司信息披露制度以尽可能地减少各种信息不完全现象。

信息披露制度要求股份公司公开发行股票并上市的，必须向所有投资者公开披露信息。依法披露的信息必须真实、准确、完整，不得有虚假记载、误导性陈述或者重大遗漏。违反以上规定致使投资者在证券交易中遭受损失的，发行人应当承担赔偿责任；发行人的董事、监事、高级管理人员和其他直接责任人以及保荐机构、承销的证券公司，应当与发行人承担连带赔偿责任，但是能够证明自己没有过错的除外；发行人的控股股东、实际控制人有过错的，应当与发行人、上市公司承担连带赔偿责任。依法必须披露的信息，应当在中国证监会指定的媒体发布，同时将其置备于公司住所、证券交易所，供公众查阅。对披露虚假信息的或有重大遗漏的要追究法律责任。

证券发行上市保荐制度要求企业首次公开发行和上市公司再次发行证券都需要保荐机构和保荐代表人保荐。保荐机构和保荐代表人在推荐企业上市前，要对企业进行辅导和尽职调查，在企业上市后还要对企业进行持续督导。

2. 对证券交易市场的监管

证券监管机构对交易市场的监管主要表现在两个方面：一是证券交易所的信息公开制度，二是对各种违规的证券交易进行监管。违规的证券交易行为主要包括内幕交易、欺诈客户以及操纵市场三种类型。

（1）内幕交易。

内幕交易又称内情者交易，是指证券交易内幕消息知情人和非法获取内幕消息的人利用内幕消息从事证券交易。所谓内幕消息，是指在证券交易中，涉及公司经营、财务或者对该公司证券的市场价格有重大影响的尚未公开的信息。例如，公司重大投资行为和重大购置资产决定等可能对上市公司股价产生较大影响的重大事件、公司股权结构重大变更、公司债务担保重大变更、上市公司收购有关方案等。常见的内幕交易包括：①内幕消息知情人利用内幕消息买卖证券或根据内幕消息建议他人买卖证券；②内幕消息知情人向他人透露内幕消息，使他人利用该消息进行内幕交易；③非法获取内幕消息的人利用内幕消息买卖证券或建议他人买卖证券。

 专栏 3-8：孙某内幕交易案

2012 年 2 月 1 日，安信证券股份有限公司投资银行部原项目经理孙某，利用其担任宇顺电子定向增发现场项目负责人期间获悉的内幕信息买入"宇顺电子"股票 6.83 万股，交易金额 106 万元。20 天后，他将上述股票全部卖出，交易金额 186 万元，从中非法获利 79.9 万元。经调查和审理，广州市中级人民法院认定孙某内幕交易罪成立，判处其有期徒刑一年零六个月，没收全部违法所得，并处罚金人民币 80 万元。

资料来源：刘彬. 五券商内幕交易案例被点名 [N]. 大众证券报，2014-11-14.

老鼠仓（rat trading）是指庄家在用公有资金拉升股价之前，先用自己个人（机构负责人，操盘手及其亲属，关系户）的资金在低位建仓，待用公有资金拉升到高位后个人仓位率先卖出获利。老鼠仓是一种财富转移的方式，是某些基金经理或券商中某些人用投资者的资金为私人牟取私利的一种违法犯罪方式，本质上与贪污、盗窃没有区别。基金经理的"老鼠仓"已成中国股市的一大公害。它不仅违背了资本市场的"三公"原则，更动摇了投资者对证券投资基金的信心。按照 2009 年颁布实施的《中华人民共和国刑法修正案》规定，金融机构从业人员以及有关监管部门或者行业协会的工作人员，利用因职务便利获取的内幕信息以外的其他未公开的信息，违反规定，从事与该信息相关的证券、期货交易活动，或者明示、暗示他人从事相关交易活动，情节严重的行为规定为犯罪。刑法第 180 条第 1 款的罪名是内幕交易、泄露内幕信息罪，本款的犯罪对象是"内幕信息以外的其他未公开的信息"。罪名应当体现本款中的三个核心要件，即"利用因职务便利获取""未公开信息"和"交易"，因此确定罪名为"利用未公开信息交易罪"。"老鼠仓"属于"利用未公开信息交易罪"。

 专栏 3-9：国内首例基金经理"老鼠仓"入刑案

2011 年 5 月，原久富基金经理韩刚利用职务便利及所获取的基金投资决策信息，与妻子史某等人通过网络下单的方式，共同操作韩刚表妹王某的证券账户从事股票交易，先于或与韩刚管理的久富基金同步买入并先于或与久富基金同步卖出相关个股；或在久富基金建仓阶段买卖相关个股，涉及股票 14 只。韩刚因此被判处有期徒刑一年，没收其违法所得并处罚金 31 万元，成为国内首例基金经理"老鼠仓"入刑案。

资料来源：皮海洲. 首例"老鼠仓"入刑案只具象征意义［N］. 重庆时报，2011-5-25.

（2）欺诈客户。

欺诈客户是指证券公司及其从业人员在证券交易及相关活动中，为了牟取不法利益，而违背客户的真实意思进行代理的行为，以及诱导客户进行不必要的证券交易的行为。如违背客户的委托为其买卖证券；不在规定时间内向客户提供交易的书面确认文件；挪用客户所委托买卖的证券或者客户账户上的资金；未经客户的委托，擅自为客户买卖证券，或者假借客户的名义买卖证券；为牟取佣金收入，诱使客户进行不必要的证券买卖；利用传播媒介或者通过其他方式提供、传播虚假或者误导投资者的信息等。

 专栏 3-10：东方电子虚假陈述案

2002 年 11 月，烟台市人民检察院以涉嫌提供虚假财会报告罪对东方电子原董事长隋元柏、董事会秘书高峰、财务总监方跃提起公诉。烟台市中级人民法院审理查明，被告人隋元柏于 1994 年初在东方电子定向募集期间，与当时负责股票发行的董事会秘书高峰密谋，指使财务处负责人注册成立一家空壳公司——烟台振东高新技术发展公司，并以该公司名义，累计购买本公司内部职工股 1044 万股。后盗用他人名义，在证券公司营业部开设 44 个个人股票账户，全部股票交由东方电子证券部掌管。自 1997 年 1 月东方电子股票上市到 2001 年 8 月间，隋元柏等人虚造公司业绩，相继抛售 1044 万原始股。此外，隋元柏还指使公司财务人员，向高峰控制的 69 个个人账户累计投入 6.8 亿元，在二级市场进行股票炒作，将大部分股市收益用于虚增主营业务收入。2003 年 1 月 17 日，烟台市中级人民法院认定三人有罪，分别判处：隋元柏，有期徒刑二年并处罚金人民币 5 万元；高峰，有期徒刑一年并处罚金人民币 2.5 万元；方跃，有期徒刑一年缓刑一年并处罚金人民币 5 万元。

刑事判决书生效后，民事赔偿程序开始启动。2003 年 2 月 8 日第一批原告上海股民曹小妹等 7 人向青岛市中级人民法院提起诉讼，到 2005 年 1 月底诉讼时效到期，两年间，"东方电子"赔偿案涉及全国二十多个省、自治区、直辖市的 6989 名原告，案件总计达 2716 起，诉讼总标的 4.42 亿元，诉讼费用约 1800 万元，合计约 4.6 亿元，成为迄今为止我国起诉人数最多、涉案标的额最大的证券民事赔偿案件。

在青岛市中级人民法院主持下，认定东方电子虚假陈述的三个重要日期：虚假陈述实施日为 1997 年 7 月 14 日，即 1997 年中报披露时间；虚假陈述揭露日为 2001 年 10 月 12 日，央视《中国证券》栏目播出《东方电子原来如此》为媒体曝光日；虚假陈述基准日 2001 年 12 月 18 日，交易量占到可流通股 100%。

2007 年 8 月 25 日，东方电子公告称，已签收《民事调解书》6591 份、《民事裁定书》66 份，约占全部证券市场虚假陈述案原告的 95.2%。东方电子控股股东——东方电子集团以其持有的东方电子股票，以每股 6.39 元计价，向原告履行《民事调解书》中确定的赔偿责任，开创了上市公司虚假陈述赔偿方式的先河。这意味着，这宗标的额全国最大、起诉人数全国第一的证券虚假陈述民事赔偿案件终结。

资料来源：证券民事赔偿第一大案：东方电子案 [EB/OL]. (2011 - 3 - 9). https：//finance. sina. com. cn/stock/t/20110309/19399500903. shtml.

（3）操纵市场。

操纵市场是指机构或个人以获取利益或者减少损失为目的，利用资金、信息等优势，或者滥用职权，制造证券市场假象，诱导或致使投资者在不了解事实真相的情况下作出投资决定，扰乱证券市场秩序的行为。操纵市场行为，人为地扭曲了证券市场的正常价格，使价格与价值严重背离，造成虚假供求关系，误导资金流向，不能真实反映市场供求关系，损害了广大投资者的利益。所以，操纵证券市场是一种侵权行为，严重的可构成犯罪。因此，各国对操纵市场的行为都是明令禁止的，并在证券立法中制定了严厉的制裁条款。操纵市场的形式有三种：

其一，连续交易操纵证券市场行为。这种行为表现为交易者通过单独或者合谋，集中资金优势、持股优势或者利用信息优势，联合或者连续买进或者卖出某种证券，操纵证券交易价格或者证券交易量，使他人对该证券的走势做出错误判断而积极参与交易，市场操纵者则高抛低进，牟取暴利。

其二，通谋买卖操纵市场行为。通谋买卖表现为交易者与他人串通，以事先约定的时间、价格、方式相互进行证券交易或者相互买卖并不持有的某种证券。当约定一方在约定的时间以约定的价格买入或者卖出某种证券时，另一约定人同时卖出或者买入同一证券，从而抬高或者压低该证券的价格。市场操纵者通过通谋买卖行为影响证券交易价格或者证券交易量，诱使其他投资者参与该证券的买卖，达到高位出货低价吸筹的目的。

其三，在自己实际控制的账户之间进行证券交易，影响证券交易价格或者证券交易量。这种方式就是所谓庄家的对倒行为。庄家以高于或低于证券市场的价格进行某种证券的自买自卖，带动证券交易价格及交易数量的超常变化，造成该证券交易活跃的假象，使其他投资者做出错误判断参与该证券的买卖，庄家趁机高价抛售，低价吸筹。

 专栏 3 - 11：证监会处罚虚假挂单制造买盘假象 警惕市场操纵

证监会 2009 年 10 月 19 日对卢道军操纵市场一案作出行政处罚决定，没收其违法所得 34.96 万元并处以同等罚款，证监会详细披露了卢道军的操纵手法并提醒普通投资者不要落入操纵者的圈套。

经证监会调查，卢道军存在利用"张春梅""李丽虹"账户组，操纵四维控股股票价格的违法事实。2008 年 1 月 22 日，卢道军利用上述账户申买四维控股 1422 万股，撤单 1088 万股，成交 167 万股。

次日，为了能以较高价格卖出四维控股股票，卢道军利用上述账户组，在 9 时 39 分 ~9 时 42 分、9 时 54 分 ~9 时 55 分、10 时 03 分 25 秒 ~10 时 30 分 50 秒，通过逐笔升高申报价格，短时间内进行频繁虚假买入申报，造成四维控股股票申买委托量在短期内迅速放大，制造买盘汹涌的假象，申买价格始终低于申报前一秒的市场平均成交价，委托主要集中在第 3 档和第 5 档，随后迅速撤单，最短买入申报驻留时间仅 18 秒。上述期间，账户组申买委托共计 12 笔，撤单 12 笔，撤单笔数占申买笔数的 100%，申买总量 330 万股，撤单量 330 万股，撤单量占申买总量的 100%。

在不断申买、撤单过程中，四维控股股价由 9.29 元上涨至 9.74 元，卢道军趁机挂出卖单陆续卖出所持股票，实现卖出收益 34.96 万元。

证监会认为卢道军通过不以实际成交为目的的频繁大量买入申报行为，影响了其他投资者对该股票供求和价格走势的判断，诱导他们跟进买入，逐步推高股价，影响了四维控股股票价格和交易量。

资料来源：陆媛. 虚假挂单制造买盘假象遭处罚 证监会提醒投资者警惕市场操纵[N]. 第一财经日报, 2009 - 10 - 20.

3. 对上市公司的监管

对上市公司的监管包括信息披露的监管、公司治理监管和并购重组监管等，其中最主要的是对信息披露的监管。信息披露制度也称公示制，是公开原则的具体体现，是指证券市场上的有关当事人在资金募集、上市交易、投资运作等一系列环节中，依照法律法规规定向社会公众公布信息。各国均以强制方式要求信息披露。在信息披露内容上，要求遵循真实、准确、完整、及时和公平的披露原则。在披露形式上，要求遵循规范性、易解性、易得性原则。上市公司信息披露的主要内容包括招股说明书、上市公告书、定期报告（年报、半年报、季报）和临时报告。

4. 对证券经营机构的监管

主要包括证券经营机构准入监管、对证券公司业务的核准和对证券公司的日常监管。其中，对证券公司的日常监管有现场监管和非现场监管两种形式。现场监管是证券监管机构工作人员直接到证券公司经营场所，现场检查证券公司经营情况，并采取相应监管措施。非现场监管是证券监管机构对证券公司及其股东、实际控制人报送的资料进行统计分析，并采取相应监管措施。例如，证券交易所对会员的证券交易行为实行实时监控，重点监控会员可能影响证券交易价格或证券交易量的异常交易行为。

5. 证券市场的自律管理

证券市场的自律管理是指证券交易所、证券业协会、证券登记结算公司等对其所负责的证券相关人员、相关活动和相关对象进行管理。例如，中国证券业协会每年定期组织证券从业人员资格考试。凡年满 18 周岁、具有高中以上文化的人员均可参加。考试内容包括一门基础性科目和一门专业性科目，通过有关资格考试即取得相关从业资格。

思考与练习

1. 查阅资料归纳一下中国股票发行审核制度的改革过程。

2. 从主板市场上和创业板市场上各选一只股票，说明它们在公司资质、上市资格、交易方式上有哪些异同。

3. 什么叫"老鼠仓"？在网上查询一个基金经理"老鼠仓"案件，描述和分析其作案过程及受到的惩罚。你认为这样的惩罚是否合适？

4. 企业通过发行股票、债券或利用银行贷款进行融资各有哪些利弊？

5. 什么叫"内幕交易"？在网上查询一个"内幕交易"的案例，描述和分析其内幕交易的过程以及受到了什么样的法律制裁。

6. 查询一家最近 IPO 的公司资料，描述该公司上市的整个过程。

7. 查询一家最近进行定向增发的上市公司资料，分析该公司的增发方案和增发目标。

8. 利用网上实时证券交易系统，指出一只股票在某一交易时间的成交价格、外盘、内盘、委比、换手率、成交额、成交量等交易指标并说明其意义。

9. 分别查询一家最近被 ST、*ST、暂停上市和退市的上市公司，说明它们被实施这些处理的具体原因各是什么。

第四章

个别证券投资分析

证券投资分析是指人们通过各种专业性分析方法，对影响证券价值或价格的各种信息进行综合分析，以评估证券的价值或价格，并判断其变动趋势的行为，是证券投资过程中不可或缺的重要环节。证券投资分析主要包括个别证券投资分析和证券投资组合分析。个别证券投资分析主要分析单个证券的投资价值与价格走势，一般采取基本分析和技术分析方法。基本分析偏重研究哪些因素影响了证券投资价值，进而发现那些价格偏离价值的证券。技术分析偏重分析价格、成交量等证券交易指标的变化模式，以此预测证券价格的走势。本章以股票投资分析为主介绍基本分析和技术分析方法。

一、基 本 分 析

证券投资的基本分析是以公司预期利润为核心，通过分析影响公司预期利润的各种关键性因素，评估这些关键性因素与股票价格之间的因果关系，预测股票价格的变化趋势。影响股价走势的关键性因素很多，但通常集中在宏观经济、产业发展、公司经营三个方面，这三个方面的因素通常被称为基本因素，对基本因素的分析称为基本分析。因此，基本分析一般包括宏观经济分析、产业分析和公司分析三个方面，核心是公司分析。基本分析体现了价值投资的理念，至今仍是广大投资者最为推崇的投资分析方法。

（一）股票估值原理

基本分析的前提条件是：任何金融资产的内在价值等于该资产所有者的所有预期收益流量的现值。据此，投资者试图预测这些现金流的时间和数量，再利用适当的折现率将它们折算成现值。信奉基本分析的投资者相信股票及其他证券都存在所谓的"内在价值"。内在价值大致有两层含义：一是内在价值是一种相对"客观"的价格，主要由股票自身的内在基本因素（如公司经营业绩、未来发展潜力）决定，而不受暂时性市场因素（如短期市场波动、投资者情绪波动）影响。二是股票内在价值决定股票的市场价格，股票市场价格总是围绕其内在价值上下波动。任何较大的价格偏差都会被市场纠正，即价值被低估的股票的价格会有较大幅度的上升，价值被高估的股票的价格会有较大幅度的下跌。因此，如果能够发现股票的内在价值，投资决策就变得非常简单：当股价高于其内在价值时卖出股票；当股价低于其内在价值（股票市场价格低于其内在价值的部分也被称为安全边际）时买入股票。问题是，由于不同投资者对证券"内在信息"的了解程度不尽相同，主观假设（未来市场利率、通货膨胀率等）也不完全一致，因此对股票内在价值的估值也不一样，从而形成了多种评估股票内在价值的估值模型，其中最基础的估值模型是股利贴现模型（DDM），该模型假定股票内在价值仅仅是其预期股利收入的现值。在这一假设下，股票内在价值可以表示为：

$$V = \sum_{i=1}^{\infty} \frac{D_i}{(1 + K)^i} \qquad (4-1)$$

其中，V 为股票内在价值；D_i 为未来第 i 期的现金股利；K 为贴现率，即必要风险收益率，它由资金的时间价值和市场对该证券风险程度的评价所决定，实质反映了该证券的风险水平。风险越高，贴现率越大。

如果投资者现在买入某只股票，第 N 年以价格 P 卖出，则股票的内在价值为：

$$V = \sum_{i=1}^{N} \frac{D_i}{(1 + K)^i} + \frac{P}{(1 + K)^N} \qquad (4-2)$$

【例题 4-1】优先股的内在价值。

优先股的股息是固定的，因此可以用 DDM 模型估计其内在价值。假设某优先股每年支付股息 10 元/股，必要收益率为 8%，试计算其内在价值。

解：根据式（4-1），在股息 D_i 为常数 D_0 的条件下，

$$V = \sum_{i=1}^{\infty} \frac{D_0}{(1+K)^i} = D_0 \sum_{i=1}^{\infty} \frac{1}{(1+K)^i} = \frac{D_0}{K} \qquad (4-3)$$

将 $D_0 = 10$，$K = 8\%$ 代入，得 $V = 125$ 元。

根据式（4-1），还可以计算股票的净现值。所谓净现值（NPV）是指内在价值与股票投资成本的差。

$$NPV = V - P_0 = V = \sum_{i=1}^{\infty} \frac{D_i}{(1+K)^i} - P_0 \qquad (4-4)$$

其中，P_0 为 $i = 0$ 时购买股票的成本。

若 $NPV > 0$，说明所有预期现金流入的现值之和大于投资成本，即该股票价格被低估，具有投资价值。若 $NPV < 0$，说明所有预期现金流入的现值之和小于投资成本，即该股票价格被高估，不具有投资价值。若 $NPV = 0$，所有预期现金流入的现值之和等于投资成本，这时的贴现率被称为内部收益率。

运用 DDM 评估股票内在价值，需要投资者能够预测所有未来时期支付的股息，这是十分困难的。为此，人们提出了关于股息增长率的不同假定，根据这些假定可以派生出不同类型的现金流贴现模型，如零增长模型、不变增长模型、可变增长模型等。

DDM 的真正价值并不在于实际应用，而在于它刻画出了基本分析的原理：股票内在价值主要由其预期收益率和风险水平所决定，如果能够发现哪些因素影响股票的预期收益率和风险水平以及这种影响的具体机制是什么，我们就能较为准确地评估股票内在价值。通过将股票市场价格与其内在价值相比较，就会发现价格被高估或被低估的股票，从而进一步发现投资机会。依据股票估值原理，我们将股票投资的基本分析内容分为宏观经济分析、产业经济分析和公司分析三个方面。

 专栏 4-1：沃伦·巴菲特（Warren Buffett）

1930 年 8 月 30 日，沃伦·巴菲特出生于美国内布拉斯加州奥马哈市。巴菲特从小就极具投资意识，11 岁时就购买了平生第一张股票。1947 年，巴菲特进入宾夕法尼亚大学攻读财务和商业管理。但他觉得教授们的空头理论不过瘾，两年后转学到内布拉斯加大学林肯分校，一年内获得了经济学士学位。1950 年

巴菲特申请哈佛大学被拒，考入哥伦比亚大学商学院，拜师于著名投资学学者本杰明·格雷厄姆（Benjamin Graham）。格雷厄姆反对投机，主张通过分析企业的经营情况和未来前景等因素来评价股票，这一投资理念对巴菲特影响很大。1951年，巴菲特获哥伦比亚大学经济硕士学位，成绩为最高的 A + 。

1956年，他回到家乡创办"巴菲特有限公司"。1964年，巴菲特的个人财富达到400万美元。1965年，巴菲特收购了一家名为伯克希尔－哈撒韦（Berkshire Hathaway）的纺织企业，在随后的几十年中他把这家纺纱厂发展成为庞大的金融投资集团。1965～2006年，伯克希尔公司净资产的年均增长率达21.4%，累计增长361156%；同期标准普尔500指数成分公司的年均增长率为10.4%，累计增长6479%。多年来，在《福布斯》一年一度的全球富豪榜上，巴菲特一直稳居前三名。

巴菲特依靠金融投资，成为世界上著名的投资家，他倡导的价值投资理念风靡世界。价值投资并不复杂，但很少有人能像巴菲特一样数十年如一日地坚持下去。更令人敬佩的是，巴菲特还热衷慈善。2006年6月他宣布将捐出总价达31.74亿美元的私人财富投向慈善事业，这是美国迄今为止最大的一笔私人慈善捐赠。

资料来源：李永宁. 巴菲特传［M］. 北京：中国友谊出版公司，2017.

（二）宏观经济分析

基本分析的第一步是宏观经济分析。宏观经济状况的变化对上市公司投资价值的影响主要体现在两个方面：一是可能产生影响所有上市公司的系统性风险。例如，中央银行调整基准利率，一般会对大盘股价指数产生明显影响，进而影响一般投资者对上市公司投资价值的评估。二是可能对某些行业或某些上市公司产生非系统性风险，例如汇率的变化对依赖进出口的上市公司业绩会产生明显影响，进而改变投资者对该类上市公司的估值。宏观经济分析通过研究各种宏观经济因素对股票市场的总体影响，帮助投资者把握好证券市场的总体变动趋势，选择合适的投资时机和投资策略。形象地说，对于投资者而言，了解宏观经济状况就是"看大势"，因为股市是宏观经济的晴雨表，如果宏观经济向好，那么股市一般也处于牛市，在牛市中投资，即使选择的股票业绩一般，也可能因整个股市走强而获得投资收益。反之，如果宏观经济处于衰退阶段，股市也会随之处于熊市，在熊市中，即使选择的股票质量不错，也可能因整个股市疲弱而导致投资损失。一般来说，宏观经济分析可分为宏观经济运行分析和宏观经济政策分析两个方面。

1. 宏观经济运行分析

证券市场是"国民经济晴雨表",这既表明证券市场是宏观经济的先行指标,也表明宏观经济的走向决定证券市场的长期趋势。基本分析遵循价值投资理念,着重分析股票的内在价值,而股票内在价值主要取决于上市公司的业绩和发展前景。虽然每个上市公司的业绩不一样,但都会受到宏观经济运行状况的影响。一般来说,在经济复苏或繁荣阶段,大多数上市公司业绩上升;在经济衰退或萧条阶段,大多数上市公司业绩会下滑。人们常说"选股不如选时,选时不如选势",这里的"势"指的就是宏观经济形势。分析宏观经济运行状况,重点包括以下几个方面:

(1)经济增长。经济增长反映宏观经济的长期表现,常用经济增长率即国内生产总值(GDP)增长率表示。作为"经济晴雨表",证券市场通常会对 GDP 增长率作出提前反应,主要表现为股价指数与 GDP 增长率之间存在一定的相关关系。

理论上讲,当国民经济保持良好增长态势时,大多数上市公司业绩表现都不错,股价会上升。反之,当经济增长放缓甚至下滑时,大多数上市公司业绩也会放缓和下滑,导致股价普遍下跌。但是由于影响股市的因素非常多,特别是各国证券市场的成熟程度不一样,因此各国证券市场股价指数的变化与 GDP 增长率的关联度也差异较大。一般来说,在比较成熟的股市中,股价指数的变化与 GDP 增长率的关联度比较高。而在新兴证券市场上,由于制度建设不完善,股价指数变化与 GDP 增长率之间的相关性不一定强。

(2)经济周期。宏观经济呈现周期性波动,一个经济周期(business cycle)一般包括扩张(expansion)、繁荣(boom)、收缩(contraction)、衰退(recession)四个阶段。长期看经济周期决定了股市变动的周期。经济周期与股市周期的关系是:

- 复苏阶段→股价回升
- 高涨阶段→股价上涨
- 危机阶段→股价下跌
- 萧条阶段→股价低迷

但不要认为经济周期与股市周期具有严格的对应关系。实际上,由于股市是宏观经济的"晴雨表",股票价格反映的是人们对未来经济波动的预期,所以股市周期往往领先于经济周期一段时间(有学者认为是 4~6

个月），即宏观经济尚未达到波峰前，股市已达到波峰，宏观经济尚未走出波谷，股市已开始上涨，这一规律对于投资决策有一定参考价值：如果我们能够比较准确地判断宏观经济波动趋势，就可在经济出现复苏迹象时买入股票，在经济过热时果断抛出股票，也就是说，投资要首先判断好"大势"。掌握好这一方法的关键是合理利用宏观经济周期与股市周期之间的"时间差"。

经济周期的波动主要通过一系列宏观经济指标的变化表现出来，如通货膨胀率、利率、就业率等。股市对这些宏观经济指标的变化也会做出各种反应。因此，投资者在进行投资分析时，常常需要对这些经济指标进行分析和预测，作为投资决策的依据。

通货膨胀率反映物价上涨的平均水平，可用消费者物价指数（CPI）或生产者物价指数（PPI）表示。轻微通货膨胀带来商品价格的缓慢上升可能会提高上市公司利润，促使股价上涨。通货膨胀也降低了债券等固定收益证券的实际收益率，为了保值，投资者会增加对收益不固定的股票的购买，导致股价上涨。但通货膨胀率过高，会引起企业经营成本骤升，商品价格变动频繁，货币贬值，人们对未来经济发展失去信心，就会倾向于抛出股票和债券，将资金投向不动产和贵金属等"保值品"，引发股市急剧下跌。

 专栏 4 - 2：CPI 与 PMI

居民消费价格指数（consumer price index，CPI）是反映居民家庭一般所购买的消费品和服务项目价格水平变动情况的宏观经济指标，通常用于描述通货膨胀程度，并被用于分析宏观经济周期的波动。CPI 持续地上涨就被认为发生了通货膨胀。

采购经理人指数（purchasing managers index，PMI）是通过对采购经理的月度调查汇总出来的指数，能够反映经济的变化趋势，分为制造业 PMI、服务业 PMI。调查采用非定量的问卷形式，被调查者对每个问题只需做出定性的判断，在（比上月）上升、不变或下降三种答案中选择一种。进行综合汇总就是统计各类答案的百分比，通过各指标的动态变化来反映经济活动所处的周期状态。制造业及非制造业 PMI 的发布时间大大超前于政府其他部门的统计报告，所选的指标又具有先导性，所以 PMI 已成为监测经济运行的及时、可靠的先行指标。PMI 指数 50% 为荣枯分水线。

利率反映的是债务人借入资金的成本或债权人贷出资金的收益，是货币市场的代表性价格指标。利率上升会在货币市场和资本市场之间产生三种传导效应：一是利率上升引起货币市场收益率提高，促使资金从资本市场流出，流入货币市场；二是市场利率上升，上市公司的资金成本也会上升，从而降低了投资者对上市公司的盈利预期；三是在允许信用交易的条件下，利率上升会增加部分投资者的融资成本，导致资金供给减少。这三方面效应都会促使股价下跌。利率下降的影响正好相反。

（3）国际经济。一国的证券市场除了受到本国经济状况影响外，还受到国际经济因素的影响，如汇率、外汇储备、各国贸易政策等。投资者在分析宏观经济运行时，应把握这些国际经济因素变化对本国经济以及本国证券市场的影响。

汇率是一国货币与其他国家货币的交换比率。汇率变动对股价有重要影响。一般来说，汇率提高即本币升值对出口导向型行业不利，导致该行业上市公司股票价格下跌，但对于那些重要原材料依赖进口的公司来说，则意味着生产成本降低，有利于提高盈利，导致股价上涨。另外，如果市场预期汇率未来会上升即本币升值，那么国外资金会积极流入本国金融市场，增加流动性，进而推高股价。汇率下降即本币贬值时，情况则相反。总之，汇率变化对股市的影响机制十分复杂，需要具体情况具体分析。

2. 宏观经济政策分析

宏观经济政策是政府调控经济运行的重要手段，其中最主要的是货币政策和财政政策。这些政策的变化以及投资者对于政策的预期也会对股市产生强烈影响。

货币政策由中央银行负责，当中央银行认为经济过热时，一般采取紧缩的货币政策，如提高法定准备金率或通过正回购减少货币供应量，这些会促使利率提高和银根紧缩，进而下调投资者对企业利润的预期，并使证券市场资金减少，造成股价下跌。反之，当中央银行认为需要刺激经济回升时，一般采取宽松的货币政策，使市场利率降低，货币供应量增大，导致更多资金流入股市，抬高股价。

财政政策是政府为了实现宏观经济目标而对政府收入和支出水平所作出的各种调整措施。财政政策工具包括财政收入型工具和财政支出型工具，前者包括税收、公债，后者包括政府购买、政府转移支付等。一般来说，政府采取扩张型财政政策如降低税率、扩大财政投资规模，会增加总需求，从而刺激经济增长，投资者也因此会对上市公司业绩产生良好的预期，导致股价上涨。反之，紧缩型的财政政策则会对经济增长起到抑制作用，投资者会因此下调对上市公司业绩的预期，导致股市下跌。

（三）产业经济分析

基本分析的第二步是产业经济分析，分析内容包括行业竞争状况即市场结构、行业发展前景、产业发展与经济周期的关系、产业政策和产业的国际竞争力等。通过分析上述产业经济因素的变化对上市公司业绩的重要影响，帮助投资者更为客观准确地评估上市公司的投资价值。形象一点说，产业经济分析就是"选板块"。

专栏4-3：上市公司分类指引

按照中国证监会2012年修订的《上市公司分类指引》，上市公司被分为19个门类，19个门类具体又可分为90个大类。行业分类以上市公司营业收入等财务数据为主要分类标准和依据，所采用的财务数据为经过会计师事务所审计并已公开披露的合并报表数据。当上市公司某类业务的营业收入比重大于或等于50%，但某类业务的收入和利润均在所有业务中最高，而且均占到公司总收入和总利润的30%以上，则该公司归属于该业务对应的行业类别；不能按照上述分类方法确定行业归属的，由上市公司行业分类专家委员会根据公司实际经营状况判断公司行业归属；归属不明确的，划为综合类。

1. 市场结构

市场结构反映的是产业内部的竞争程度，按照竞争程度从强到弱可将市场结构划分为四种类型，即完全竞争市场、垄断竞争市场、寡头垄断市场和垄断市场。相应地，产业也可划分为完全竞争产业、垄断竞争产业、寡头垄断产业和垄断产业。从投资角度看，在垄断性较强的行业中，企业具有显著的市场势力，能够长期获得稳定的垄断利润，因而投资价值较大。而在竞争相对激烈的行业中，获得超额利润的机会不多，投资回报率相对小一些。所以，垄断型上市公司的股票价格往往较高。

2. 产业生命周期

任何产业都有一个从成长到衰退的演变周期，这就是产业生命周期，一般分为导入期、成长期、成熟期和衰退期四个阶段，各阶段以产业销售额增长率曲线拐点进行划分，如图 4 - 1 所示。

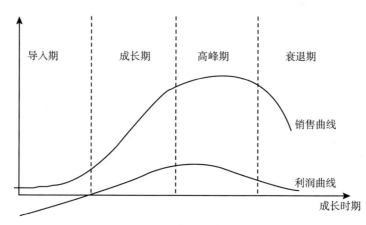

图 4 - 1　产业生命周期

在导入期，企业一般生产规模小、研发费用高、营销成本高、价格高、销售规模小、净利润小、经营风险高，但具有一些独特发展潜力的核心技术或经营模式，一旦形成规模效应，行业发展前景十分诱人，因此比较适合风险投资。

在成长期，企业生产规模急剧扩张，市场需求增长迅速，行业产出增长率一般在 15% 以上，产品的不确定性在减少，价格高、单位产品的净利润高，经营风险有所下降。一些优秀企业脱颖而出，同时行业内部兼并频繁，给了投资者比较多的投资机会。

在成熟期，企业产品和技术趋向成熟，市场需求趋于饱和，竞争者之间出现挑衅性的价格竞争。产品差异化程度降低，企业盈利相对稳定丰厚但增长渐趋缓慢，现金流变得易于预测，经营风险进一步降低。成熟期上市公司的股票比较适合稳健的投资者。

在衰退期，市场中出现了大量新的替代品，传统产品的产能严重过剩，大量资本逐渐从传统行业中退出，企业盈利能力下降。因此，这类行业的股票一般不被投资者看好，但不能就此断言衰退行业的股票就无投资价值。事实上，衰退行业中的企业为摆脱困境，往往更有创新压力和动力，企业整体转型或者兼并重组的概率非常高，一旦转型或重组成功，企业的投资价值会焕然一新，股价也会出现爆发式上涨，成为投资"黑马"。但如何发现这些

"黑马"需要投资者具有较强的分析能力和敏锐的嗅觉。

3. 产业发展与经济周期的关系

在证券市场上，习惯上根据行业发展与经济周期的关系将各类产业划分为成长型、周期型和防御型行业三大类型。

成长型行业的发展与经济周期变化相关性不大，此类行业主要依靠技术进步，不管经济周期处于什么阶段，成长型行业一般都能保持一个较高的发展速度，如新能源、生物制药行业。相应地，此类行业的公司股价受经济周期的影响也不十分明显，因而比较适合作为长期投资品种。但也因为此类行业股价与经济周期关系不大，使得投资者难以根据经济周期或股市周期的变化选择一个比较合适的购买时机。判断一个行业是否是成长型行业可通过将该行业的年增长率与同年份的 GDP 增长率相比较，如果在大多数年份该行业的年增长率都高于 GDP 增长率，则说明该行业属于成长型行业。

周期型行业的发展与经济周期相关性强。当经济周期处于复苏或繁荣阶段，这些行业市场需求会明显增加，企业业绩明显提高，相关上市公司股价也随之上涨；反之，当经济周期处于衰退或萧条阶段，这些行业的市场需求明显萎缩，企业业绩急剧下滑，公司股价明显下跌。钢铁、水泥、房地产等都是典型的周期型行业，对此类股票一般可采取随经济周期变化而调整的波段投资操作策略。判断一个行业是否属于周期型行业，也可通过将该行业年增长率与 GDP 增长率相比较，如果该行业年增长率与同期 GDP 增长率同向变化，而该行业可视为周期型行业。

防御型行业的市场需求相对稳定，不大受经济周期的影响，当经济衰退时，防御型行业或许还会有实际增长，典型的防御型行业如食品、医药、公用事业等，此类行业的需求收入弹性较小，公司业绩相对稳定，比较适合稳健型投资者的投资需要。

4. 产业政策

产业政策是指政府对于行业管理和调控的政策目标和各项政策措施的总和，一般包括产业组织政策、产业结构政策、产业技术政策和产业布局政策，核心是产业组织政策和产业结构政策。产业组织政策是调整市场结构和规范市场行为的产业政策，如反垄断政策、促进企业兼并重组政策、促进中小企业发展政策等。产业结构政策是指政府采取的鼓励、扶持、保护、调整或限制某些行业发展，以实现产业结构合理化和高级化的政策。例如，我国近年来重点发展 7 大战略性新兴产业，选择战略性新兴产业的依据有三条：一是产品要有稳定并有发展前景的市场需求；二是要有良好的经济技术效益；三是要能带动一批产业的兴起。可以设想，国家对战略性新兴产业将会持续不断给予各种优惠政策，介入战略性新兴产业的上市公司的前景通常也会被市场看好。产业技术政策是指政府制定的用以引导、促进和干预产业技术进步的各种政策，其基本目标是促进产业技术进步。产业布局政策是促进行业产能在空间上实现合理分布的政策，实际上也就是区域经济发展政策。掌握国家产业布局政策，投资者可大致了解各个地区上市公司未来的政策支持方向和力度，为进一步分析不同地区上市公司投资价值提供重要参考。

（四）公司分析

基本分析的第三步是公司分析。公司分析是基本分析的核心。宏观经济分析、产业分析实际上都是围绕公司分析来进行的。公司分析的目的是发现公司的潜在投资价值，以帮助投资者作出是否投资于该公司股票的决策。如果说宏观经济分析是"看大势"、产业分析是"选板块"，那么公司分析就是"选个股"。一般来说，公司分析大致可分为三个方面：一是公司战略分析，二是公司财务分析，三是公司重大事项分析。

 专栏 4 - 4：上市公司信息披露

上市公司信息披露的内容包括但不限于三大部分：一是财务会计信息，包括企业的财务状况、经营成果、股权结构及其变动、现金流量等。财务会计信息主要被用来评价公司的获利能力和经营状况。二是非财务会计信息，包括企业经营状况、企业目标、政策、董事会成员和关键管理人员及其薪酬、重要可预见的风险因素、公司治理结构及其原则等。非财务会计信息主要被用来评价公司治理的科学性和有效性。三是审计信息，包括注册会计师的审计报告、监事会报告、内部控制制度评估等。审计信息主要被用来评价财务会计信息的可信度及公司治理制衡状况。向投资者披露信息的最主要方法就是定期发布企业的年度报告。此外，还包括超过最低法定或者监管要求的自愿性披露。

1. 公司战略分析

进行上市公司战略分析，可采用企业战略管理理论中的各种战略分析方法，如宏观环境（PEST）分析方法、波特（Porter）五力模型、态势（SWOT）分析方法、核心竞争力理论、公司业务组合分析方法（如波士顿矩阵分析、通用矩阵分析）等。公司战略分析的内容主要包括外部环境分析和内部资源与能力分析两个方面。外部环境分析包括宏观环境分析、产业环境分析、竞争环境分析、市场需求分析等，如图 4 - 2 所示。需要注意的是，这里的宏观环境分析、产业环境分析与前述的宏观经济分析、产业经济分析有一定相似之处，但视角不同。前述的宏观经济分析、产业经济分析是在投资者尚未选择个股的前提下进行的相关分析，目的是确定投资时机以及选择拟投资的行业板块。而战略分析中的宏观环境分析和产业环境分析则是在投资者研究某一个上市公司投资价值时，围绕该公司进行的相关分析。

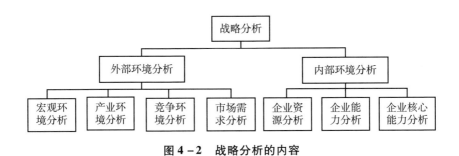

图 4 - 2　战略分析的内容

上市公司在行业中的竞争地位对其投资价值影响很大。例如，行业中处于领导地位的大公司，具有较强的价格调控能力，常能引领行业发展方向，因而在行业竞争中处于有利地位，这些公司的股票通常被称为蓝筹股，投资价值较高。分析上市公司的竞争地位可采用波特五力模型，即从分析上市公司与同行、潜在竞争者、替代品生产者、上游供应商以及下游客户之间的竞争关系入手，分析上市公司在行业中的竞争地位。也可利用市场集中度概念，通过分析上市公司主营产品的市场份额，确定其行业竞争地位。

上市公司经营战略是公司对企业经营的长远目标、特色、方式的总体性规划。采取什么样的经营战略对上市公司的未来发展至关重要，也必然影响到上市公司的投资价值。例如，有的上市公司偏好多元化经营战略，什么赚钱就干什么，这种经营战略容易分散精力，而且过多进入自己不熟悉的领域，也极大增加了经营风险。有的上市公司采取专业化经营战略，专注于主营业务，这种经营战略使公司主营业务突出，可使公司在细分市场中保持较强的竞争力，进而也提升了公司的投资价值。

上市公司的核心竞争力是指其所具有的其他企业难以模仿的竞争优势，如独特的品牌、受保护的专利、垄断性的资源等。核心竞争力对保持公司长期竞争优势具有决定性作用。核心竞争力明显的上市公司不仅能持续保持较高的盈利水平，而且抵御风险能力也较强，因而具有较高的长期投资价值，受到信奉价值投资理念的投资者的青睐。

在进行上市公司战略分析时，除了要发现公司的各种经营优势外，还要善于发现公司的经营风险，这对于确定公司股票的投资价值很有意义。经营风险的大小是由特定的经营战略决定的。与之对应的是财务风险，它由资本结构所决定。经营风险与财务风险共同构成了公司的总风险。上市公司的年度报告通常对其取得的业绩和各种经营优势会大力渲染，而对公司的风险却轻描淡写。因此，投资者在分析上市公司经营风险时需要进行独立的分析和深入的调研，通过蛛丝马迹发现公司存在的深层次问题。

 专栏 4-5：上市公司业绩报告

上市公司业绩报告分为季度报告、半年度报告和年度报告，这是投资者进行基本分析的主要资料之一。其中，内容最全面的是年度报告。上市公司年度报告的编写具有统一规范的格式，并要通过会计师事务所的审计。上市公司年度报告一般包括12项基本内容：(1) 重要提示；(2) 公司基本情况；(3) 会计数据和业务数据摘要；(4) 股本变动及股东情况；(5) 董事、监事和高级管理人员；(6) 公司治理结构；(7) 股东大会情况简介；(8) 董事会报告；(9) 监事会报告；(10) 重要事项；(11) 财务会计报告；(12) 备查文件目录。

2. 公司财务分析

财务分析是指利用上市公司会计报告中的四大财务报表（资产负债表、利润表、现金流量表、股东权益变动表）分析评价上市公司的三大活动（筹资活动、投资活动、经营活动）中的三大财务状况（偿债状况、盈利状况、营运状况）。

财务分析的常用方法包括比率分析、比较分析、趋势分析和结构分析等等。上市公司财务分析主要是利用上市公司定期公布的财务报表，分析研究其中的各种财务数据，以发现公司的投资价值和投资风险。

（1）上市公司财务报表。

财务分析的对象是上市公司定期公布的公司财务报表。按照《企业会计准则第 30 号——财务报表列报》第 2 条规定，财务报表是对企业财务状况、经营成果和现金流量的结构性表述，至少应当包括资产负债表、利润表、现金流量表和股东权益变动表。

①资产负债表。

资产负债表是反映上市公司在某一特定日期财务状况的会计报表。它是根据"资产 = 负债 + 所有者权益"的会计等式，依照一定的分类标准和一定的次序，对企业一定日期的资产、负债和所有者权益项目予以适当安排，按一定的要求编制而成的。资产负债表的结构是左右平衡式的，左方反映企业的各类资产，右方反映企业的负债和所有者权益，左右双方总额相等。其中，资产项目按资产变现能力从大到小排列，负债项目按债务的偿还期限从短到长列示，权益项目按权益资本的稳定性水平，从高到低进行排列。

分析资产负债表，可以了解公司的财务状况，对公司的偿债能力、资本结构是否合理、流动资金是否充足等作出判断。投资者在利用资产负债表进行投资分析时要对资产负债表的特点和局限有深刻的理解。形象地说，资产负债表好比是记录企业运行情况的"快照"，它只反映企业在报告日的财务状况。照片留下的是瞬间影像，未必代表着一般的或更为接近常态的情况。许多人在拍摄重要照片前都要精心打扮一番，一些经营欠佳的上市公司也是这样，它们往往在年末采用冲减应收款项、存货或短期负债等方式，使资产负债表上的不良项目余额尽可能减少，或使重要财务指标得以粉饰。即使过后这些不良项目纷纷回冲，归复原形，投资者也无从知晓。另外，经营周期的差异可能使横向比较不同企业的资产负债表存在困难。例如，年末回款集中的公司，其资产负债表就会比那些主要在年初收款的公司好看得多（应收款项较少而现金较多）。总之，投资者应当牢记：12 月 31 日并不代表 365 天。

②利润表。

利润表是反映企业在一定期间（如年度、月度或季度）内生产经营成果（或亏损）的会计报表。利润表是一种动态报表，它一方面利用企业一定时期的收入、成本费用及税金数据，确定企业的利润；另一方面按照有关规定将实现的利润在有关当事者之间进行分配。利润表由三个部分组成：一是营业收入，二是各种费用，三是利润和利润在股息和留存收益之间的分配。如果说资产负债表是公司财务状况的瞬间写照，那么利润表就是公司财务状况的一段录像，它反映了两个资产负债表编制日之间公司财务的变动情况。利润表把一定时期的营业收入与同一会计期间的营业费用进行配比，以计算出公司一定时期的税后净利润，其基本结构是：利润 = 收入 − 费用。通过分析利润表，可了解公司的盈利能力、盈利状况、经营效率，对公司在行业中的竞争地位、持续发展能力作出判断。

③现金流量表。

现金流量表也称资金来源和运用表，是根据企业一定时期内各种资产和权益项目的增减变化，来分析、反映资金的取得来源和资金的流出用途，说明财务动态的会计报表，或者是反映企业资金流转状况的报表，即资金来源与运用表。现金流量表反映上市公司在一定时期内现金的流入和流出，表明企业获得现金和现金等价物的能力。现金流量表主要分为经营活动、投资活动、筹资活动产生的现金流量。

与按权责发生制原则编制的利润表和资产负债表不同，现金流量表是按照收付实现制的原则来反映现金流入流出情况的。也就是说，利润表上的收入和费用只是代表理论上确认的数额，而非实际已经收到或付出的款项，这就存在操纵盈利的可能，而现金流量表可以更透明地认识企业经营成果和财务状况。例如，一些上市公司虽然每股收益很高，但利润大多体现在应收账款上，而非体现在现金流量上。如果应收账款增多，将给上市公司带来不利影响，因为应收账款增多，表明公司管理不力，而且应收账款极易产生坏账，增加上市公司未来的财务费用。另外，应收账款增加也意味着公司现金流不好。

④所有者权益变动表。

所有者权益变动表是反映公司所有者权益变动情况的报表，是与资产负债表、利润表和现金流量表并列的上市公司需要及时披露的第四张财务报表。所有者权益变动表分析，是通过所有者权益的来源及变动情况，了解会计期间内影响所有者权益增减变动的具体原因，判断构成所有者权益各个项目变动的合法性与合理性，为报表使用者提供较为真实的所有者权益总额及其变动信息。对于投资者而言，通过分析所有者权益变动表，可以达到以下几个目的：一是通过对所有者权益变动表的分析，了解会计期间构成所有者权益各个项目的变动规模与结构及其变动趋势，从而了解上市公司净资产的实力，提供资本保值增值的重要信息。二是通过对所有者权益变动表的分析，可以进一步从全面收益角度掌握更全面、更有用的财务业绩信息，以满足投资决策的需要。三是通过对所有者权益变动表的分析，可以了解会计政策变更的合理性以及会计差错更正的幅度，了解会计政策变更和会计差错更正对所有者权益的影响数额，从而可以进一步分析上市公司会计政策变更的真实用意。四是通过对所有者权益变动表的分析，可以了解股权分置、股东分配政策、再筹资方案等财务政策对所有者权益的影响。

（2）财务比率分析。

上市公司财务报表分析方法分为因素分析法和比率分析法。因素分析法是依据分析指标与其影响因素之间的关系，确定各因素对财务指标的影响程度。比率分析法是对若干个可比的财务数据进行对比，通过计算比率，揭示它们之间的关系，借以评价公司财务状况和经营状况。财务比率分析是上市公司财务分析最基本的方法。

财务比率分析的基本思路主要包括三个维度：一是单个年度的财务比率分析，分析者先确定某些"合理"的标准如公司计划指标，一旦发现某些财务比率低于这些标准时，就可判断公司存在问题。二是对公司不同时期财务比率进行纵向比较，发现某些财务比率的变化趋势，以此对公司投资价值的变化做出预测。具体包括定基分析和环比分析，定基分析是指各个时期的财务比率都与某一固定时期的同类财务比率进行比较，环比分析是各个时期的财务比率都与前一期的同类财务指标进行比较。三是与同行业其他公司财务比率进行横向比较，分析上市公司财务比率与行业平均值的差异。财务比率分析的内容大体可概括为四个方面：偿债能力、营运能力、盈利能力、成长能力。

①偿债能力分析。

偿债能力是指企业偿还债务的能力。根据偿债期长短，偿债能力可分为短期偿债能力和长期偿债能力。通过分析偿债能力，投资者可了解投资的安全性。

短期偿债能力也称变现能力，主要是指通过流动资产的变现来偿还到期的短期债务的能力。反映短期偿债能力的财务比率主要有流动比率、速动比率、现金比率等，如表4-1所示。此外还有一些财务报表没有反映出来的因素也会影响公司的短期偿债能力。如可动用的银行贷款指标、准备很快变现的长期资产、良好的偿债信誉等会增强公司的变现能力，而未作记录的或有负债、担保责任引起的负债等会削弱公司的短期偿债能力。

表 4 -1 短期偿债能力指标

财务指标	计算公式
流动比率	= 流动资产 ÷ 流动负债 × 100%
速动比率	= 速动资产 ÷ 流动负债 = (流动资产 - 存货) ÷ 流动负债 × 100%
现金比率	= (货币资金 + 有价证券) ÷ 流动负债

在分析短期偿债能力指标时，需要注意以下几点：

第一，流动比率越高，短期偿债能力越强。影响流动比率的主要因素是营业周期、应收账款、存货周转率。一般来说，流动比率为 2∶1 较合适，但不同行业流动比率差别较大。例如，商业企业销售商品的绝大部分可收回现金，应收账款和存货相对较小，而绝大部分负债可能是赊购债务，流动比率低，但不能因此说其偿债能力不强。工业企业存货较多，应收账款也占相当大比例，流动比率会高一些。生产型公司合理的流动比率一般最低为 2，因为流动资产中变现能力最差的存货金额通常占流动资产总额的 1/2，剩下流动性较大的流动资产至少要等于流动负债，短期偿债能力才有保证。

第二，速动比率用来衡量企业流动资产中可以立即变现偿付流动负债的能力。之所以在速动比率计算中剔除存货，主要是因为存货变现能力最差，或可能已报废还没作处理，或已部分作为抵押品，或估价与市价差距过大。因此，在反映短期偿债能力方面，速动比率比流动比率更令人信服。一般认为企业存货大致应占企业流动资产的 50%，所以正常速动比率为 1，但因公司而异，例如零售业的上市公司超市应收账款少，速动比率正常值一般会小于 1。

第三，现金比率可以准确地反映企业的直接偿付能力，一般认为，一个企业的现金比率在 20% 左右是比较合适的。

第四，分析短期偿债能力，不仅要进行静态分析，还要进行动态分析，而对应收账款周转率、应付账款周转率和存货周转率的分析为反映偿债能力的动态变化提供了重要参考。例如，流动比率是按流动资产在某一时点上的规模计算的，当存货规模较大时，流动比率值较大，静态反映的短期偿债能力也较强，实际上这很可能是存货周转速度偏低引起的假象。

结合存货周转速度对企业短期偿债能力进行评价，就需要对按流动比率作出的评价加以修正。在流动比率一定的情况下，如果企业预期存货周转速度加快，则企业短期偿债能力将会因此而提高；反之，企业短期偿债能力将会出现下降趋势。

第五，流动比率或速动比率太低，说明存在短期债务风险。但如果太高，会影响企业盈利能力。当企业大量储备存货时，流动比率较高，会降低存货周转速度，影响流动资产利用效率。货币资金存量过高能提高速动比率，但会使企业丧失许多获利机会。

第六，应收账款变现能力对速动比率可信度影响较大。因为账面上的应收账款不一定会变成现金，实际坏账可能比计提的准备金要多。

第七，衡量企业偿还短期债务能力的强弱，应将流动比率和速动比率结合起来看。一般来说，流动比率 > 1.5，速动比率 > 0.75 的上市公司资金流动性好，短期偿债能力强；流动比率 < 1.5，速动比率 > 0.75 的上市公司短期偿债能力一般；流动比率 < 1，速动比率 < 0.5 的上市公司短期偿债能力差。

长期偿债能力是指上市公司偿付长期债务的能力，通常以反映债务与资产、净资产的负债比率来衡量，相关的财务比率主要包括资产负债率、产权比率、有形资产净值债务率、已获利息倍数等，如表 4 - 2 所示。

表 4 - 2　　　　　　　　　　　　长期偿债能力指标

财务指标	计算公式
资产负债率	= 负债总额 ÷ 资产总额 × 100%
产权比率	= 负债总额 ÷ 股东权益 × 100%
有形资产净值债务率	= 负债总额 ÷（股东权益 - 无形资产净值）× 100%
已获利息倍数	= 息税前利润总额 ÷ 利息支出 × 100%

在分析长期偿债能力指标时，需要注意以下几点：

第一，资产负债率也称举债经营比率，反映了在企业总资产中有多少是通过举债获得的，反映资产结构对长期偿债能力的影响。资产负债率的合理范围是 50% ~ 70%，高于 70% 是高负债公司，低于 50% 是低负债公司，高于 100% 就是资不抵债。不同的人对该指标的看法差别较大。债权人一般希望该指标越低越好，这样企业偿债就有保证，贷款不会有太大风险。股东在全部资本利润率高于借款利息率时，则希望该指标越大越好。这样股东可利用财务杠杆获得更多利润，即所谓"借钱生财"。企业经营者则一般对该指标持适中态度，因为如果资产负债率过高，企业还债压力就大，这对企业经营会产生不利影响，债权人也会因此不愿意向企业进一步贷款。当然，资产负债率也并非越低越好，因为只有通过一定的负债才能提高净资产收益率（ROE）。资产负债率过高会增加上市公司财务风险，资产负债率太低，也可能存在资产流动性差、供应商赊账等问题，或者说明上市公司在经营上过于保守，企业对未来信心不足，这会导致市场对企业经营能力产生怀疑，影响企业融资或拓展业务。

第二，产权比率反映了债权人与股东提供的资本的相对关系，反映出公司基本财务状况是否稳定。该指标与资产负债率经济意义相同，可以相互补充。

第三，在有形资产净值债务率计算中，将各种无形资产（商誉、商标、专利等）扣除，这主要是因为这些无形资产不一定能用来偿债。因此用该指标评价公司长期偿债能力比资产负债率或产权比率更为谨慎和保守。

第四，已获利息倍数衡量的是公司支付利息的能力，反映盈利能力对长期偿债能力的影响。该指标越高，企业支付利息能力越强，债权人取得利息越有保证。只要该指标足够大，公司的经营收益就足以支付债务利息。投资者在分析该指标时，应从稳健性角度出发，选择已获利息指标最低年度的数据，这样可保证最低的偿债能力。

②营运能力分析。

营运能力也称资产管理能力，主要指企业营运资产（固定资产、流动资产）的经营效率与效益。营运资产的效率通常指资产周转速度，营运资产的效益则指营运资产的利用效果，通过资产的投入与其产出相比较来体现。分析企业营运能力的主要目的是：一是评价企业资产的流动性。资产的两大特征是收益性和流动性。企业经营的基本动机就是获取预期的收益。当企业资产处于静止状态时，就谈不上什么收益，当企业运用这些资产进行经营时，才可能有收益的产生。企业营运能力越强，资产的流动性越高，企业获得预期收益的可能性越大。流动性是企业营运能力的具体体现，通过分析企业营运能力，可以对企业资产的流动性做出评价。二是评价企业资产利用的效益。企业资产营运能力的实质，就是以尽可能少的资产占用，尽可能短的时

间周转，生产出尽可能多的产品，实现尽可能多的销售收入，创造出尽可能
多的纯收入。通过企业产出额与资产占用额的对比分析，可以评价企业资产
利用的效益。对上市公司营运能力的分析主要包括：总资产营运能力分析、
流动资产周转速度分析和固定资产利用效果分析，如表4－3所示。

表4－3 营运能力指标

财务指标	计算公式
总资产周转率	＝营业收入÷平均总资产×100%
流动资产周转率	＝营业收入÷流动资产平均余额×100%
存货周转率	＝营业成本÷平均存货×100% ＝营业成本÷［（期初存货净额＋期末存货净额）÷2］×100%
应收账款周转率	＝营业收入÷平均应收账款×100%
固定资产周转率	＝营业收入÷平均固定资产×100%

在分析营运能力指标时，需要注意以下几点：

第一，总资产营运能力分析主要是分析企业总资产的经营效率和效益，
通常用总资产周转率等指标来反映。总资产周转率越高，总资产营运能力越
强。总资产周转速度取决于两大因素：一是流动资产周转率，二是流动资产
占总资产比重。流动资产周转速度快于其他类资产周转速度，所以企业流动
资产占比越大，总资产周转速度越快。

第二，流动资产营运能力是企业营运能力分析最重要的部分。这是因
为，企业经营成果的取得，主要依靠流动资产的形态转换。尽管固定资产的
整体实物形态都处在企业营运过程之中，但从价值形态上讲，相当于折旧的
那部分资金需参与企业当期的营运，其价值实现要依赖于流动资产的价值实
现。一旦流动资产价值实现（或者说是形态转换）出现问题，不仅固定资产
价值不能实现，所有经营活动都会受到影响。上市公司流动资产营运能力可
通过流动资产周转率、存货周转率和应收账款周转率等指标来反映。

第三，存货按其性质分为材料存货、在产品存货和产成品存货。所以，
存货周转期又可分为材料周转期、在产品周转期和产成品周转期三项分指
标。存货周转率反映了存货的流动性。一般地，存货周转率越快，存货流动
性越强，存货转变为现金或应收账款的速度就越快。存货周转速度偏低可能
由以下原因引起：其一，经营不善，产品滞销；其二，预测存货将升值，囤

积居奇；其三，销售政策发生变化。但存货周转速度偏高也不一定代表经营出色，当企业为了扩大销路而降价销售或大量赊销，存货周转率也会上升，但营业利润会受影响或产生大量应收账款。一个适度的存货周转率除参考企业历史水平之外，还应参考同行业平均水平。

第四，应收账款周转率说明年度内应收账款转化为现金的平均次数，体现了应收账款变现速度和企业的收账效率。该指标越高，应收账款收回越快。该指标低，则表明公司营运资金过多地滞留在应收账款上，这会影响公司正常的资金周转。但分析该指标的高低时，要考虑公司经营上的一些具体特点。例如，某些公司生产经营的季节性特点较强，应收账款周转率会呈现季节性变化特点，但这不表明公司经营能力有什么变化。又如，有的公司采取分期付款结算方式，有的公司采取现金结算方式，这也会使两家企业的应收账款周转率有较大差别，但并不能因此说明两家企业营运能力孰高孰低。

③盈利能力分析。

盈利能力是指企业投入资源赚取利润的能力。根据不同的资源投入，盈利能力可分为资本经营盈利能力（利润/所有者权益）、资产经营盈利能力（利润/总资产）、商品经营盈利能力（利润/成本费用）。对于投资者而言，上市公司盈利能力比财务状况、营运能力更重要。这是因为他们的股息与盈利能力是紧密相关的；此外，盈利能力增加会使股票价格上升，从而使投资者获得资本利得。因此，投资者非常关心上市公司的盈利能力。

衡量公司盈利能力的指标主要分为两组，一组是利润率指标，另一组是收益率指标。上市公司盈利能力主要通过净资产收益率、总资产报酬率、营业收入利润率、每股收益、每股经营现金净流量来反映，如表4-4所示。在分析营运能力指标时，需要注意以下几点：

表4-4　　　　　　　　　　　盈利能力分析

财务指标	计算公式	备注
净资产收益率[***]	＝净利润[*]÷平均净资产[**]×100%	反映资本经营盈利能力
总资产报酬率	＝（利润总额＋利息支出）÷平均总资产×100%	反映资产经营盈利能力
营业收入利润率	＝营业利润÷营业收入×100%	反映商品经营盈利能力
主营业务利润率	＝主营业务利润÷主营业务收入×100%	反映商品经营盈利能力
每股收益	＝净利润÷发行在外的年度末普通股总数	反映普通股的盈利能力

续表

财务指标	计算公式	备注
每股经营现金净流量	＝经营活动产生的净现金流量÷发行在外的普通股股份总数	反映盈利质量

注：＊净利润＝当期税后利润。

＊＊平均净资产：一般取期初与期末的平均值。

＊＊＊目前国内上市公司须根据归属于普通股股东的净利润和扣除非经常性损益后归属于公司普通股股东的净利润分别计算和披露加权平均净资产收益率，以反映报告期中各种权益要素的综合收益水平。所谓加权净资产收益率是指在计算公司普通股股东净资产收益率时，将因发行新股、债转股、股票回购、现金分红以及其他交易或事项引起的公司普通股股东净资产的增减变化都考虑进去。

第一，净资产收益率是反映资本经营盈利能力的主要财务比率，也是反映盈利能力的核心指标。计算净资产收益率时应从净利润中扣除非经常性损益。因为非经常性损益通常是由正常经营活动以外的因素引起，不能反映企业真实的盈利能力。影响净资产收益率的因素主要有总资产报酬率、负债利息率、企业资本结构和所得税税率等。

如果投资者要进一步了解净资产收益率的盈利质量，还可以观察净资产现金回收率和盈利现金比率等现金流量指标。净资产现金回收率是经营活动净现金流量与平均净资产之间的比率。该指标是对净资产收益率的有效补充，对那些提前确认收益，而长期未收现的公司，可以用净资产现金回收率与净资产收益率进行对比，从而可以补充观察净资产收益率的盈利质量。盈利现金比率也称盈余现金保障倍数，是公司本期经营活动产生的现金净流量与净利润之间的比率。一般情况下，盈利现金比率越大，公司盈利质量就越高。如果该比率小于1，说明本期净利润中存在尚未实现的现金收入。在这种情况下，即使公司盈利，也可能发生现金短缺。

第二，总资产报酬率是反映资产盈利能力的指标。总资产报酬率越高，企业资产的运用效率越好，资产盈利能力越强。由于总资产报酬率＝总资产周转率×销售息税前利润率×100%，因此影响总资产报酬率的因素主要是总资产周转率和销售息税前利润率。总资产周转率表示企业每一元资产所能够带来的收入，该指标作为反映企业资本运营能力的指标，可用于说明企业资产的运用效率，是企业资产经营效果的直接体现。销售息税前利润率反映的是每一元的销售收入所能带来的利润额，该指标反映了企业商品生产经营的盈利能力，产品盈利能力越强，销售利润率越高。可见资产经营盈利能力受资产运营效率和商品经营盈利能力两方面影响。检验资产盈利能力的盈利质量可用全部资产现金回收率。全部资产现金回收率＝经营活动净现金流量÷平均总资产。

第三，主营业务利润率反映公司商品经营盈利能力，反映公司主营业务获利水平，只有公司主营业务突出，主营业务利润率较高的情况下，公司才能有竞争优势。分析时应根据分析目的，确定适当标准值，如行业平均值、全国平均值、企业目标值等。

第四，每股收益（earnings per share，EPS）的基本含义是指发行在外的普通股每股所能分摊到的净利润。这一指标与普通股股东的利益关系极大，是普通股股东进行投资决策的重要依据。按照规定，目前国内上市公司须根据归属于公司普通股股东的净利润或扣除非经常性损益后归属于公司普通股股东的净利润计算和披露基本每股收益和稀释每股收益。其中，在计算基本每股收益时，需将公积金转增股本、送红股、增发新股、债转股、回购导致的股票数量变化考虑进去。在计算稀释每股收益时，除考虑上述因素外，还需将认股权证、股票期权、可转换债券等增加的普通股股数考虑进去。

基本每股收益是指归属于普通股股东的当期净利润与发行在外的普通股加权平均数之比。其计算公式为：

基本每股收益＝（净利润－优先股股息）÷发行在外的普通股加权平均数（流通股数）

公式中分母采用加权平均数，是因为本期内发行在外的普通股股数只能在增加以后的这一段时期内产生权益，减少的普通股股数在减少以前的期间内仍产生收益，所以必须采用加权平均数，以正确反映本期内发行在外的股份数额。

发行在外的普通股加权平均数＝期初发行在外普通股股数＋当期新发行普通股股数×（已发行时间÷报告期时间）－当期回购普通股股数×（已回购时间÷报告期时间）

【例题 4－2】某上市公司 2020 年初发行在外的普通股为 100 万股，2020 年 7 月 1 日又增发了 10 万股，且该年内未发行其他股票，亦无退股事项。2020 年度该公司净利润为 60 万元，优先股股息为 10 万元，计算基本每股收益。

解：该年度普通股流通在外的平均数应为 100＋（10×6÷12）＝105（万股）

基本每股收益＝（60－10）÷105＝0.48（元/股）

稀释每股收益是指当上市公司存在稀释性潜在普通股时，应当分别调整归属于普通股股东的当期净利润和发行在外的普通股加权平均数，并据此计算稀释每股收益。

所谓稀释性潜在普通股，是指假设当期转换为普通股会减少每股收益的潜在普通股，例如可转换公司债券、认股权证和股份期权。

计算稀释每股收益时，应当根据下列事项对归属于普通股股东的当期净利润进行调整：当期已确认为费用的稀释性潜在普通股的利息；稀释性潜在普通股转换时将产生的收益或费用。同时应当考虑相关的所得税影响。

计算稀释每股收益时，对当期发行在外普通股的加权平均数进行调整。调整后的股数应当为计算基本每股收益时普通股的加权平均数与假定稀释性潜在普通股转换为已发行普通股而增加的普通股股数的加权平均数之和。计算稀释性潜在普通股转换为已发行普通股而增加的普通股股数的加权平均数时，以前期间发行的稀释性潜在普通股，应当假设在当期期初转换；当期发行的稀释性潜在普通股，应当假设在发行日转换。

【例题 4 - 3】假设某上市公司 20×8 年 1 月 1 日发行 1000 万份认股权证，行权价格 4 元，20×8 年度净利润 2000 万元，发行在外普通股加权平均数为 5000 万股，普通股平均市场价格为 5 元，则：

基本每股收益 = 2000 ÷ 5000 = 0.4（元）

调整增加的普通股股数 = 1000 - 1000 × 4 ÷ 5 = 200（万股）

稀释的每股收益 = 2000 ÷（5000 + 200）= 0.38（元）

每股收益反映了普通股的获利水平，但该指标不能说明投资风险和股票分红能力。此外，由于净利润是按权责发生制计算的，因此每股收益只是公司的账面收益，并不完全能够反映公司收益的质量高低。要检验每股收益的盈利质量，还需要将该指标与每股经营现金净流量等指标对比分析。现金流量状况好反映公司获得的利润比较真实，不掺水分。现金流增加，利润也增加，是成长型企业的表现。现金流减少，利润也减少，是衰退型企业的表现。现金流减少，利润增加，就要注意企业的应收账款有没有问题，库存是不是大量增加。因此，每股经营活动现金流量可对每股收益进行"质量检验"。

④成长能力分析。

上市公司的成长能力，也称上市公司的成长性，它反映了上市公司的发展趋势和发展潜力。根据影响成长能力的因素，成长能力可分为：销售增长能力，如销售增长率；资本增长能力，如资本积累率及资本增长率；可持续增长能力，如可持续增长比率等。评估上市公司成长性的指标主要有各种收入增长率指标和资产增长率指标，如表4-5所示。

表4-5   成长能力分析

财务指标	计算公式
主营业务收入增长率	=（本期主营业务收入－上期主营业务收入）÷上期主营业务收入×100%
净利润增长率	=（本期净利润－上期净利润）÷上期净利润×100%
总资产增长率	=（本期总资产－上期总资产）÷上期总资产×100%
股东权益增长率	=（本期股东权益－上期股东权益）÷上期股东权益×100%
主营利润增长率	=（本期主营利润－上期主营利润）÷上期主营利润×100%

在分析成长性指标时，需要注意：

第一，销售收入的增长只能说明企业市场占有率或业务规模的拓展趋势，并不代表企业财富同时增长了多少。如果不结合企业获利能力指标进行分析，则不能证明企业实质上的发展。

第二，资产规模的扩张并不意味着企业的发展，只是为企业的发展准备了资源条件。资产的使用效率对企业价值增长影响非常重大，若资产使用效率低，即使资产规模再大，投入资源再多，也不能带来企业价值的快速增长。如果资产扩张建立在高负债基础上，则并不能说明企业成长性的增强。

⑤估值指标。

投资收益分析主要分析一些重要的每股财务数据，用来评价投资收益的多少。这些指标包括市盈率（PE）、市净率（PB）、托宾（Tobin）Q值等。其计算公式如下：

$$市盈率＝股价÷每股收益$$
$$市净率＝股价÷每股净资产$$
$$托宾Q＝公司的市场价值÷资产重置成本$$

在分析估值指标时，需要注意：

第一，市盈率也称价格与收益比率，反映的是普通股市场价格与当期每股收益之间的关系，可用来判断某一上市公司股票与其他股票相比较所具有的潜在价值，是最常用的投资估值指标。一般情况下，前景较好的企业通常市盈率都较高，前景不佳的企业，市盈率较低。但是必须注意，当全部资产利润率很低或企业发生亏损时，每股收益可能为零或负数，因此价格与收益比率很高。在这一特殊情况下，仅仅利用这一指标来分析企业的盈利能力，常常会错误地估计企业的发展前景，所以估值时还须结合其他指标。一般来说，市场或行业的市盈率都有一个相对稳定的平均值，投资者可将所投资的股票市盈率与市场或行业平均市盈率进行比较，判断该股票价值是被低估还是高估。

第二，每股净资产也称每股账面价值或每股股东权益。净资产是用历史成本计量的，并不反映净资产的变现价值，这是在分析该指标时需要注意的问题。理论上讲，该指标主要是提供了股票的最低价值。一般情况下，如果股价低于每股净资产，则该股票的投资价值就明显凸现。

与每股净资产相关的指标还有调整后的每股净资产，其计算公式是：

调整后每股净资产 =（年末股东权益 - 三年以上应收账款 - 待摊费用 - 待处理（流动、固定）资产净损失 - 开办费 - 长期待摊费用）÷ 年末股本总数

一般来说，调整后的每股净资产稍低于每股净资产，但如果调整后的每股净资产远远低于每股净资产的话，说明该公司的资产质量差，潜亏巨大，随时可能发生较大的账面亏损，投资者应警惕。

市净率主要用于评价股价相对于每股净资产而言是否被高估。一般来说，市净率越小，股票市场价值与其账面价值越接近，股价得到的支撑越大，股票就越具有投资价值。

在实际投资过程中，运用市盈率进行股票估值是最常见的一种估值方法。市盈率估值法一般分为纵向市盈率估值法和横向的市盈率估值法。

纵向市盈率估值法是指当前某公司的市盈率和该公司的历史市盈率相比较，处在什么位置水平，是历史高水平、中位水平还是低位水平。例如某公司当前市盈率是 10 倍，历史上最低的市盈率在 9 ~ 10 倍，历史中位市盈率在 15 倍左右，历史高位市盈率在 20 倍左右，表明该公司估值目前处在相对历史低位。

横向市盈率估值法是指某公司的市盈率与同时期该行业的市盈率及该行业其他公司的市盈率进行比较分析。例如：某公司的市盈率是 15 倍，同时期该公司所处的行业市盈率是 20 倍，该行业其他公司的市盈率是 22 倍，该公司的市盈率低于同行业市盈率和其他公司市盈率，说明该公司的估值处在相对低位。行业市盈率可在一些财经网站上查询，如在网易网站上，可通过网易首页 > 网易财经 > 行情中心 > 大盘数据 > 行业平均市盈率，找到各行业的平均市盈率。

3. 公司重大事项分析

上市公司重大事项主要包括公司重大的资产重组、重大关联交易和重大会计政策的调整等情况。重大事项会对公司投资价值产生强烈影响，因此需要进行深入分析。公司重大事项分析主要包括以下几个方面。

（1）资产重组。

上市公司的重大资产重组是指上市公司及其控股或者控制的公司在日常经营活动之外购买、出售资产或通过其他方式进行资产交易达到规定的比例，导致上市公司主营业务、资产、收入发生重大变化的资产交易行为。根据重组对象的不同大致可分为对企业资产的重组、对企业负债的重组和对企业股权的重组。资产重组的具体手段很多，如购买资产、收购公司、收购股份、合资或联营组建子公司、公司合并、股权置换、资产置换、出售或剥离资产、公司分立、股权的无偿划拨、股权协议转让、股份回购等。

资产重组会对上市公司经营活动产生重大影响，如扩大经营规模、提高公司竞争力、优化公司资产结构、强化公司主要业务以及借助重组实现上市等。但重组的效果如何还需要看重组后企业的资产、组织结构、人员配置以及企业文化等方面的整合状况。

（2）关联交易。

关联交易是指关联方之间转移资源、劳务或义务的行为，而不论是否收取价款。按照《企业会计准则第 36 号——关联方披露》中的界定，"一方控制、共同控制另一方或对另一方施加重大影响，以及两方或两方以上同受一方控制、共同控制或重大影响的，构成关联方"。所谓控制，是指有权决定一个企业的财务和经营政策，并能据此从该企业的经营活动中获取利益。所谓重大影响，是指对一个企业的财务和经营政策有参与决策的权力但并不决定这些政策。参与决策的途径主要包括：在董事会或类似的权力机构中派有代表，参与政策的制定过程，互相交换管理人员，等等。凡是以上关联方之间发生转移资源或义务的事项，不论是否收取价款，均被视为关联交易。

按照交易的性质划分，关联交易可分为经营往来中的关联交易和资产重组中的关联交易。关联交易的具体形式很多，如关联购销、资产租赁、担保、托管经营、关联方共同投资等。在市场经济中，关联交易广泛存在，但却不是一种单纯的市场行为，因为关联交易价格主要由交易双方协商确定，而不是在公开竞争的条件下竞价决定，但关联交易也不属于内幕交易。

上市公司的关联交易有好的一面，如节约大量商业谈判等方面的交易成本，并可运用行政力量保证商业合同的执行，提高交易效率。但也有负面的作用，容易成为企业调节利润、避税和个人或部门获取私利的手段，而使广大投资者的利益受损。例如，有的上市公司过多地为母公司提供信用担保，这容易形成或有负债，增加上市公司的财务风险，甚至引起经济纠纷。正是由于关联交易的普遍存在，以及它对企业经营的重要影响，因而，全面规范关联方及关联交易的信息披露非常必要。

（3）会计政策的调整。

会计政策是指企业在会计确认、计量和报告中采用的原则、计量和会计处理方法。例如，对于应收账款坏账的核算方法，有备抵法和直接转销法，二者都属于会计政策。在实际工作中企业应采用哪种方法核算，主要取决于国家会计制度的规定。如果国家会计制度规定坏账损失既可以采用备抵法，也可以采用直接转销法核算，则表明企业可以在这两种方法中选择一种方法进行核算；如果国家会计制度规定坏账损失只能采用备抵法，则企业对于坏账损失的核算，只能采用备抵法，而不能采用直接转销法核算。

会计政策的变化会影响企业的各种财务数据。因此企业选用的会计政策不得随意变更，但在符合下列条件之一时，企业可以变更会计政策：

一是法律、行政法规或国家统一的会计制度等要求变更。这是指按照法律、行政法规以及国家统一的会计制度的规定，要求企业采用新的会计政策。在这种情况下，企业应按规定改变原会计政策，采用新的会计政策。

二是会计政策的变更能够提供更可靠、更相关的会计信息。这是指由于经济环境、客观情况的改变，企业原来采用的会计政策所提供的会计信息，已不能恰当地反映企业的财务状况、经营成果和现金流量等情况。在这种情况下，应改变原有会计政策，按新的会计政策进行核算，以对外提供更可靠、更相关的会计信息。

三是企业因满足上述第二条的条件变更会计政策时，必须有充分、合理的证据表明其变更的合理性，并说明变更会计政策后，能够提供关于企业财务状况、经营成果和现金流量等更可靠、更相关会计信息的理由。

二、技术分析

技术分析是指运用图表和统计指标等手段研究证券价格和成交量的变动

模式，并利用这些模式预测证券价格变动趋势的一种投资分析方法。技术分析的"技术"一词意指对市场自身而不是那些反映在市场上的外部因素的研究，所谓技术因素无论可能是什么，可以归结为交易量和价格水平，或者更一般地，归结为市场创造的统计信息的总和。

20世纪初期，查尔斯·亨利·道提出了"道氏理论"，奠定了技术分析的基础。1938年，美国证券分析家艾略特在道氏理论基础上提出了著名的波浪理论，进一步发展了技术分析方法。此后，人们又相继提出形态理论、切线理论和指标理论等。经过长期演变，今天的技术分析方法大体形成两大类型：一是图形分析，主要方法是总结证券市场上经常出现的一些关于价格和成交量的技术图形，并依据这些技术图形来预测证券价格的变化趋势；二是指标分析，主要方法是根据证券价格、成交量和时间因素，制定出很多的技术指标，依据这些指标的变化规律来预测证券价格变化趋势，就像人们用温度、气压、风力等指标预测天气变化一样。当然，这两种方法并不是截然分开的，在实际运用时经常是将二者交互使用。在本章中，我们将以股票为主，重点介绍图形分析和指标分析的一些基本概念和方法。

技术分析虽然是一种比较经验化的证券投资分析方法，但也有它成立的合理前提，这就是关于技术分析的三个假设：

（1）市场行为反映其他信息。这个假设是技术分析的基础。所谓市场行为，是指证券交易价格和成交量。该假设认为影响证券价格和成交量的其他因素，如企业业绩、产业政策、宏观经济形势、投资者心理等等，都在证券价格和成交量等市场指标的变化中得到反映，因而投资者不必要再对影响证券价格的非市场因素做具体分析，只需关心价格和成交量等市场指标的变化即可。

（2）价格呈趋势变动，即证券价格有保持原来方向的惯性，一旦价格变动形成某种趋势，这个趋势在一段时间内将保持下去，直到有外来力量改变它为止。据此，投资者在市场上应当"顺势而为"。

（3）历史经常重演。这是从人的心理特点考虑的。人类的心理具有"江山易改本性难移"的特点。过去发生的一些典型情况，今后也还会重复发生。依此可以总结出一些常见的证券价格与成交量的变化模式。一旦市场上出现了与过去相似的某种模式，就可将现在与过去比较，进行预测。

如果这三个假设与实际完全相符，那么运用技术分析就可以完全预测市场趋势。但实际上，市场不是完全有效的，价格的趋势变动也非常复杂，历史更不可能完全重演，这就决定了技术分析具有强烈的主观经验性和或然性。

（一）图形分析

图形分析主要是通过观察总结出一些典型的技术图形来分析判断股价未来的走势。图形分析的方法很多，本节主要介绍四种常用的图形分析工具和方法，即 K 线、趋势线、形态分析和波浪理论。

1. K 线

K 线是最常见的技术分析工具，因其特殊的形状和颜色，又被称为蜡烛线或阴阳线。根据选取时间的不同，K 线分为日 K 线、周 K 线、月 K 线和年 K 线。K 线的结构分为上影线、下影线及中间实体部分，分别用来表示最高价、最低价、开盘价、收盘价等四个股市中最重要的价格。如果收盘价高于开盘价则 K 线实体部分为红色（或为空白），称为阳线；如果收盘价低于开盘价则 K 线实体部分为绿色（或涂黑），称为阴线，如图 4 - 3 所示。

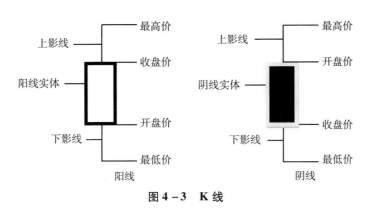

图 4 - 3　K 线

K 线有许多具体的形状。有的 K 线没有上影线，称为光头阳线或阴线，有的 K 线没有下影线，称为光脚阳线或阴线；有的 K 线既没有上影线，也没有下影线，称为光头光脚的阳线或阴线；有的 K 线收盘价等于开盘价，称为十字星；有的 K 线收盘价与开盘价、最高价相等，称为 T 形；有的 K 线收盘价与开盘价、最低价相等，称为倒 T 形；有的 K 线收盘价、开盘价、最高价、最低价都相等，称为一字线，这种情况表明股票一开盘就封在涨跌停板上，并一直保持到收盘。在 K 线反映的四个价格中，收盘价最重要，很多技术分析方法只关心收盘价，而不理会其他三个价格。通常提到某个股票的价格时往往也是指收盘价。K 线可以单独一支研究，也可多支结合在一起研究。

（1）单根 K 线的应用。

K 线反映的是一段时间内买卖双方实际战斗的结果。利用单根 K 线可进行简单的行情判断。这里仅举几个例子说明。

①大阳线和大阴线。大阳线是大幅低开高收的阳线，实体很长以至可以忽略上下影线的存在。这种 K 线说明多方已经取得了决定性胜利，是一种涨势信号。如果这根阳线出现在一段盘整的末期则更有说服力。大阴线正好与大阳线相反，表示空方取得优势，是一种跌势信号。如果这根阴线出现在一段上涨行情的末期则下跌信号更强烈。

②有上下影线的阳线和阴线。这是两种最为普遍的 K 线。说明多空双方争夺激烈，双方都曾一度占据上风，但都被对方拉回。阳线说明多方在尾盘勉强占优，阴线说明空方在尾盘勉强占优。对双方力量的衡量，主要依靠上下影线和实体的长度来确定。

③十字星。出现十字星表明双方暂时均衡，但却是一个值得警惕随时可能改变趋势的 K 线。十字星分为两种，一种是大十字星，上下影线都很长，表明多空双方争夺激烈，后市往往会有变化。另一种是小十字星，上下影线都较短，表明窄幅盘整，交易清淡。

总之，利用一根 K 线判断行情，多空双方的力量对比取决于影线和实体的长度。一般地，指向一个方向的影线越长，越不利于股价今后向这个方向发展。阴线实体越长，越有利于下跌；阳线实体越长，越有利于上涨。

（2）K 线组合的应用。

K 线组合由多根 K 线构成，K 线组合的情况非常多，要根据 K 线本身的特点和出现的位置综合考虑，基本方法是通过比较最后一根 K 线与前面 K 线的相对位置来判断多空双方的力量大小。例如，在上涨行情持续一段时间后突然出现三根连续阴线，往往表现大趋势由涨转跌，称为"三连阴"。反之，在下跌行情持续一段时间后，突然出现三根连续阳线，往往预示大趋势由跌转涨，称为"三连阳"。

无论单根 K 线还是 K 线组合，所得到的结论都是相对的，对投资而言只能起到参考作用，不能作为投资决策的唯一依据。相对来说，K 线组合的 K 线根数越多，判断结果的可信度就相对越大。K 线更重要的意义是它能够形成股价的趋势线。

2. 趋势线

所谓趋势线，就是根据股价变动的趋势所画出的直线或曲线。趋势线成立的前提是技术分析的趋势假设和道氏理论。趋势线分为上升趋势线，下降趋势线与水平趋势线。在股价上升趋势中，连接股价波动的两个低点的直线就是上升趋势线。在股价下跌趋势中，连接股价波动的两个高点的直线就是下降趋势线。股价在水平整理时就形成水平趋势线。上升趋势线的功能在于能够显示出股价上升的支撑位，一旦股价在波动过程中跌破此线，就意味着行情可能出现反转，由涨转跌；下降趋势线的功能在于能够显示出股价下跌过程中回升的阻力线，一旦股价在波动中向上突破此线，就意味着股价可能会止跌回涨。在趋势线基础上可进一步形成阻力线、支撑线和轨道线。

（1）阻力线与支撑线。

所谓阻力线是指股价上升至某一高度时，有大量的卖盘或是买盘接手薄弱，从而使股价继续上涨受阻，下降趋势线通常就是阻力线。支撑线则是指股价下跌到某一高度时，买气转旺而卖气渐弱，从而使股价停止继续下跌，上升趋势线通常就是支撑线。

在 K 线图上，只要最低价位在同一微小区间多次出现，则连接两个相同最低价位并延长即成一支撑线，它形象地描述了股票在某一价位区间内，需求大于供给的不平衡状态。当交易价位跌入这一区间时，因买气大增，卖方惜售，使得价位掉头回升。

支撑线一般产生于"成交密集区"，即有较大累积成交量的价位区间，在此区域换手率一般很高。行情在成交密集区获得暂时的支撑后，后市有两种可能：一是反弹上升；二是广大持有筹码者丧失信心，看空后市，大量抛出，也即由多翻空，支撑线便被有效击破，行情继续下行。除了成交密集区外，当行情下跌至原上升波的50%时以及阶段性的最低价位时，往往也会产生支撑线，这种支撑线实际上是投资者的心理因素所致，称为心理支撑线。

在 K 线图上，只要最高价位在同一微小区间出现多次，则连接两个相同最高价位并延长即形成一条阻力线，它形象地描述了股票在某一价位区间供应大于需求的不平衡状态。当交易价位上升至这一区间时，因卖气大增，而买方又不愿追高，故价位表现为遇阻回档向下。阻力线同样大量出现于成交密集区。此外，当行情上升至原下跌波的50%或0.618倍时，或者触及阶段性的最高价位时也容易形成心理阻力线。

当股价有效突破支撑线或阻力线时，支撑线或阻力线会发生相互转化。

所谓有效突破是指：当股价上升到阻力线遇到阻力而未回落，在阻力线附近盘整一段时间，接着伴随着大成交量一举突破阻力线，这是向上有效突破，预示行情将上涨。反之，当股价下降至支撑线附近而未反弹，跌破支撑线可视为向下有效突破。

在技术分析中，经常用来作为支撑线或阻力线的技术分析工具是移动平均线（MA）。MA是利用统计学原理，将连续若干天的股价进行平均，消除偶然因素的影响，显示股价变动的主要趋势。

MA的计算方法有算术平均法、加权平均法和指数平滑法。算术平均法的计算公式是：$MA = (\sum P_i)/n$。其中，n为时期数；P_i为价格。根据天数的多少可将移动平均线分为短期（5日、10日、15日）、中期（25日、30日、60日）和长期（70日、150日、200日和250日）移动平均线。西方投资机构非常看重200天移动平均线，并以此作为长期投资的依据，行情价格在200天均线以下属熊市，反之则是牛市。加权平均法是将近期和远期的股价分配不同的权数，近期股价配以较大的权数，远期的股价配以较小的权数。这两种方法都有一定的局限性。所以通常采用指数平滑法，得到的是指数平滑移动平均线（EMA）。

MA的基本思想是消除股价随机波动的影响，寻求股价变化的趋势。MA的变动不是一天的变动，而是几天的变动，一天的变动被几天一分，就会变小，因此MA具有稳定性。当股价突破MA时，无论是向上还是向下突破，股价都有继续向突破方向再走一程的愿望。由于MA以上的特点，使得它在股价走势中起支撑线和压力线的作用。应用MA进行技术分析，一般用格兰维尔（Granville）法则。该方法以证券价格（或指数）与移动平均线的偏离关系作为研判的依据，如表4-6所示。

表4-6   格兰维尔法则

买入信号	卖出信号
MA从下降转为盘整或上升，股价从MA的下方向上移动并突破	MA由上升开始转向走平或逐渐下跌，股价从MA上方向下跌破MA
股价连续上升走在MA之上或是远离MA又突然下跌，但未突破MA又再度上涨	股价在MA下方移动，然后向MA回升，未突破MA又立即反转下跌

续表

买入信号	卖出信号
股价一时跌破 MA，但又立刻回升到 MA 之上，此时 MA 仍在持续上升	股价向上突破 MA 后又立即跌回 MA 以下，此时 MA 仍继续下跌
股价暴跌，跌破并远离 MA	股价急速上升突破 MA 并远离 MA，上涨幅度较大，随时可能反转下跌
黄金交叉点：股价站稳在长期与短期 MA 之上，短期 MA 从下方向上突破长期 MA	死亡交叉点：股价在长期与短期 MA 之下，短期 MA 从上方向下与长期 MA 交叉

（2）轨道线。

轨道线又称通道线或管道线，是基于趋势线的一种支撑和压力线。在已经得到了趋势线后，通过第一个峰和谷可以作出这条趋势线的平行线，这条平行线就是轨道线。两条平行线组成一个轨道，这就是常说的上升和下降轨道。轨道的作用是限制价格的变动范围，让它不能远离得过分，变得太离谱。一个轨道一旦得到确认，那么价格将在这个通道里变动。如果上面的或下面的直线被突破，就意味着将有一个大的变化。与突破趋势线不同，对轨道线的突破并不是趋势反向的开始，而是原来趋势加速的开始，即原来趋势线的斜率会增加，趋势线的方向会更加陡峭。

3. 形态分析

股价形态是指记录股票价格走势的图形，表现为某种典型的技术图形，股价形态分为反转形态和整理形态。

（1）反转形态。

反转形态的出现往往表示股价运动将出现方向性转折，即由原来的上升行情转变为下跌行情，或由原来的下跌行情转变为上升行情。反转形态主要有头肩顶和头肩底、双重顶和双重底、三重顶和三重底、圆弧顶和圆弧底等。

①头肩顶和头肩底。

头肩顶的前提条件是股价在长期上升后堆积了大量成交量，获利回吐压力增强，上升趋势趋缓。股价在上升途中出现了 3 个峰顶，这 3 个峰顶分别称为左肩、头部和右肩。从图形上看左肩、右肩的最高点基本相同，而头部最高点比左肩、右肩最高点要高。另外股价在上冲失败向下回落时形成的两个低点所构成的直线，称为颈线，当股价第三次上冲失败回落时，这根颈线就会被击破，于是头肩顶正式宣告成立。突破颈线下跌时必须有大成交量配合。当股价以收盘价或收盘指数突破颈线幅度超过3%，并有大成交量伴随时，为有效突破，此后颈线变为阻力线，股价反弹会在颈线处受阻。突破头肩顶颈线后股价的最小下跌幅度为顶部至颈线的垂直距离。在头肩顶形成过程中，左肩的成交量最大，头部的成交量略小些，右肩的成交量最小。成交量呈递减现象，说明股价上升时追涨力量越来越弱，股价有涨到头的意味。

头肩底是头肩顶的相反形态，是股价从长期下跌状态中反转上升的主要形态。头肩底与头肩顶的显著区别在于成交量的变化，股价在形成左肩、头部与第一次反弹时，成交量没有明显增加，甚至有所减少，形成头部反弹后，成交量放大，形成右肩，成交量萎缩，突破颈线上升时必须有大成交量配合。同样，当股价以收盘价或收盘指数突破颈线幅度超过3%，并有大成交量伴随时，为有效突破，此后颈线变为支撑线，股价回档会在颈线处站稳反弹。突破头肩底颈线后股价的最小上升幅度为底部至颈线的垂直距离。

头肩底和头肩顶的形态如图4-4所示。

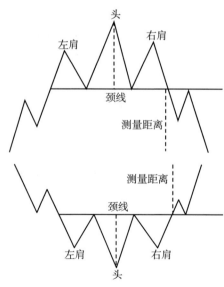

图4-4　头肩顶与头肩底

②双重顶和双重底。

双重顶和双重底是基本的反转形态。双重顶又称M头，在它形成前已有一段上升趋势。股价上升到第一个峰顶A点，在此价位附近堆积了大量的筹码，股价受阻回落到 B 点，成交量随之下降，股价再度上升到第一峰顶附近 C 点，成交量虽有放大却不及第一峰顶，随后是第二次下跌，双重顶基本形成。连接两峰顶 A、C 画一水平线，通过两峰之间的低点 B 画一条与 AC 平行的颈线。当股价向下跌破颈线的幅度超过股票市价3%时，是有效突破。股价突破双重顶的颈线无须成交量放大，但以后下跌时，成交量会放大。颈线一旦被突破，就成了股价反弹的阻力线，而股价突破颈线后的下跌幅度至少为峰顶至颈线的垂直距离。

双重底又称 W 底，是双重顶的相反形态。它与双重顶的最大区别在于股价从下向上突破颈线时必须有大成交量配合。双重顶与双重底两峰之间的时间跨度越大，反转力度越大，未来股价反转涨跌的幅度越大。

双重顶和双重底的形态如图 4 - 5 所示。

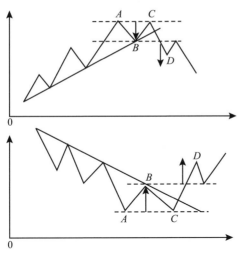

图 4 - 5　双重顶和双重底

③三重顶和三重底。

三重顶和三重底比双重顶和双重底多一个顶部和底部，完成所需时间较长，常出现在长期或中期趋势的反转过程中。三重顶的三个顶峰之间的时间跨度不一定相等，但三个顶点的股价水平应大致接近。其三个顶峰的成交量有逐渐减少的趋势，第三个顶峰成交量非常小时就出现了下跌的预兆。重要的是当股价跌破颈线，即跌破两个谷底的支撑价位时，三重顶形态才算完成。预计股价跌破颈线后的最小跌幅为从顶部最高价至颈线的距离。三重底是三重顶的相反形态。当它的第三个底部完成，股价向上突破颈线，并有成交量增加相配合，突破的有效性才能被确认。

三重顶和三重底的形态如图 4-6 所示。

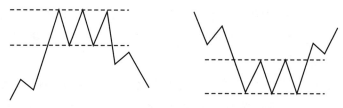

图 4-6 三重顶和三重底

④圆弧顶和圆弧底。

圆弧顶和圆弧底属于缓慢形成的转市信号。这种转向造成的上升或下跌幅度，通常要根据圆弧的跨度而定，跨度越大，升跌的空间也越大，反之则相对较小。圆形弧的形态是：在一轮大升势后，市场进入胶着状态，每日波动很小，先呈逐日向上小步移动，渐渐转为逐日向下小幅移动，在 K 线图上形成抛物线。一旦向下突破跌势形成，圆弧顶向下突破时出现量的变化即价跌量增，只要突破形成，跌势可以确认。圆弧底的形态是：在一轮大跌势之后，大盘走势呈现缓慢下跌的状态，成交量也逐渐萎缩，然后再缓慢小幅攀升，在 K 线图上形成一碗形，一旦突破碗口，上升空间可观。圆弧形态在实际中并不常见，但一旦出现则意味着绝好的投资机会，其反转的深度和高度都不可预测，这一点与其他的反转形态有所不同。圆弧形态往往是手握大量股票的庄家逐渐抛货（圆弧顶）或者持有大量资金的庄家逐渐建仓（圆弧底）所形成的一种反转形态。

圆弧顶和圆弧底的形态如图 4-7 所示。

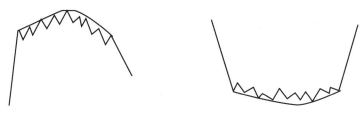

图 4-7 圆弧顶与圆弧底

⑤喇叭形和菱形。

喇叭形是一种扩散的三角形态，通常出现在上升行情的顶部，是多头市场结束的主要反转信号。喇叭形通常有三个越来越高的高点，还有两个越来越低的低点。它表明股价明显上升后进入盘整，开始波幅不大，成交量也不大。但随着股价上下剧烈波动，成交量日益放大，市场已失去控制。当股价从第三个高点下跌，跌破第二个谷底时，形态完成。喇叭形态的形成往往是市场情绪剧烈波动的结果，表现为股价的大起大落。

菱形是一种在头部的反转形态。在形态之内，开始表现为股价波幅扩大，成交量也增加，接着股价波幅收缩，成交量下降，当伴随着很大的成交量突破菱形下端趋势线时，形态完成，最小理论跌幅为菱形高度。

喇叭形和菱形的形态如图 4－8 所示。

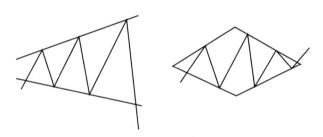

图 4－8　喇叭形和菱形

（2）整理形态。

整理形态是不改变股价运动的基本方向，市场仅仅在股价的某一水平作必要调整，在调整结束后股价仍沿着原来的趋势继续行进。整理形态主要有旗形、楔形、矩形和三角形。

①旗形和楔形。

旗形和楔形是两个著名的整理形态，出现频率很高。它们都是一个趋势的中途休整过程，休整之后仍然保持原来的趋势方向。这两种形态的特色之处在于，它们都有明确的趋势方向，并且形态方向与原有趋势方向相反。例如，如果原有趋势方向下降，则这两种形态的方向就是上升。

旗形的形状是一个上倾或下倾的平行四边形，如同一面挂在旗杆上的旗帜，如图 4－9 所示。旗形的上下两条平行线起着阻力线和支撑线的作用，这两条线中的某一条被突破是旗形完成的标志。旗形大多发生在市场极度活跌，股价运动剧烈的情况下。在股价急速上升一段后受阻，股价开始小幅盘跌，一波比一波低，形成向下倾斜的平行四边形，成交量很小，股价看似要反转下降，但到旗形末端，突然放量上升，又恢复原来的升势；或在股价急速下跌一段后受阻，股价开始小幅攀升，一波比一波高，形成向上倾斜的平行四边形，成交量也开始减少，但当股价向下突破时成交量大增，股价又回复到原有的下降趋势。

图 4 - 9   旗形

如果将旗形中上倾或下倾的平行四边形变为上倾和下倾的三角形，我们就会得到楔形，如图 4 - 10 所示。楔形的三角形上下两边都朝一个方向倾斜，具有明显的倾向，这是楔形与三角形整理形态的不同之处。下倾楔形是上升趋势中的中期调整，上倾楔形下跌趋势中的中期技术性反弹渐次减弱的情况，显示股价尚未见底。在形态之内成交量缩小，形成之前和突破之后，成交量都很大。

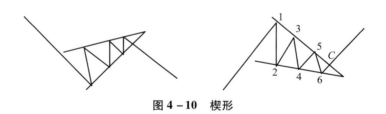

图 4 - 10   楔形

②矩形。

矩形又叫箱形，如图 4 - 11 所示。股价在两条平行线上下波动，呈现横向延伸的运动。如果原来的趋势是上升，那么经过一段矩形整理后，会继续原来的趋势，股价会向上突破矩形的上界。如果原来的趋势是下降，那么经过一段矩形整理后，股价会向下突破矩形的下界。如果在矩形形态中股价上升时成交量大于下降时成交量，表示有可能向上突破形态，反之，则可能向下突破形态。向上突破要有成交量配合，向下突破则不一定需要成交量配合。突破后的最小涨跌幅度为矩形的高度。与其他形态不同，矩形为投资者提供了一些短线操作的机会。如果在矩形形成之初就能够预计到股价将进行矩形整理，那么就可以在矩形的支撑线附近买入，在阻力线附近卖出，进行多次的短线操作。

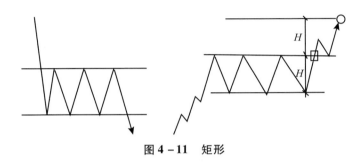

图 4 - 11　矩形

③三角形。

三角形态经常出现在股价的休整阶段，在这一形态中，价格基本横向波动且幅度越来越小，期间至少需要有四个局部的反转点，而由两条边线的方向则可划分为对称三角形、上升三角形和下降三角形，如图 4 - 12 所示。

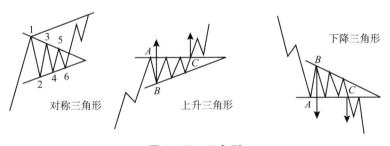

图 4 - 12　三角形

对称三角形，从形态上看，是股价变动幅度逐渐减小，最高价越来越低，最低价越来越高，形成一个对称三角形。如从横的方向看股价变动领域，其阻力线为下斜线，下支撑线为上倾线，把短期高点和低点分别以直线连接起来，就可以形成一个相当对称的三角形。对称三角形的成交量，因越来越小幅度的股价变动而递减，然后当股价突然跳出三角形时，成交量随之变大。

上升三角形是股价上升趋势的中途整理形态，股价阻力线为一水平线，支撑线为上倾线，呈斜边向上的直角三角形。在上升三角形中，股价在某一水平受到强大压力，价格从低点回升到水平便告回落，但市场的购买力十分强，股价未回至上次低点即告弹升，结果使股价随着一条阻力水平线波动日渐收窄。成交量在形态形成的过程中不断减少。

下降三角形通常发生在下跌趋势中，当确认为有效突破时表明股价走出盘整将继续下跌。下降三角形是多空双方在某价格区域内的较量表现，然而多空力量却与上升三角形所显示的情形相反。空方不断地增强卖出压力，股价还没回升到上次高点便再沽出，而多方坚守着某一价格防线，使股价每回落到该水平便获得支持。此外，该形态的形成亦可能是有人在托价出货，直到货源沽清为止。

除了上述技术形态外，还有一种比较特殊的技术形态即缺口。缺口也称为跳空，是指股票价格在快速大幅度变动中没有留下任何交易的一段真空区域，缺口的形成必是当日开盘价出现跳空高开继续走高或跳空低开继续走低的结果。缺口是技术分析的一个重要工具。无论向何种方向运动形成的缺口，日后都会成为较强的支撑或阻力区域。当价格出现缺口时，经过一段时间，很可能反转过来，回到原来缺口的价位，称为补空。

4. 道氏理论

道氏理论是技术分析的基础，许多技术分析方法的基本思想都源于道氏理论。道氏理论主要研究股市的周期性变化，基本观点如下：

第一，市场价格平均数可以解释和反映市场的大部分行为，这是道氏理论最重要的贡献。正是基于这一思想，查尔斯·亨利·道创立了道·琼斯指数。

第二，证券市场存在着周期性的变化。这种周期性的变化表现为三种趋势，即主要趋势、次要趋势、短暂趋势。主要趋势一般持续 1 年或 1 年以上，像大潮；次要趋势一般持续 3 周到 3 个月，像波浪；短暂趋势持续不超过 3 周，像波纹。

对投资者来说，主要趋势持续上升就形成了牛市，持续下降就形成了熊市。以主要趋势的下降为例，通常包括三个阶段：第一阶段，敏感的投资者判断股市过热，同时认为公司收益已达到高峰，就纷纷卖出股票，使股价下跌。一般散户认为是回档而买进，使股价出现反弹，交易虽仍活跃，但成交量一般会减少，同时获利程度也大大降低。第二阶段，买气减弱，卖方增强，股价急跌，交易量大减，投资大众对股票信心动摇，形成一片抛售的景象。第三阶段，在恐慌下跌之后，公司业绩恶化，但一流股票在低位开始有人支撑，机构投资者在判断行情后进场买进，股价下跌减缓，这是熊市结束的先兆。每个主要趋势后，必定有敏感的次要趋势出现，使上升的价格趋势回落或使下跌的价格趋势回升，这种反方向波动就是次要趋势。次要趋势如在强势市场中其回档幅度约为原始波动的1/3，在弱势市场中则为2/3。其成交量在上升趋势的下跌回档中应"剧减"，在下跌趋势的上升反弹中应"剧增"。

短暂趋势指市场内短期的股价波动，很少超过三个星期，通常少于六天，多系市场技术性因素造成，与经济性变动关系不大。它们本身尽管是没有什么意义，但是使得主要趋势的发展全过程富于神秘多变的色彩。通常，不管是次级趋势或两个次级趋势所夹的主要趋势部分都是由一连串的三个或更多可区分的短期变动所组成。由这些短期变化所得出的推论很容易导致错误。在一个无论成熟与否的股市中，短期变动都是唯一可以被"操纵"的，而主要趋势和次要趋势却是无法被操纵的。

可以用股市上的一句格言来概括道氏理论的基本思想：股市在犹豫中成长，在欢乐中死亡，在死亡中诞生。道氏理论主要对股市的长期趋势做出预测，但不适用于个股分析。资料表明根据道氏理论编制的道·琼斯指数领先经济好转6个月而向上变动，比经济衰退领先3～6个月而向下变动，因此被称为经济变动的晴雨表。利用道氏理论确定趋势要注意，趋势必须得到交易量的确认，即交易量应在主要趋势的方向上放大。道氏理论也有它的局限，对于研判长期趋势比较有用，对于短期投资帮助不大。

5. 波浪理论

波浪理论的创始人是技术分析大师美国人艾略特。他在1942～1943年撰写的《自然律——宇宙的奥妙》一书中提出著名的波浪理论。该理论以道氏理论为基础，但在精确度和可靠性方面又超过了道氏理论。艾略特认为，股价的波动与波浪相似，价格的波动是供求失衡的结果。波浪理论的主要内容是：

（1）股价呈八浪的周期性变动。

一个完整的周期通常包括八个波段，如图4－13所示。在牛市中，前五个波段是上升浪，后三个波段是下跌浪。在上升五浪中，第1、第3、第5浪是主上升浪，第2、第4浪是调整浪；在下跌三浪中，a浪、c浪是下跌行情，b浪是反弹。在熊市中，前五浪是下跌行情，后三浪是上升行情。在下跌五浪中，第1、第3、第5浪是主下跌浪，第2、第4浪是反弹；在上升三浪中，a浪、c浪是上升，b浪是回调。

图4-13　波浪的形态

（2）大浪中包含小浪。

在一升一跌的基本浪下，又可以划分为8个较次级的小浪，在这些小浪的基础上，又可以再划分为再次级的小浪。在波浪理论的范畴内，牛市阶段可以由一个上升浪代表，亦可以划分为5个小浪，或者进一步划分为21个次级浪甚至还可以继续细分出89个细浪，对于熊市阶段，则可以由一个大的下跌浪代表，同样对一个大的下跌浪可以划分为3个次级波段。或者可以进一步地再划分出13个低一级的波浪甚至最后可看到55个细浪。综上所述，我们可以不难理解地得出这样的结论，一个完整的升跌循环，可以划分为2、8、34或144个波浪。不难发现，上面出现的数字，如1、2、3、5、8、13、21、34等都属于神奇的斐波那契（Fibonacci）数列。

（3）每个浪有各自的特性。

第1浪：几乎半数以上的第1浪，是属于营造底部形态的第一部分，第1浪是循环的开始，由于这段行情的上升出现在空头市场跌势后的反弹和反转，买方力量并不强大，加上空头继续存在卖压，因此，在此类第1浪上升之后出现第2浪调整回落时，其回档的幅度往往很深；另外半数的第1浪，出现在长期盘整完成之后，在这类第1浪中，其行情上升幅度较大。从经验上看，第1浪的涨幅通常是5浪中最短的行情。

第2浪：这一浪是下跌浪，由于投资者误以为熊市尚未结束，其调整下跌幅度相当大，几乎吃掉第1浪的升幅，当行情在此浪中跌至接近底部（第

1浪起点）时，市场出现惜售心理，抛售压力逐渐衰竭，成交量也逐渐缩小，第2浪调整才会宣告结束。在此浪中经常出现反转形态，如头肩底、W底等。

第3浪：第3浪的涨势往往是最大、最有爆发力的上升浪，这段行情持续的时间与幅度，经常是最长的，投资者信心恢复，成交量大幅上升，常出现突破信号，例如跳空高开等，这段行情走势非常激烈，一些图形上的阻力位常轻易地被穿破，尤其在突破第1浪高点时，是最强烈的买进信号，由于第3浪涨势激烈，经常出现"延长波浪"的现象。

第4浪：第4浪是行情大幅劲升后的调整浪，通常以较复杂的形态出现，经常出现"倾斜三角形"的走势，但第4浪的底点不会低于第1浪的顶点。

第5浪：在股市中第5浪的涨势通常小于第3浪，且经常出现失败的情况，在第5浪中，业绩平平的股票和绩劣股通常是市场内的主导力量，其涨幅常常大于绩优蓝筹股，即常说的"鸡犬升天"，此期市场情绪表现相当乐观。

a浪：在a浪中，投资者大多数认为上升行情尚未逆转，此时仅为一个暂时回档，实际上，a浪的下跌，在第5浪中通常已有警讯，如成交量与价格走势背离或技术指标上的背离等，但由于此时市场仍较为乐观，a浪有时出现平势调整或者"之"字形态运行。

b浪：b浪的表现经常是成交量不大，一般而言是多头的逃命线，然而由于是一段上升行情，很容易让投资者误以为是另一波段的涨势，容易形成"多头陷阱"，许多人在此期惨遭套牢。

c浪：c浪是一段破坏力较强的下跌浪，跌势较为强劲，跌幅大，持续的时间较长久，而且出现全面性下跌。

从以上看来，波浪理论似乎颇为简单和容易运用，但实际上，由于其每一个上升/下跌的完整过程中均包含有一个八浪循环，大循环中有小循环，小循环中有更小的循环，即大浪中有小浪，小浪中有细浪，因此，使数浪变得相当繁杂和难于把握，再加上对于同一个形态，不同投资者会产生不同的数法，各有其道理，使得对浪的准确划分更加难以界定，这两点构成了波浪理论实际运用的最大难点。波浪理论主要适用于判断整个市场的走势，对个股来说效果不很显著。

（二）指标分析

指标分析是指应用一定的数学公式，对原始数据（开盘价、收盘价、最低价、最高价、成交量、成交金额等）进行处理，得出指标值，将指标值绘制成图表，从定量角度判断股市行情的技术分析方法。各种技术指标都有其适用性和局限性，在具体运用时，不能机械照搬，而应根据市场具体情况并结合自己的实际经验，尽可能将多种指标相互印证来使用。此外，在应用指标分析方法时，还要结合图形分析方法，例如，在使用 RSI 指标时，经常要用到形态分析中的头肩形、双重顶以及支撑线、阻力线等工具。

证券市场上的各种技术指标很多，按照技术指标的功能，大体可分为趋势型指标、超买超卖型指标、人气型指标和大势型指标四种。本节简单介绍若干常用技术指标。

1. 平滑异同移动平均线（MACD）

MACD 属于趋势类指标，也是一种中期分析指标，从移动平均线发展出来。它利用短期与长期移动平均线的聚合与分离情况来研判买卖时机。MACD 吸取了移动平均线本身的精华，并滤除掉了移动平均线频繁出现的买入卖出信号，使发出信号的要求和限制有所增加，从而避免了一些干扰，使用准确率较高。MACD 是可独立使用的指标。许多分析软件将它列入技术指标中的第一个，与股价、成交量同列一屏，其后才能切换到其他指标。

（1）MACD 的计算。

第一，计算平滑移动平均线 EMA，它是以指数式递减加权的移动平均数。各数值的加权是随时间而指数式递减，越近期的数据加权越重，但较旧的数据也给予一定的加权，具体计算如下：

今日 EMA（12）= $[2/(12+1)]$ × 今日收盘价 + $[11/(12+1)]$ × 昨日 EMA（12）

今日 EMA（26）= $[2/(26+1)]$ × 今日收盘价 + $[25/(26+1)]$ × 昨日 EMA（26）

第二，计算差离率（DIF）。DIF = EMA（12）- EMA（26）

第三，计算 MACD。今日 MACD =（2/10）× 今日 DIF +（8/10）× 昨日 MACD

第四，计算辅助指标柱状线（BAR）。BAR = 2 ×（DIF - DEA）

（2）MACD 研判要点。

第一，根据 DIF 和 MACD 的取值进行研判。

当 DIF 值、MACD 值、BAR 值都大于 0 且 DIF 大于 MACD 时，一般是牛市；当三个值都在 0 以下，一般是熊市。

当 DIF 向下突破 0 轴线时，是卖出信号，即 12 日 EMA 与 26 日 EMA 发生死亡交叉；当 DIF 向上突破 0 轴线时，是买入信号，即 12 日 EMA 与 26 日 EMA 发生黄金交叉。

从中期操作看，当 BAR 从下向上穿过横轴时为买入信号；从上向下穿过横轴时为卖出信号。从短期操作看，横轴上方，BAR 由长变短是卖出信号，由短变长是买入信号；横轴下方则相反。当 DIF 向上突破 MACD 时为涨势确认点，是买入信号；当 DIF 向下突破 MACD 时是跌势确认点，是卖出信号。

DIF 与 MACD 的交叉。当 DIF、MACD 在 0 轴上时，表明短期移动平均线位于长期移动平均线之上，为多头市场。此时当 DIF 向上突破 MACD 时，是较好的买入信号；而当 DIF 向下跌破 MACD 时只能认为是回调，此时宜获利了结。反之，当 DIF、MACD 在 0 轴之下，表明是空头市场。在 0 轴之下，当 DIF 向下跌破 MACD 时是较佳的卖出信号；而当 DIF 向上突破 MACD 时，只能认为是反弹，只适合短线操作，应快进快出。

第二，注意指标的背离。

如果 DIF 与 MACD 交叉点与股价或指数背离，说明 DIF 的走向与股价趋势背离，则是一般发出买卖信号。当股价走势出现 2～3 个近期低点时，而 DIF（DEA）并不配合出现新低点，则是买入信号。当股价走势出现 2～3 个近期高点，而 DIF（DEA）并不配合出现新高点，则是卖出信号。

与移动平均线相比，MACD 去除了虚假信号，可避免频繁的买卖，但由于 MACD 是中长线指标，因此并不适合短线操作。此外当市场盘整，股价变化不大时，MACD 买卖信号常常失真，指导作用不大。另外，对股价上升或下降的深度不提供帮助信息。在具体运用时，MACD 可配合相对强弱指标（RSI）及随机指标（KDJ）一起使用，以弥补各自缺点。

2. 威廉指标（WMS）

WMS 属于超买超卖型指标，主要通过分析一段时间内股价最高价、最低价和收盘价之间的关系，来判断股市的超买超卖现象，预测股价中短期的走势。它主要是利用振荡点来反映市场的超买超卖行为，分析多空双方力量的对比，从而提出有效的信号来研判市场中短期行为的走势。

（1）WMS 计算方法。

$$n \text{ 日 WMS} = (H_n - C_t)/(H_n - L_n) \times 100$$

其中，C_t 为当天收盘价；H_n 和 L_n 是最近 n 日内（包括当天）出现的最高和最低价。

WMS 指标的含义是当天收盘价在过去的一段日子的全部价格范围内所处的相对位置。如果 WMS 的值比较大，则当天的价格处在相对较低的位置，要注意反弹；如果 WMS 的值比较小，则当天的价格处在相对较高的位置，要注意回落；WMS 取值居中，在 50 左右，则价格上下的可能性都有。

WMS 指标在计算时首先要决定计算参数，此数可以采取一个买卖循环周期的半数。以日为买卖的周期为例，通常所选用的买卖循环周期为 8 日、14 日、28 日或 56 日等，扣除周六和周日，实际交易日为 6 日、10 日、20 日或 40 日等，取其一半则为 3 日、5 日、10 日或 20 日等。

（2）研判要点。

WMS 指标的一般研判标准主要是围绕数值大小、曲线形状等方面展开的。

第一，WMS 的数值范围为 0~100，以 0 为顶部，以 100 为底部。

当 WMS 在 20~0 区间时，是超买区，表明市场处于超买状态，股价已进入顶部，可考虑卖出。当 WMS 进入 80~100 区间时，是超卖区，表明市场处于超卖状态，股价已近底部，可考虑买入。当 WMS 在 20~80 区间时，表明市场上多空暂时取得平衡，股票价格处于横盘整理之中，可考虑持股或持币观望。

在实际中，当 WMS 曲线向上突破 20 超买线而进入超买区运行时，表明股价进入强势拉升行情，这是提醒投资者要密切关注行情的未来走势，只有当 WMS 再次向下突破 20 线时，才为投资者提出预警，为投资者买卖决策提供参考。同样，当 WMS 曲线向下突破 80 超卖线而进入超卖区运行时，表明股价的强势下跌已经缓和，这也是提醒投资者可以为建仓做准备，而只有当 WMS 曲线再次向上突破 80 线时，投资者才可真正短线买入。

第二，当 WMS 曲线从超卖区开始向上爬升，超过 80 这条买入线时，说明行情可能向上突破，是开始买入的信号。当 WMS 曲线从超买区开始向下回落，跌破 20 这条卖出线时，说明行情可能向下反转，是开始卖出的信号。

当 WMS 曲线由超卖区向上突破 50 这条多空平衡线时，说明股价涨势较强，可考虑短线加码买入。当 WMS 曲线由超买区向下突破 50 这条多空平衡线时，说明股价跌势较强，可考虑短线加码卖出。

3. 随机指标（KDJ）

KDJ 属于超买超卖类指标，侧重于探索高低价位与当日收市价的实际波动幅度，反映价格走势的强弱和超买超卖现象。KDJ 在设计上综合了其他同类分析工具的优点，充分考虑了价格波动的随机振幅和中短期波动，因而其短期测市功能良好，是一种实用的中短期技术测市手段。

（1）KDJ 的计算方法。

第一，计算随机指标的原始值 RSV。

$$RSV = (C - L_N) \div (H_N - L_N) \times 100\%$$

其中，C 为计算日收盘价，L_N 为 n 日内最低价，H_N 为 n 日内最高价，n 为计算时期长度，一般设定为 6 日或 9 日

第二，计算 K 值，对 RSV 进行指数平滑。

当日 K 值 = $(2/3) \times$ 前一日 K 值 + $(1/3) \times$ 当日 RSV

其中，1/3 是习惯的平滑因子。

第三，计算 D 值，对 K 值进行指数平滑。

当日 D 值 = $(2/3)$ 前一日 D 值 + $(1/3) \times$ 当日 K 值

第四，计算 J 值。

$$J = 3D - 2K$$

（2）KDJ 研判要点。

K 值、D 值、J 值可作为判断超买超卖状况的依据。一般来说，$K > 80$、$D > 70$、$J > 100$ 为超买；$K < 20$、$D < 30$、$J < 10$ 为超卖。分析时以 K 值、D 值为主，J 值为辅，因为 J 值反应过于灵敏。KDJ 与股价趋势出现背离时，是行情反转的信号。当股价一峰高过一峰，而 KDJ 三条曲线一峰比一峰低，是中短期见顶的信号，反之则是见底信号。当 K 线从下向上突破 D 线时，是买进信号。当 K 线由上向下跌破 D 线时，是卖出信号。一般地，K 线与 D 线的交叉突破发生在 80 以上或 20 以下，买卖信号比较准确。当这种交叉突破出现在 50 左右，而走势又陷入盘局时，买卖信号视为无效。

4. 相对强弱指标（RSI）

RSI 也属于超买超卖类指标。RSI 根据股价涨跌幅度显示市场的强弱，以某一时间内整个股市或某一股票的涨跌平均值作为预测未来股价变动的依据。

（1）RSI 计算方法。

RSI = N 日内股市收盘指数上升点数之和/（收盘指数上升点数之和 + 收盘指数下跌点数之和）

或 RSI = N 日内收盘涨幅平均值/（N 日内收盘平均值 + N 日内跌幅平均值）

计算 RSI 一般以 10 日、14 日为单位，6 日、12 日、24 日为单位也较普遍。选择计算周期需要根据分析对象价格波动的特性和一般幅度作出决定，周期过短或过长发出的信号不是过于敏感就是过于迟钝，对分析股价波动方向带来较大误差。RSI 取值在 1% ~ 100% 之间。

（2）RSI 研判要点。

根据 RSI 大小，将 100 分成四个区域，分不同情况进行操作。各级别的分界并不很严格，只是对分界线的一个大致描述。RSI 的运用法则如下：

第一，不同参数的两条或多条 RSI 曲线交叉使用：短期 RSI > 长期 RSI，表示股价要上涨；短期 RSI < 长期 RSI 表示股价要下跌。

第二，根据 RSI 数值大小判断行情，如表 4 – 7 所示：

表 4 – 7　　　　　　　　　　根据 RSI 判断行情

RSI	市场特征	操作建议
80 ~ 100	超买	卖出
50 ~ 80	强	买入
20 ~ 50	弱	卖出
0 ~ 20	超卖	买入

当 RSI 为 50 时，买卖双方力量均衡。RSI 在 40 ~ 60 之间波动的概率最大，表明市场正处于牛皮整理行情；RSI 在 50 以上表示涨势强于弱势，RSI 上升到 70 或 80 以上表示已有超买现象，继续上升表示已进入严重超买警戒区，暗示股价极可能在短期内反转下跌；RSI 在 50 以下表示为弱势，若 RSI 指标下跌至 30 或 20 以下，表明已有超卖现象，再度下跌表示已进入严重超卖警戒区，股价可能止跌回升。

第三，根据 RSI 曲线进行图形分析：

当 RSI 在较高或较低的位置形成头肩形或多重顶底，是采取行动的信号。这些形态一定要出现在较高或较低的位置，离 50 越远结论越可信。

当 RSI 与股价呈反方向变动时，出现背离信号，通常是市场即将发生重大变化的信号。当日 K 线屡创新高，而 RSI 线未能同时创新高甚至走低时，这种背离显示股价有虚涨现象，通常是较大反转下跌的前兆；相反，若股价创新低而 RSI 未能创新低，暗示股价可能反转上升。

RSI 指标有比股价指数或个别股票价格先行显示未来行情的特性。在股价指数尚未上涨时，RSI 已先行上升，当股价指数未跌时，RSI 已先行下降，尤其在股价峰谷区域特别明显。利用这一特点，可作如下研判：在股市盘整时，RSI 一底高过一底表示买方力量强，而一底比一底低表示卖方力量强；股价尚在盘旋，而 RSI 已整理完毕，领先突破趋势线，暗示股价即将突破整理；在股价不断创新高的同时，RSI 也创新高表示后市仍属强势，可能还会上涨；在股价不断创新低的同时，RSI 也创新低表示后市仍弱，可能还会下跌；在超买超卖区域，RSI 图形比 K 线提早出现顶部或底部图形，如 M 头或 W 底，显示出反转或反弹信号。

RSI 也具有一些缺陷。首先是计算周期与取值区间的不确定性，特别是超买超卖区的不确定，有时会发生 RSI 信号与实际行情的不一致。在特殊的行情中，RSI 涨到 95 以上或跌到 5 以下都不足为奇，此时若根据 RSI 信号在 70 附近卖出或在 30 附近买入，风险都较大。其次，RSI 在 40～60 变化较为敏感，而在 20 以下和 80 以上区间往往有钝化、失真的现象，要谨慎使用。最后，背离信号难以事先确认，有时有二次、三次出现背离信号后行情才真正反转，也有发出背离信号后行情并无反转的现象。因此，有时很难根据背离信号确认行情的根本反转。

5. 能量潮（OBV）

OBV 属于人气型指标，也称平衡交易量。人气，是决定成交量大小的先决条件，直接导致了股价的涨跌。所以，技术分析将人气列为重要研究对象，各种人气指标应运而生。OBV 的理论基础是市场价格的有效变动必须有成交量配合，量是价的先导。利用 OBV 可以验证当前股价走势的可靠性，并可以得到趋势可能反转的信号。该指标比单独使用成交量更能说明股市的涨跌。

（1）OBV 的计算公式。

今日 OBV = 昨日 OBV + sgn × 今日的成交量。其中：

$$\text{sgn} = \begin{bmatrix} 1, & \text{当今日收盘价} \geq \text{昨日收盘价} \\ -1, & \text{当今日收盘价} < \text{昨日收盘价} \end{bmatrix}$$

（2）OBV 研判要点。

以时间为横坐标，成交量为纵坐标，将 OBV 值标在坐标图上就得到 OBV 线。通过 OBV 值和 OBV 线可以研判股价趋势。需要说明的是，成交量是指成交手数，而非成交金额。

第一，当 OBV 线超过前一波高点时，可视为短期买进信号；OBV 线低于前一波低点时，可视为短线卖出信号。

第二，股价上升，OBV 线相应上升，即价涨量增，表明股价会继续上升。反之，股价下跌，OBV 线相应滑落，即价跌量缩，表示股价会继续下跌。

第三，股价与 OBV 走势背离时，股价有反转的可能。股价继续上升而 OBV 已下降，即价涨量缩，表明买盘乏力，是卖出信号；股价仍在下跌，而 OBV 线已经开始上升，即价跌量增，表明逢低接手转强，是买进信号。

第四，OBV 从负转正，有可能形成上升趋势，是买进信号；OBV 从正转负，有可能形成下降趋势，是卖出信号。在股价进入盘整区后，OBV 曲线会率先显露出脱离盘整的信号，向上或向下突破。

以上介绍了几种比较常用的技术指标，实际上技术指标远不止这些。投资者不需要对所有技术指标都了如指掌，只需要能够娴熟运用少数几个常用技术指标就可以了。

最后，简单谈一谈运用技术分析应注意的几个问题。第一，技术分析应与基本分析结合使用。作为投资分析的两种基本方法，技术分析与基本分析各有特点和长处。一般来说，基本分析属于理性思维，它立足未来，相信每只股票都有一个由公司未来预期所决定的内在价值，力图发现证券价格与其各种影响因素之间的因果关系。技术分析属于经验思维，它着眼于过去，相信证券价格的历史信息能够用来预测未来价格，试图以过去的经验来把握未来的市场趋势。基本分析重在选股，比较适合解决"买什么"的问题；技术分析重在选时，比较适合解决"何时买入或卖出"的问题。第二，在应用技术分析时，应注意多种技术图形或指标的综合研判。单纯依赖某一技术指标，很难准确判断股价走势，将几种技术数据结合起来相互印证，成功率会更高。第三，应当注意，技术分析中的模式、公式都是经验性的，和实际情况并不完全相符，不可简单照搬照用。运用技术分析方法，要借助自己的投资经验，有很大的艺术性。

思考与练习

1. 假设某优先股每年固定支付股息 5 元/股，必要收益率为 10％，利用现金流贴现模型计算该优先股的内在价值。如果该优先股现在的市场价格为 60 元/股，投资者应该采取什么样的投资策略？

2. 举出一个宏观经济变化影响股市的实际案例，并分析影响的过程和结果。

3. 上网查找出处于导入期、成长期、成熟期和衰退期行业的上市公司各 1 家，从行业角度分析一下这些上市公司的投资价值？如果让你选择投资其中的一家公司股票，你会选择哪一家？为什么？

4. 选择一只股票，分别用 MA、MACD、RSI、WMS、KDJ、OBV 等技术指标判断一下该股未来的价格走势。

5. 选择一家你熟悉或喜欢的上市公司，查阅它的各种公开信息，综合运用基本分析和技术分析方法撰写一份上市公司投资价值研究报告。

第五章

证券组合投资分析

　　与传统投资分析关注个别证券的基本面信息和在市场上的技术表现不同，现代投资学研究的重点是证券组合管理。所谓证券组合是指投资者持有的各种有价证券的总称，如股票、债券、基金、存款单、金融期货等。证券组合分析的重点是构建合理的证券组合，以多元化投资来有效降低非系统性风险，尽可能地保证整个组合的预期收益率和风险水平达到最优化。就证券组合投资管理而言，传统的基本分析和技术分析也能提供一些指导，从而形成了传统的证券投资组合管理方法，但这类方法过多依赖于投资者的主观判断和定性分析，而对证券组合中各种证券在风险与收益方面的相互影响，以及由此造成的证券组合整体的风险和收益并没有做深入的分析，因而对投资组合管理的指导作用不大。现代证券组合管理则是以资产组合的整体为对象，以资产组合的预期效用最大化为目标进行管理，单个证券的风险和收益不再是管理的重点，资产之间的相互关系和组合整体的风险收益特征成为投资管理的重心。

　　证券组合管理的目标是通过构建投资组合在投资收益与风险中找到一个平衡点，即在风险一定的条件下实现收益的最大化或在收益一定的条件下使风险最小化，也就是说要使组合的风险和收益特征能够给投资者带来最大化效用。对投资者而言，合理地构建证券组合可以降低非系统风险。投资组合管理理论证明，证券组合的风险随着组合所包含的证券种类的增加而减少，资产间关联性极低的多样化组合可以有效地降低非系统性风险，这正好验证了一句流行的投资格言：不要把所有鸡蛋放在同一个篮子里。

　　证券组合管理对于机构投资者来说意义特别重大，因为机构投资者拥有的资产规模巨大，包含的证券种类也非常多，更需要对各种证券之间的关系进行分析，以实现证券组合整体的风险－收益的最优化。现代投资学对证券投资组合的收益和风险进行科学的描述和分析，为机构投资者大规模地构建和调整证券投资组合提供了理论指南。

1952年，美国金融学家哈里·马科维茨发表了一篇题为《资产组合选择》的论文，首次运用严谨的数理分析论证了为什么要构建资产组合以及如何建立有效的组合。马科维茨将数量化研究引入证券收益和风险研究领域，提出了均值/方差模型，对投资学的数学化、科学化作出了重大贡献，开启了现代投资学理论。

 专栏5－1：哈里·马科维茨

哈里·马科维茨1927年8月生于美国芝加哥市的一个俄罗斯移民后代家庭，从小爱好广泛，高中时他是乐队的小提琴手。高中毕业后，马科维茨进入芝加哥大学经济系，该校强调尽可能读原著。大学期间，他涉猎广泛，并打下了较坚实的数学基础，这对他后来创立证券组合理论作用颇大。他还是芝加哥大学著名的考尔斯（Cowles）经济学研究委员会的一名学生会员，这个研究会曾产生过多名诺贝尔经济学奖获得者。在芝加哥大学，马科维茨从众多经济学大师和同时代的佼佼者那里汲取学术营养，这里宽松、论辩的学术氛围激发了参与者的灵感，对马科维茨以后学术思想的形成有无可替代的作用，证券组合选择理论就是他在考虑学位论文题目时产生的。

1952年马科维茨发表了论文《资产组合选择》（*Portfolio Selection*），这篇著名的论文是现代投资学的开山之作，后来马科维茨凭借此文获得了1990年度诺贝尔经济学奖。实际上，当马科维茨开始他的研究时，他对股票和股票市场一点也不感兴趣。马科维茨曾提到他当时真正感兴趣的是线性规划。一次偶然遇到一位股票经纪人，此人建议马科维茨把线性规划应用于投资者面临的问题，这激起了马科维茨的兴趣。不久，芝加哥大学商学院主任建议马科维茨读一下约翰·布尔·威廉姆斯（John Burr Williams）的《投资价值理论》，这是一本关于股票的非常有影响力的书。由此他开始了自己的研究，最后在那篇著名的论文中他给出了在给定风险下收益最大化或者在给定收益水平下风险最小化的过程，这就是现代投资组合理论的基石。马科维茨还说明了为什么多样化能够在保证收益率的前提下，降低投资组合的风险。

在取得芝加哥大学经济学博士学位后，马科维茨加入兰德公司，与同事们开发了一系列应用于证券组合与资产分析的新技术、新方法。此后，他的研究工作基本是对证券组合理论的完善，以及一些技术、方法方面的工作，没有重大的理论突破。因其在投资理论上的突出贡献，马科维茨和其学生夏普（Sharpe）等人同获 1990 年度诺贝尔经济学奖。马科维茨不仅是享誉美国和国际金融经济学界的大师，而且具备相当的管理才能，他曾担任美国金融学会主席、管理科学协会理事、计量学会委员和美国文理科学院院士。

资料来源：哈里·M. 马科维兹，肯尼斯 A. 布莱. 风险收益分析：理性投资的理论与实践（第 1 卷）［M］. 唐亮，武微译，北京：机械工业出版社，2016.

1963 年，马科维茨的学生威廉·夏普（William Sharpe）等人对均值/方差模型进行了简化，提出了单因素模型，该模型假设资产收益只与市场组合收益有关，大大降低了马科维茨模式的计算量，提高了资产组合理论的实际应用价值。如今，马科维茨模型主要应用于不同类型证券之间的资金分配，夏普模型则广泛应用于同类证券内部不同证券的组合选择。1964 ~ 1966 年，威廉·夏普、约翰·林特纳（John Lintner）、简·莫辛（Jan Mossin）等人分别独立提出了资本资产定价模型（CAPM），1976 年斯蒂芬·罗斯（Stephen Ross）提出了套利定价模型（APT）。至此以证券组合管理为核心的现代投资学初步形成。本章主要介绍马科维茨资产组合模型、资本资产定价模型和套利定价模型。

一、马科维茨资产组合模型

风险和收益是投资的两个基本要素。投资决策无非就是希望在既定风险水平下实现收益的最大化，或者在收益一定的条件下使风险最小化，这就需要对投资的收益与风险进行客观、定量的评估，这是现代投资学要解决的首要问题。

马科维茨资产组合模型的一个基本特征就是用严格的数学概念来定义投资的风险和收益，即用投资的期望收益率来定义投资的收益，用期望收益率的方差或标准差来定义投资的风险，这是马科维茨对投资学理论的重要贡献。

（一）投资的收益和风险

在投资学中，投资收益率有很多含义，如持有期收益率、到期收益率等，但这些收益率都是在假设未来收益是确定的情况下计算的，但实际上当投资者进行投资决策时，最需要评估的是未来收益率，而这种未来收益率往往具有不确定性，因此一般用期望收益率 $E(r)$ 来刻画比较合适。假设某项投资在未来不同情况下的实际收益率及相应概率如表 5-1 所示，则该项投资的期望收益率为：$E(r) = 0.25 \times 15\% + 0.50 \times 8\% + 0.25 \times (-4\%) = 6.75\%$。

表 5-1　　　　　　　　　　　**不同情况下的收益率概率分布**

经济环境	概率	收益率
繁荣	0.25	15%
正常	0.50	8%
衰退	0.25	-4%

风险是指投资收益率的波动性，即实际收益率与平均收益率之间的偏离，因此可以用实际收益率与平均收益率的偏离程度来描述风险。在数学上，这种偏离程度通常用收益率的方差或标准差来度量。

所有投资都存在风险。但在投资学中，一般假设存在一种无风险资产即期望收益率的标准差为 0 的资产，通常用银行存款、国库券、货币市场工具等来近似表示无风险资产。相应地，期望收益率的标准差大于 0 的资产称为风险资产。

投资于风险资产的预期收益就是风险收益，投资于无风险资产的预期收益就是无风险收益。风险收益减去无风险收益就是风险溢价（risk premium），或风险补偿，也可表示为：投资收益率 = 无风险收益率 + 风险溢价。例如，假设无风险收益率为每年 2%，股票期望收益率为每年 10%，则股票风险溢价就是 8%。

（二）单个证券的投资收益和风险

在马科维茨资产组合模型中上，单个证券的投资收益一般用该证券的期望收益率来表示，所谓期望收益率是该证券在各种可能情况下不同实际收益率的加权平均值，计算公式为：

$$E(r) = r_1p_1 + r_2p_2 + \cdots + r_np_n = \sum_{i=1}^{n} r_ip_i \qquad (5-1)$$

其中，$E(r)$ 为该证券的期望收益率；r_i 为第 i 情况下该证券可能的收益率；p_i 为第 i 情况发生的概率；n 为各种可能情况的数目。

【例题 5-1】 单个证券期望收益率的计算。

假设某证券的收益率及其发生概率如表 5-2 所示，则该证券的期望收益率为：

$$E(r) = (-30\%) \times 0.1 + (-10\%) \times 0.3 + 10\% \times 0.5 + 20\% \times 0.1 = 1\%$$

表 5-2　　　　　　　　　　某证券收益率及概率

收益率（%）	-30	-10	10	20
概率	0.1	0.3	0.5	0.1

单个证券的风险可以用该证券收益率的方差来表示。方差反映了未来可能收益率与期望收益率的偏离程度。以第 i 种情况发生的概率为权重，计算各种可能收益率与期望收益率的离差的平方的加权平均值，就得到该证券收益率的方差 $\sigma^2(r)$：

$$\sigma^2(r) = [r_1 - E(r)]^2p_1 + [r_2 - E(r)]^2p_2 + \cdots$$

$$+ [r_n - E(r)]^2p_n = \sum_{i=1}^{n} [r_i - E(r)]^2p_i \qquad (5-2)$$

方差的算术平方根就是均方差（标准差）$\sigma(r)$，通常用标准差 $\sigma(r)$ 表示单个证券的投资风险[①]。其中，$r_i - E(r)$ 表示第 i 种情况下的可能收益率与期望收益率的差距，也称为离差。标准差的计算公式为：

$$\sigma(r) = \sqrt{\sum_{i=1}^{n} [r_i - E(r)]^2p_i} \qquad (5-3)$$

【例题 5-2】 单个证券投资风险的计算。

假设某证券投资收益率受 a、b、c 三个可能性事件的影响。a、b、c 的发生概率分别为 20%、35% 和 45%。a 发生时，该证券投资收益率为 -10%；b 发生时，该证券投资收益率为 5%；c 发生时，该证券投资收益率为 15%。求该证券的期望收益率、方差和标准差。

---

① 方差和标准差都可以用来衡量风险程度，但由于标准差的单位与期望值的单位相同，所以标准差应用得更为广泛。

解：$E(r) = \sum_{i=1}^{n} p_i r_i = 0.2 \times (-0.1) + 0.35 \times 0.05 + 0.45 \times 0.15 = 0.065 = 6.5\%$

$\sigma^2 = \sum_{i=1}^{n} p_i [r_i - E(r)]^2 = 0.2 \times (-0.1 - 0.065)^2 + 0.35 \times (0.05 - 0.065)^2 + 0.45 \times (0.15 - 0.065)^2 = 0.008775$

$\sigma = \sqrt{0.008775} = 0.093675 = 9.3675\%$

（三）证券组合的投资收益和风险

证券组合由两个或两个以上的证券按照一定比例结合在一起构成。我们先考虑一种较简单的情况——两种证券组合的收益与风险，然后将结论推广至一般证券组合的情况。

1. 两种证券组合的投资收益和风险

假设某个证券组合只包含两种证券 A、B，其期望收益率分别为 $E(r_1)$、$E(r_2)$。A、B 在证券组合中所占的投资比例分别为 w_1、w_2，其中 $w_1 + w_2 = 1$。

则该证券组合的期望收益率为：

$$E(r) = w_1 E(r_1) + w_2 E(r_2) \qquad (5-4)$$

也就是说，两种证券组合的期望预期收益率等于这两种证券各自期望收益率的加权平均值，其权重为各证券在组合中所占的投资比例。

例如，投资者持有的证券组合包括股票 A 和 B。A、B 的期望收益率分别为 30%、20%；A、B 在证券组合中的投资比例分别为 60%、40%。

则该组合的预期收益率为：$0.6 \times 30\% + 0.4 \times 20\% = 26\%$。

另外，如果允许卖空的话，则投资组合中证券的投资比例既可能为负值，也可能大于 1。例如，投资者拥有 1 万元资金并卖空 0.5 万元股票 B，用其所得加上自有资金买入 1.5 万元股票 A，这也构成一个投资组合，其投资比例为 $w_1 = 1.5$；$w_2 = -0.5$。于是，证券期望收益率为（$1.5 \times 30\%$）-（$0.5 \times 20\%$）$= 35\%$。

可见，在不存在卖空的情况下，证券组合的预期收益总是处于两种证券的期望收益率之间，其大小取决于对这两种证券的投资比例。在允许卖空的情况下，则证券组合的预期收益率没有上下限。因此，通过大量卖空低收益证券就能够提高证券组合的收益率，但是必须注意这种行为在增加证券组合收益率的同时也增加了证券组合的风险。

在单个证券投资风险的基础上，可以进一步评估证券组合的风险。要度量证券组合的风险，首先要区分系统性风险和非系统性风险。系统性风险是全局性的，不能通过证券组合的分散化投资来减低，而非系统性风险只局限于特定行业或企业，与其他行业或企业无关。因此可以通过证券组合来分散风险。要注意的是，证券组合的风险不仅取决于证券组合中各证券的风险大小，还取决于证券组合中各个证券收益率之间的相关关系。证券收益率之间的相关关系通常用协方差或相关系数来表示。

在统计学上，协方差度量的是两个随机变量之间的相关性。两种证券收益的协方差等于这两种证券收益率的离差乘积的加权平均数，以各种离差发生的概率为权数。

考虑一个只包含两种股票 A、B 的证券组合 P。该证券组合在 A、B 上的投资比例分别 w_1、w_2，A 和 B 的标准差分别为 σ_1、σ_2。根据定义，该证券组合的协方差为：

$$\sigma_{12} = \sum_{t=1}^{n} p_t \{ [r_{1t} - E(r_1)] [r_{2t} - E(r_2)] \} \tag{5-5}$$

其中，σ_{12} 为证券 A 与 B 的协方差；p_t 为第 t 种可能情况发生的概率；r_{1t}、r_{2t} 为第 t 种可能情况下证券 A、B 的实际收益率，$E(r_1)$、$E(r_1)$ 分别为证券 A、B 的期望收益率。

协方差是衡量两种资产收益率相关性的一个统计概念。如果两个证券的协方差大于 0，说明两个证券的收益率同向变化，两个证券收益率之间呈正相关关系；如果两个证券的协方差小于 0，说明两个证券的收益率反向变化，两个证券收益率之间呈负相关关系；如果两个证券的协方差等于 0，说明一个证券收益率的变化对另一个证券的收益率没有任何影响，两个证券收益率之间不相关。在投资组合中，资产之间正的协方差导致组合期望收益率的标准差也较大，这意味着投资组合具有较大的投资风险；反之，负的协方差会降低证券组合的投资风险。

同协方差相联系的另一个统计指标是相关系数，两种证券收益率的相关系数等于协方差除以标准差之积。其计算公式为：

$$\rho_{12} = \frac{\sigma_{12}}{\sigma_1 \sigma_2} \tag{5-6}$$

其中，ρ_{12} 为证券 A、B 的相关系数，σ_1、σ_2 分别为证券 A、B 的标

准差。

相关系数保留了协方差的性质，但没有量纲，且取值范围仅限于 0 和 1 之间，因此更适用于判断各种证券收益率之间的相关性。$\rho_{12} = 1$，表示两种证券之间的收益率完全正相关；$\rho_{12} = -1$，表示两种证券之间的收益率完全负相关；$\rho_{12} = 0$，表示两种证券之间的收益率完全不相关，即二者收益率的变化是相互独立的。

知道每个证券的标准差以及两个证券之间的协方差或相关系数后，就可以计算该两种证券组合 P 的标准差，其计算公式为：

$$\sigma_P = \sqrt{w_1^2 \sigma_1^2 + w_2^2 \sigma_2^2 + 2w_1 w_2 \sigma_{12}} \qquad (5-7)$$

以相关系数替代协方差后，资产组合 P 的标准差还可表示为：

$$\sigma_P = \sqrt{w_1^2 \sigma_1^2 + w_2^2 \sigma_2^2 + 2w_1 w_2 \sigma_1 \sigma_2 \rho_{12}} \qquad (5-8)$$

可以看出，除非两种证券完全正相关，否则证券组合的风险总低于两种证券风险的加权平均数，即通过证券组合，可以降低投资风险。实际上，投资者可以通过调整组合中证券的比例实现组合的风险最小化。

【例题 5 – 3】 两种证券组合收益率与风险的计算。

通过历史数据统计，已知证券 A 三年的投资回报率分别为 5%、15%、25%。证券 B 三年的回报率分别为 25%、15%、5%。假设投资者投资证券 A 的资金比例为 60%，投资证券 B 的资金比例为 40%。求两者的协方差、相关系数及由 A 和 B 构成的证券组合的方差？

解：证券 A 的平均收益率 $r_A = (0.05 + 0.15 + 0.25) \div 3 = 0.15$，

证券 B 的平均收益率 $r_B = (0.25 + 0.15 + 0.05) \div 3 = 0.15$，

$$\sigma_{AB} = \frac{(0.05 - 0.15)(0.25 - 0.15) + 0 + (0.25 - 0.15)(0.05 - 0.15)}{3}$$

$$= -0.0067,$$

$$\sigma_A = \sqrt{\frac{1}{3}[(0.25 - 0.15)^2 + 0 + (0.05 - 0.15)^2]} = 0.0816,$$

$$\sigma_A = \sqrt{\frac{1}{3}[(0.25 - 0.15)^2 + 0 + (0.05 - 0.15)^2]} = 0.0816,$$

$$\rho_{AB} = \frac{\sigma_{AB}}{\sigma_A \sigma_B} = \frac{-0.0067}{0.0816 \times 0.0816} = -1,$$

$$\sigma_P^2 = 0.6^2 \times 0.0816^2 + 2 \times 0.6 \times 0.4 \times (-0.0067) + 0.4^2 \times 0.0816^2$$

$$= 0.000246$$

2. 一般证券组合的投资收益与风险

上述度量两种证券组合收益与风险的方法也可推广到计算包含多种证券的投资组合的收益与风险。一般来说，对于一个包含 n 种证券的投资组合 Q，假设其中第 i 种证券的预期收益率为 r_i，投资比例为 w_i，则该证券组合的预期收益率为：

$$E(r_Q) = \sum_{i=1}^{n} w_i r_i \qquad (5-9)$$

其中，$\sum_{i=1}^{n} w_i = 1$。

该证券组合的风险可用其标准差表示，计算公式为：

$$\sigma_Q = \sqrt{\sum_{i=1}^{n} \sum_{j=1}^{n} \sigma_{ij} w_i w_j} = \sqrt{\sum_{i=1}^{n} \sum_{j=1}^{n} w_i w_j \rho_{ij} \sigma_i \sigma_j}$$

$$= \sqrt{\sum_{i=1}^{n} \sum_{\substack{j=1 \\ j \neq i}}^{n} w_i w_j \rho_{ij} \sigma_i \sigma_j + \sum_{i=1}^{n} w_i^2 \sigma_i^2} \qquad (5-10)$$

其中，σ_Q 为证券组合 Q 的风险，w_i 和 w_j 分别为第 i、j 种证券的市场价值占证券组合总价值的比例。

从式（5-10）可以看出，证券组合的风险由两部分组成：一是由证券自身特征所产生的非系统性风险，即 $\sum_{i=1}^{n} w_i^2 \sigma_i^2$；二是由各证券之间的协方差所产生的系统性风险，即 $\sum_{i=1}^{n} \sum_{\substack{j=1 \\ j \neq i}}^{n} w_i w_j \rho_{ij} \sigma_i \sigma_j$。当组合中证券数目增加时，单个证券的投资比例减少，其标准差对组合资产风险的影响下降；特别地，当组合中证券数目趋于无穷大时，每个证券的标准差对证券组合风险的影响趋于 0，即非系统性风险趋于 0，组合的风险仅由各证券之间的协方差所决定，即只剩下系统性风险，也就是说，通过组合投资，能够减少直至消除非系统性风险，而只承担系统性风险。这就是多样化投资可以分散投资风险的原理。

（四）投资者的无差异曲线

在投资学中，通常用无差异曲线来描述投资者对期望收益率和风险的偏好。投资学中的无差异曲线是在 $E-\sigma$（期望收益率 - 标准差）平面上，能满足投资同样程度偏好的证券组合点连接起来的曲线。市场上大部分投资者的无差异曲线都是具有正斜率且下凸的，这样的投资者我们称之为风险厌恶的投资者，其基本特征包括：

（1）不知足。即在同样的风险水平下，投资者更偏好期望收益率更高的证券组合。

（2）厌恶风险。风险厌恶者也称风险回避者，是对投资者风险偏好的一种描述。理论上投资者的风险偏好有三种类型：风险回避者、风险中性者和风险爱好者。我们可以用一个掷硬币的游戏说明三者的不同。

假设投掷一枚硬币，正面向上与反面向上的可能性都是50%，如果正面向上，投资者将赢得5元，反面向上投资者将输掉5元。对于一个厌恶风险的投资者来说，得到5元钱带来的效用（愉快的感觉）低于失去5元的负效用绝对值（不愉快的感觉），因此虽然输和赢的概率是一样的，他参与这个游戏的预期总效用是负的，他将拒绝参与这个游戏。对于一个风险中性的投资者来说，得到5元的效用与失去5元的负效用绝对值是一样的，因此他参与这个游戏的预期总效用是0，参加或者不参加这个游戏对他是无差异的。对于一个爱好风险的投资者来说，得到5元的效用将超过失去5元的负效用绝对值，因此他参与这个游戏的预期总效用将是正的，虽然输和赢的概率相同，他仍会参与这个游戏。

但是即使都是风险厌恶型投资者，由于厌恶风险的程度不完全相同，其无差异曲线也有所区别。如果当风险增加一定幅度时，投资者要求的期望收益率补偿越高，那么他的风险厌恶程度就越高。不同风险厌恶型投资者的无差异曲线如图5-1所示：

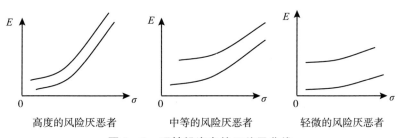

图 5-1 理性投资者的无差异曲线

高度的风险厌恶者在风险程度上升时，要求较高的收益率补偿才能保持效用不变，所以他的无差异曲线较陡峭。而轻微的风险厌恶者在风险提高时，只需要较低的收益率补偿就可保持效用不变，他的无差异曲线较平缓。

（五）均值/方差模型

马科维茨考虑的问题是单期投资问题：投资者在某个时间（期初）用一笔自有资金购买一组证券并持有一段时间（持有期），在持有期结束时（期末）出售期初买入的证券并将收入用于消费或再投资。马科维茨最先使用期望收益率和收益率的方差（标准差）来衡量投资的预期收益水平和不确定性（风险），建立所谓均值/方差模型来分析投资组合收益与风险的关系。该模型的一个重要结论是投资者应该通过同时购买多种证券而非一种证券进行分散化投资。虽然人们早已知道分散化投资能够降低风险，但如何从理论上证明这一点还要归功于马科维茨。

1. 均值方差模型的基本假设

假设 5－1：投资者仅以期望收益率来衡量未来收益水平，以收益率的标准差衡量风险。

假设 5－2：投资者是不知足的。不知足的意思是指在其他情况相同的两个组合进行选择时，投资者总是选择预期收益率较高的那个组合。

假设 5－3：投资者是风险厌恶的。风险厌恶的意思是指当面临两个预期收益率相同的组合时，投资者将选择风险较小的那个组合。

大部分投资者都是风险厌恶的。但也有少数投资者是喜欢风险的，例如具有赌徒性格的投资者，对于期望收益率相同的两个投资组合，喜欢风险的投资者更愿意选择风险较大的组合，因为这类投资组合有可能给他们带来更高的实际收益率，即使获得这个更高的实际收益率的概率非常小，他们也愿意冒险试一试。

假设 5－4：投资期为单一投资期。

假设 5－5：投资者总是希望持有有效的资产组合。所谓有效资产组合是指在给定风险水平下投资组合的收益率最大，或是在收益率水平一定的条件下投资组合的风险最小。

2. 证券组合的可行域和有效边界

如果用两个数字特征——期望收益率 E 和标准差 σ 来描述一种证券，那么任意一种证券都可表示为 $E-\sigma$ 平面上的一个点。同样，证券组合也可由其期望收益率和标准差确定为 $E - \sigma$ 平面上的一点，该点将随着证券组合中各证券所占比例的变化而变化。

理论上 $E - \sigma$ 平面上的每一个点都可代表一个证券组合，但实际上某些组合是不存在的，例如那些期望收益率很高而标准差很小的证券组合，或者期望收益率很低而标准差很大的证券组合。于是我们可以把那些实际可能存在的证券组合构成的区域称为可行域。证券组合的可行域提供了所有可能的组合，即为投资者提供了一切可行的投资组合机会。投资者需要做的就是在其中选择最满意的证券组合进行投资。那么在可行域中，投资者应该选择哪些证券组合呢？这就需要考虑投资者对期望收益率和风险的偏好特征。

不同投资者对期望收益率和风险的偏好是有所区别的，因而在可行域中他们认为适合自己的"最佳组合"也有所不同。如果假设投资者是风险厌恶的理性投资者，那么就可以认为投资者在同样期望收益率水平下会选择风险最小的组合，或者在同样风险水平下会选择期望收益率最高的组合。马科维茨假设投资者都是风险厌恶者，因此投资者希望选择的投资组合必然满足以下条件之一：①在给定风险水平下，期望收益率最高；②在给定期望收益率水平下，风险最低。符合上述条件的组合被称为有效组合，所有有效组合的集合被称为有效边界（efficient frontier）。

基于可行域和有效组合的概念，投资者在确定最优投资组合时，首先确定可行域，其次确定有效边界，最后在有效边界上确定满足自己效用最大化的最优组合。可见，确定可行域和有效边界是寻找最优组合的前提。我们先讨论最简单的情况即两种证券组合的可行域和有效边界，然后再推广到一般情况下证券组合的可行域和有效边界。

（1）两种风险证券组合的可行域与有效边界。

假设证券组合 P 由 A、B 两种风险证券构成，这表明 σ_1、$\sigma_2 \neq 0$；投资于 A、B 的比例分别为 w_1、$w_2 \geq 0$（假定不允许卖空），$w_1 + w_2 = 1$，

则该组合的期望收益率为：$E_P = w_1 E_1 + (1 - w_1) E_2$ \qquad (5-11)

该组合的标准差为：

$$\sigma_P = \sqrt{w_1^2 \sigma_1^2 + w_2^2 \sigma_2^2 + 2 w_1 w_2 \sigma_{12}}$$

$$= \sqrt{w_1^2 \sigma_1^2 + (1 - w_1)^2 \sigma_2^2 + 2 w_1 (1 - w_1) \rho_{12} \sigma_1 \sigma_2} \qquad (5-12)$$

在 $E - \sigma$ 平面上，证券组合 P 可表示为一个点 (σ_P, E_P)。随着 A、B

投资比例的变化，(σ_P,E_P) 点的位置也不断变化，形成一条连续曲线。特别地，当 $w_1=1$，$w_2=0$ 时，该曲线经过 A 点 (σ_1,E_1)；当 $w_1=0$，$w_2=1$ 时，该曲线经过 B 点 (σ_2,E_2)。该曲线表示证券组合 P 的可行域。由于 A、B 的相关系数不同，组合 P 的可行域会呈现为不同形状的曲线（见图 5 - 2）。我们分不同情况进行讨论。

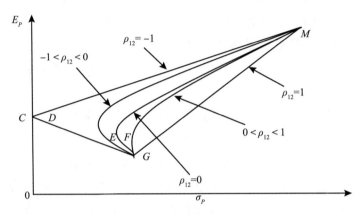

图 5 - 2　两种风险证券组合的可行集和有效边界

第一种情况：A、B 完全相关，即 $\rho_{12}=1$，代入式（5 - 12）可得：

$\sigma_P=w_1\sigma_1+(1-w_1)\sigma_2$，于是有 $w_1=\dfrac{\sigma_P-\sigma_2}{\sigma_1-\sigma_2}$，代入式（5 - 11）可得：

$$E_P=\frac{E_1-E_2}{\sigma_1-\sigma_2}\sigma_P+\frac{\sigma_1E_2-\sigma_2E_1}{\sigma_1-\sigma_2} \tag{5 - 13}$$

式（5 - 13）表明证券组合 P 的期望收益率与风险之间存在线性关系，可行域为一条线段 GM。在 G 点，$w_1=1$，$w_2=0$，表示投资者将全部资金投资于证券 A；自 G 点出发，在 A 上的投资比例逐渐下降，在 B 上的投资比例逐渐增加，在 M 点，$w_1=0$，$w_2=1$，表示全部资金投资于 B。由于可行域为一条线段，因此有效边界与可行域完全重合，也为 GM。

第二种情况：A、B 不完全正相关，即 $0<\rho_{12}<1$，A、B 组合的可行域为向左弯曲的双曲线 GFM，F 点代表最小风险组合，有效边界为 FM。

第三种情况：A、B 完全不相关，即 $\rho_{12}=0$，于是有：

$$\sigma_P=\sqrt{w_1^2\sigma_1^2+w_2^2\sigma_2^2} \tag{5 - 14}$$

　A、B 组合的可行域为一条向左弯曲的双曲线 GEM，其中 E 点表示所有组合中风险最小的组合，曲线 *EM* 代表有效边界。

为什么在曲线 *GEM* 中只有 *EM* 段是有效边界，而 *EG* 段不是？理由是：如果在 *EM* 和 *EG* 上分别取两点，并使标准差一致（风险程度一样），显然此时 *EM* 上的点的期望收益率高于具有同样标准差的 *EG* 上的点的期望收益率，所以 *EG* 上的点不是有效组合，有效组合的点只能位于 *EM* 上。

第四种情况：A、B 不完全负相关，即 $-1 < \rho_{12} < 0$，A、B 组合的可行域为向左弯曲的双曲线 *GDM*，*D* 点代表最小风险组合，有效边界为 *DM*。

第五种情况：A、B 完全负相关，即 $\rho_{12} = -1$，于是有：

$$\sigma_P = |w_1\sigma_1 - w_2\sigma_2| \qquad (5-15)$$

A、B 组合的可行域为 *GC* 和 *CM*。其中，*C* 为一个标准差为 0 的无风险组合，有效边界为 *CM*。可见，在完全负相关的情况下，按适当比例买入 A 和 B 就可构建一个无风险组合，得到一个稳定的收益率。

总之，在一般情形下，两种证券组合的可行域是一条双曲线。其弯曲程度由相关系数 ρ_{12} 决定，ρ_{12} 越大，弯曲程度越小。特别地，当 $\rho_{12} = 1$ 时，弯曲程度最小，双曲线变成直线；$\rho_{12} = -1$ 时，弯曲程度最大，双曲线变成折线。

（2）多个风险证券组合的可行域和有效边界。

两种风险证券组合是多个风险证券组合的特例。在包含多个风险证券的情况下，可能的组合将不再局限于一条曲线上，而是一个类似图 5-3 的区域。

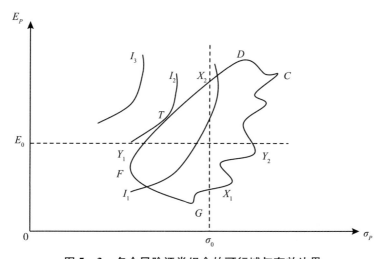

图 5-3　多个风险证券组合的可行域与有效边界

我们可以在这个可行域中进一步确定有效边界。首先，考虑同样收益率水平下具有最小风险的组合。在所有可行组合中，G点的期望收益率最小，因为过G点作横轴的平行线，可行域上的其他点都位于G点的上方。D点的期望收益率最大，因为过D点作横轴的平行线，可行域上其他的点都位于D点的下方。因此，对于各种期望收益率来说，从G到D的范围包含了各种资产组合能够提供的期望收益率。在此范围内，任意作一条横轴的平行线，容易发现在既定期望收益率水平下，具有最小风险的资产组合总是位于曲线段GFD上。因此，满足同样收益率水平下具有最小风险条件的资产组合都位于曲线GFD上。其次，考虑同样风险水平下具有最大收益率的资产组合。在所有组合中，F点的风险最小，因为过F点作纵轴的平行线，可行域上其他点都位于F点的右方。C点的风险最大，因为过C点作纵轴的平行线，可行域上其他点都位于C点的左方。因此，从F到C的范围包含了各种资产组合的所有风险。在此范围内，任意作一条纵轴的平行线，会发现在既定风险水平下，具有最大期望收益率的资产组合总是位于曲线段FDC上，因此满足同样风险水平下具有最大期望收益率的资产组合都位于曲线FDC上。综上所述，既能够满足同样收益率水平下具有最小风险，又能够满足同样风险水平下具有最大收益率的有效组合就位于曲线GFD和曲线FDC的交集上，即位于FD上。因此，曲线FD就构成了有效边界。

值得注意的是，有效边界有一个重要性质，就是其形状是外凸的。这一性质很重要，它保证了无差异曲线与有效边界的切点只有一个。为什么有效边界是外凸的？可以用反证法来证明。假设有效边界不是外凸的，而是有一部分存在凹陷，如图 5-4 所示：

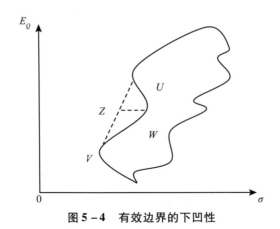

图 5-4　有效边界的下凹性

如果有效边界有一部分是凹陷的，则可在其凹陷部分选择两个组合 U、V，且二者的风险完全正相关，则 UV 线段上任一点 Z 作为 U、V 的线性组合也属于可行集。但是我们看到，与 Z 具有同样期望收益率的有效边界上一点 W，其风险水平大于 Z 点风险水平。因此 Z 点组合是比 W 点更有效的组合，这与 W 为有效边界上组合的性质相矛盾，从而证明有效边界存在凹陷是不可能的。

3. 最佳组合的选择

在知道了证券组合的有效边界后，投资者如何从有效边界上选择最佳组合呢？这就需要将有效边界与表示投资者偏好的无差异曲线结合起来考虑。图 5－3 中 I_1、I_2、I_3 分别表示投资者的三条无差异曲线。虽然投资者更偏好 I_3 上的组合，但 I_3 上的组合不属于可行域，因此不可能实现。I_1 上的组合属于可行域，I_2 与有效边界相切于 T 点，它们都是可能的组合。但是显然，对于同样的预期收益水平，I_2 上的组合比 I_1 上的组合具有更小的风险。所以，最佳的组合应是无差异曲线 I_2 与有效边界的切点 T。

总之，马科维茨的投资组合模型描述了投资者选择最佳组合的过程：首先，确定一切可行的投资组合区域——可行域；其次，在可行域上，确定对所有投资者都是"最佳"的投资组合——有效边界；最后，投资者根据自己的偏好——无差异曲线，在有效边界上选择自己最满意的投资组合。

（六）马科维茨资产组合模型的扩展

上述马科维茨资产组合模型只讨论了所有证券都是风险资产的情况，而没有考虑无风险资产，现在我们对上述模型做一个扩展。首先，引入无风险资产，允许投资者既可以投资风险资产，也可以投资无风险资产。其次，允许投资者可以按照无风险利率借款，分析在这种允许无风险借贷的情况下可行域、有效边界和最佳资产组合会有什么变化。

所谓无风险资产是指收益率确定的资产，或者说，无风险资产收益率的标准差为 0，一般来说，具有固定收益且无违约可能的资产可视为无风险资产。企业债由于理论上存在违约风险，不适宜作为无风险资产。而投资者持有期早于债券到期日的国债会存在利率风险，投资者持有期晚于债券到期日的国债会有再投资利率风险，也都不适宜作为无风险资产。一般来说，只有持有期与投资期相匹配的国债才可称得上是无风险资产。例如，持有期为 1

年的投资者将发现 1 年期国债具有确定的回报率，因此可视为无风险资产。所谓无风险贷款是指投资者将一部分资金投资于无风险资产，例如投资者购买短期国债。无风险借款是指投资者按照无风险利率借入一部分资金投资于风险资产。引入无风险证券后的证券组合可以认为是由一种无风险证券与若干种风险证券构成。我们来分析一下这种证券组合的期望收益率与风险的关系。

1. 资本配置线

假设证券组合 P 由风险证券组合 m 和无风险证券 f 构成，m 的投资比例为 w，f 的投资比例为 $1-w$；m 的期望收益率为 E_m，无风险收益率为 r_f。

则该证券组合 P 的期望收益率为：

$$E_P = wE_m + (1-w)r_f \qquad (5-16)$$

证券组合 P 的投资风险为：

$$\sigma_P = \sqrt{w^2\sigma_m^2 + (1-w)^2\sigma_f^2 + 2w(1-w)\rho_{mf}\sigma_m\sigma_f} \qquad (5-17)$$

其中，$\sigma_f = 0$，于是有：

$$\sigma_P = w\sigma_m \qquad (5-18)$$

由式（5-16）和式（5-18）可得：

$$E_P = \frac{E_m - r_f}{\sigma_m}\sigma_P + r_f \qquad (5-19)$$

式（5-19）表明由无风险资产和风险资产构成的证券组合 P 的期望收益率 E_P 与该组合的标准差 σ_P（投资风险）之间存在线性关系，在 $E-\sigma$ 平面上表示为射线 AK，如图 5-5 所示。它描述了将一定量的资本在无风险资产与特定风险资产组合之间分配构成的证券组合 P 的期望收益率与风险之间的关系，我们把射线 AK 称为资本配置线。在这里假设证券是可以无限分割的，即 w 可连续变化。但在实际投资中，证券买卖都是以一定数量为单位的，因此实际组合方案是有限的，可以用 AK 上有限个点来表示。

由资本配置线 $E_P = r_f + \dfrac{E_m - r_f}{\sigma_m}\sigma_P$ 可以看出，证券组合 P 的期望收益率由两部分组成：一是无风险利率 r_f，代表着对放弃流动性的补偿，可以认为是时间价格，且任何资产或组合的时间价格都相同；二是组合的标准差与单位风险预期回报 $\dfrac{E_m - r_f}{\sigma_m}$（资本配置线斜率）的乘积，它是对风险的补偿，因组合而异。对资本配置线上各段分析如下：

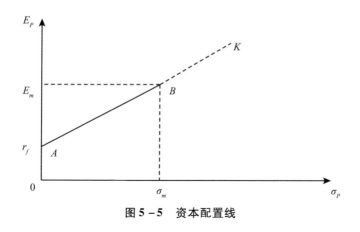

图 5 - 5 资本配置线

如果 $w=0$，说明投资者将全部自有资金投资于无风险资产 f，证券组合 P 可用 A 点（0，r_f）表示。

如果 $w=1$，说明投资者将全部的自有资金投资于风险资产 m，证券组合 P 可用 B 点（σ_m，E_m）表示。

如果 $1-w>0$，则说明投资者的自有资金一部分以无风险利率贷出（相当于投资于无风险证券 f），其他投资于风险证券组合 m，证券组合 P 位于线段 AB 上。

如果 $1-w<0$，则说明投资者以无风险利率借入资金（相当于卖空无风险证券 f），并与自有资金一起投资于风险证券组合 m，证券组合 P 位于虚线 BK 上。

2. 引入无风险证券的证券组合的可行域、有效边界和最佳组合

利用资本配置线我们可以研究引入无风险证券的证券组合的可行域、有效边界以及单个投资者对最佳组合的选择，如图 5 - 6 所示。

首先，看可行域的变化。在图 5 - 6 中，阴影部分是由多个风险证券构成的资产组合的可行域。在允许无风险借贷的条件下，A 点与该可行域中任何一点的连线都对应着一条资本配置线。这些资本配置线的总和就构成了新的可行域，它是射线 AC 与 AC' 之间的所有区域，射线 AC 和 AC' 与原可行域的边界相切。显然，引入无风险证券 f 的证券组合的可行域比风险证券组合的可行域有所扩大。其原因在于，投资者通过将无风险证券 f 与每个可行的风险证券组合进行再组合的方式增加了证券组合的种类，从而使原来仅包含风险证券组合的可行域得以扩大。

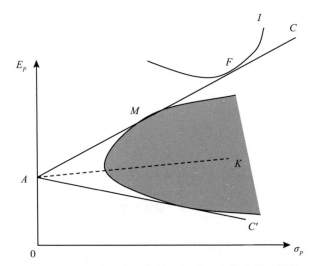

图 5 - 6   引入无风险证券组合的可行域、有效边界和最佳组合

其次，看有效边界的变化。资本配置线 AC 与新的可行域的西北边界相切，切点为 M，AC 就构成了引入无风险证券的新证券组合 P 的有效边界。因为与可行域中的其他组合相比，AC 上的组合在同样的风险水平下，期望收益率是最高的。

最后，看最佳组合的变化。按照马科维茨模型，理性投资者的无差异曲线 I 与资本配置线 AC 的切点 F 就是投资者应该选择的最佳资产组合。

马科维茨的资产组合理论核心思想就是阐释投资者如何根据无差异曲线与有效边界的切点来确定最佳资产组合。马科维茨的资产组合理论为现代投资学的发展开辟了方向。这一理论的科学和实践意义是十分深远的。

在马科维茨之前，投资者已经注意到投资的风险问题，但却无法对投资风险进行有效地衡量。马科维茨用投资回报的期望值表示投资收益，用标准差表示收益的风险，从而明确界定了风险和收益这两个最基本的投资学概念，为投资理论的数学化创造了条件。

在马科维茨之前，人们已经观察到分散投资能够降低投资风险，但却无法从理论上解释这一现象。投资组合理论表明，投资组合的风险与组合中各个证券的相关性（用协方差或相关系数表示）有密切关系，各证券之间的相关性越小，投资组合的风险也就越小。这就从理论上解释了为什么合理地分散投资常常能够降低投资风险。

在马科维茨之前，投资者比较关注的是对单个证券的投资问题。而自从马科维茨提出"有效边界"的概念后，像基金这样的机构投资者已从传统的选股转向构造投资组合，投资组合管理成为投资管理的主流趋势。

尽管马科维茨的资产组合理论在投资学上具有革命性意义，但同其他科学理论一样，它也存在一定的局限性。首先，运用投资组合模型需要计算各证券的期望收益率、标准差和协方差等基础数据，在实际过程中这些数据的计算通常十分复杂，特别是当组合中证券数量很多时，计算量非常大，这使得模型的运用受到很大限制。其次，对上述基础数据的统计估计都会有误差，这就使统计数据不够准确，进而影响了各类资产合理投资比例的确定。最后，在该模型中，输入数据的微小变化会导致资产权重的很大变化，这种解的不稳定性意味着投资者需要对资产组合频繁进行调整，这不但会导致交易成本的大幅度上升，也使人们对马科维茨模型的实用价值产生怀疑。

二、资本资产定价模型

马科维茨的资产组合模型提供了投资者根据自己的偏好选择最佳证券组合的方法。在使用这一方法时，投资者需要估计出所考虑的全部证券的预期收益率、标准差，这些证券之间的协方差，以及无风险利率。依据这些条件，投资者就可以确定最佳组合，也就是反映投资者偏好的无差异曲线与有效集的切点组合。

在本节中，我们将在马科维茨资产组合模型基础上，进一步研究这样一个问题：假设投资者都采取马科维茨的方法选择证券组合，那么证券的均衡价格将如何形成？这就是资本资产定价模型（capital asset pricing model，CAPM）所要解决的基本问题。资本资产定价模型由威廉·夏普等人在马科维茨模型基础上提出，该模型主要描述在均衡的市场中，资产的期望收益率与风险之间的关系，即如何根据资产风险大小进行合理定价。资本资产定价模型表明在市场均衡状态下，资产的期望收益率与衡量该资产风险的一个尺度贝塔值相联系。资本资产定价模型的内容主要由资本市场线和证券市场线来描述。

在这里，所谓均衡是指所有价格调整过程都不会继续进行的一种状态。达到均衡的资本市场具有以下特点：第一，证券的价格使得每种证券的供求平衡；第二，无风险利率会调整到使市场对资金的借贷量相等；第三，最优风险证券组合等于市场组合。所谓市场组合是由市场上所有风险证券组成的组合，在这类组合中，投资者在任何一种证券上的比例都等于该证券的市值占整个市场价值的比例。

从马科维茨资产组合模型到资本资产定价模型，我们的注意力将从单个投资者如何投资转向如果每个投资者都采取相同的投资态度，证券价格将会怎样。通过考察市场上所有投资者的集体行为，我们可以获得每一种证券的风险与收益之间均衡关系的特征。

（一）CAPM 模型的假设

资本资产定价模型是在马科维茨资产组合模型基础上发展起来的，其中一些假设条件已包含在马科维茨模型的假设条件中。资本资产定价模型假设条件的核心是投资者同质化，该模型的基本假设主要包括：

假设 5-6：市场上存在大量投资者，每个投资者的财富相对于所有投资者的财富总量而言都是微不足道的。这意味着每个投资者都不能对市场定价产生影响，都是价格接受者。

假设 5-7：所有投资都是单期的。即所有投资者的投资期限是一样的。

假设 5-8：投资者的投资范围仅限于公开市场上可交易的资产。

假设 5-9：资本市场是有效的。该假设意味着资本市场是无摩擦的。所谓摩擦是指市场对资本和信息自由流动的阻碍。市场无摩擦意味着：市场上没有税负和交易成本；市场是完全竞争的，每个投资者都是价格的接受者；市场上只有一个无风险借贷利率①，投资者可以按同一利率水平无限制地借贷无风险资产或进行卖空。该假设是对现实市场的简化。这个假设也消除了投资者获得最优组合的障碍，它去除了影响投资决定的各种附加条件。

假设 5-10：所有投资者都是不知足和厌恶风险的理性投资者，都以方差来度量风险，都按照马科维茨方法选择投资组合，即在期望收益率相同情况下选择标准差最小的组合，或在标准差相同情况下选择收益率最高的组

---

① 无风险利率是指无风险证券的收益率。无风险证券是指实际收益完全确定的证券。在现实中，绝对无风险的证券几乎不存在，但在投资学上通常将某种风险很小可以忽略的证券作为无风险证券看待。例如，美国将财政部发行的三个月短期债券作为无风险证券，有些国家将银行活期存款作为无风险投资。

合。投资者的有效边界都相同，这意味着投资者获得的信息相同，并且对证券收益率、风险以及证券之间的协方差具有相同的预期。

上述假设意味着资本资产定价模型描述的是这样一种情形，即所有投资者对同一个资产的风险和收益都有完全相同的看法，这样我们的注意力就可以从单一投资者如何投资转移到如果所有投资者采取同样的投资态度，证券价格会是怎样的。通过考察市场上所有投资者的集体行为，我们可以获得每一种证券的风险与收益之间均衡关系的特征。

（二）资本市场线

1. 分离定理

根据上述假设，由于投资者对各个证券期望收益率和标准差的估值都一致，因此按照引入无风险资产的马科维茨资产组合模型，所有投资者的有效边界都是一样的，即图 5 – 5 中的 AC，切点组合也是一样的，即 M 点。因此无论是否存在无风险资产，如果投资者最终选择的组合出现差异，其原因只能是他们的风险厌恶程度不同，即他们的无差异曲线不同，但是任何一位投资者的风险资产组合的构成却是一样的，即 M 点。也就是说，尽管每个投资者的最佳资产组合会有差异，但是他们的最佳资产组合都由无风险资产和风险资产组合即切点组合 M 构成，差别只是不同投资者的最佳组合在无风险资产和切点组合 M 的资金分配比例不同，这就是分离定理，即最佳资产组合中的风险资产组合的确定与投资者的风险偏好无关，投资者需要做的只是根据风险偏好确定最佳组合中无风险资产与风险资产组合各自的投资比例。

例如，在图 5 – 7 中，投资者 A 的风险厌恶程度较高，他的最佳资产组合是他的无差异曲线与 AC 的切点 F_1，F_1 表示投资者 A 以无风险利率借出部分资金（或者说投资于无风险证券 f），然后将剩余资金投资于切点组合 M。投资者 B 的风险厌恶程度较低，他的最佳资产组合是他的无差异曲线与 AC 的切点 F_2，F_2 表示投资者 B 以无风险利率借入一定资金，再将借入的资金与初始资金一起投资于切点组合 M。事实上，AM 上的任何一个组合都可以看作是投资者以无风险利率借出部分资金，然后将剩余的资金投资于切点组合 M；MC 上的任何一个组合都可以看作是以无风险利率借入一定资金，再将借入的资金与初始资金一起投资于切点组合 M。虽然 F_1、F_2 点的位置不同，但是他们都处于同一直线上，它们都是由无风险资产 f 和同一个风险资产组合 M 构成。因此对于具有不同风险偏好的投资者而言，他们的最佳资产组合中的风险资产都是 M。

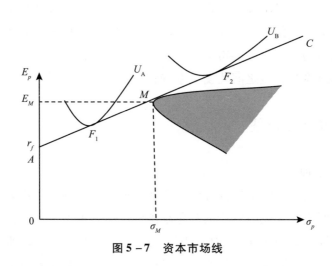

图 5 - 7　资本市场线

于是我们可以得出一个有意思的结论——投资者不再像马科维茨模型中那样根据自己的无差异曲线选择最优组合，而是不论无差异曲线如何，都只投资于一个切点证券组合 M，即每个投资者都选择由相同风险资产组合和无风险资产构成的最佳组合，差别只是投资于相同风险资产组合的资金比例不同，或者说，最佳资产组合中的风险资产组合的确定与投资者的风险偏好无关，这一结论很重要，因为它使得投资者对风险投资组合的选择与个人的主观效用函数相分离，这就是分离定理的重要意义。

2. 市场组合

分离定理强调了切点组合 M 点的重要性，因为它是所有投资者将唯一选择的风险投资组合。现在所有投资者都投资于 M，所不同的只是对切点组合 M 的投资比例有所不同。

除了证明切点组合 M 与投资者的风险偏好无关外，资本资产定价模型还证明：在均衡状态下，每一种证券在切点组合的构成中具有一个非零的比例，且这个比例等于该证券在市场组合中的比例即等于该证券的总市值除以所有证券的市值总和，这也就是意味着切点组合也就是市场组合。所谓市场组合（market portfolio）是指所有证券构成的组合，在这个组合中，投资于每一种证券的比例等于该证券的相对市值，所谓一种证券的相对市值等于该证券的总市值除以所有证券的市值总和。我们现在来证明这一结论。

按照分离定理，每个投资者的最佳组合中，风险部分仅仅是对切点组合 M 的投资。如果每个投资者都购买 M，而 M 又不包含所有风险证券，即存在某个风险证券在切点组合 M 中的比例为零，这意味着没有人对其投资，则该证券在资本市场上将供大于求，价格必然下降，从而预期收益率上升，这就会吸引投资者投资该风险证券，使得该证券在均衡时在切点组合中的比例不为零。反过来，如果切点 M 中某个风险证券所占比例过大，则会导致投资者对该证券的需求上升，这样现有价格下，对该证券的供给可能会小于其需求。在这种情况下，对该证券的买单将大量涌入，于是该证券的价格上升，导致预期收益率下降，直到该证券在切点组合 M 中的比例减少到一定水平形成供求均衡为止。

当所有风险证券的价格调整都停止时，市场达到均衡（每一种证券的供求相等）。在均衡状态下，首先，每个投资者对每一种风险证券都愿意持有一定的数量，也即所有风险证券在切点组合中的比例不为零，切点组合 M 包含了所有风险证券。其次，市场上每种证券的现有价格都处于使得对该证券的供求相等状态。最后，无风险利率的水平恰好使得借入资金的总量等于贷出资金的总量。结果，投资比例等于该证券的相对市值比例。于是，在市场均衡状态下，切点组合 M 也就成为市场组合 M。

理论上，市场组合应包含所有风险证券，但在实际中，人们通常选择有广泛代表性的股价指数来近似替代市场组合，这些股价指数在编制时都选择有代表性的证券作为成分股，因而能够比较合理地反映市场组合的大部分信息，如用标准普尔 500 指数或上证 50 指数的成分股组合来表示市场组合。

3. 资本市场线

市场组合在资本资产定价模型中起着中心作用，原因在于在均衡条件下，投资者的有效集都可视为由对市场组合的投资和无风险资产的投资（无风险资金的借入和贷出）两部分构成，这意味着有效集就是连接无风险资产与市场组合之间的直线，这一线性有效集被称为资本市场线（capital market line，CML），如图 5-7 所示，资本市场线实质上就是在允许无风险借贷下新的有效边界。资本市场线代表了有效组合预期收益率与标准差之间的均衡关系。

资本市场线可表示为：

$$E_P = r_f + \frac{E_M - r_f}{\sigma_M} \times \sigma_P \qquad (5-20)$$

其中，E_P 为有效边界上投资组合期望收益率；r_f 为无风险利率；E_M 为市场组合期望收益率；σ_P 为有效组合收益率的标准差；σ_M 为市场组合的标准差。

资本市场线描述了在市场均衡状态下，有效组合的期望收益率与风险之间的均衡关系，表明在均衡状态下有效组合的期望收益率由两个部分构成：一是资本市场线的截距即无风险利率 r_f，它是资金的时间价值。二是 $\frac{E_M - r_f}{\sigma_M} \times \sigma_P$，是对承担风险 σ_P 的收益率补偿，通常称为"风险溢价"，与承担风险的大小成正比。资本市场线的斜率 $\frac{E_M - r_f}{\sigma_M}$ 代表了对单位风险的补偿，它是风险的价格。

（三）证券市场线

资本市场线描述了市场均衡状态下有效组合的期望收益率与风险之间的关系，但是它没有给出构成市场组合的单个证券以及它们的组合的情况。资本市场线上的每个点描述的都是一个有效资产组合的期望收益率与风险的关系，而单个证券或其组合不可能是一个有效组合，所以单个证券不会出现在资本市场线上，只能位于该直线以下，因此资本市场线就无法反映单个证券收益与风险的关系。为了进一步研究均衡状态下单个证券期望收益率与风险的关系，需要引入证券市场线的概念。

1. 单个风险资产对市场组合的风险贡献

由式（5-10）可知，市场组合的风险可表示为：

$$\sigma_M^2 = \sum_{i=1}^{n} \sum_{j=1}^{n} w_{iM} w_{jM} \sigma_{ij} \qquad (5-21)$$

其中，w_{iM} 和 w_{jM} 分别表示风险资产 i 与风险资产 j 在市场组合 M 中所占的比例。式（5-21）可以进一步改写为：

$$\sigma_M^2 = w_{1M} \sum_{j=1}^{n} w_{jM} \sigma_{1j} + w_{2M} \sum_{j=1}^{n} w_{jM} \sigma_{2j} + \cdots + w_{nM} \sum_{j=1}^{n} w_{jM} \sigma_{nj} \qquad (5-22)$$

利用协方差的一个性质，即风险资产 i 与市场组合 M 的协方差等于它与组合 M 中每一个资产协方差的加权平均，即：

$$\sigma_{iM} = \sum_{j=1}^{n} w_{jM}\sigma_{ij} \qquad (5-23)$$

将式（5-23）代入式（5-22）可得：

$$\sigma_M^2 = w_{1M}\sigma_{1M} + w_{2M}\sigma_{2M} + \cdots + w_{iM}\sigma_{iM} + \cdots + w_{nM}\sigma_{nM} \qquad (5-24)$$

其中，σ_{iM} 表示风险资产 i 与市场组合的协方差。

可见，市场组合的风险可表示为构成市场组合的所有资产与市场组合协方差的加权平均数，权数为每个资产在市场组合中所占的比例，单个资产与市场组合的协方差代表了该单个资产对市场组合的风险贡献程度。因此，也可以用单个资产与市场组合的协方差来衡量单个资产的风险水平。

2. 证券市场线

当市场达到均衡时，必然要求市场组合中风险贡献度较高即风险较高的资产提供相应的较高的预期收益率。这是因为，如果某一资产在给市场组合带来较高风险的同时却没有提供相应的高收益率，那么就意味着如果将该资产从组合中删除，则会使市场组合的预期收益率相对于其风险有所上升。反之，如果某一资产在给市场组合带来较低风险的同时却提供了过高的收益率，那么就意味着如果增加该资产在组合中的比例，就会使市场组合的预期收益率相对于其风险有所上升。上述两种情况都表明市场仍在调整而没有达到均衡状态。市场组合也不是最佳组合。当调整结束时，即投资者不再减少或增加任何一种资产在组合中的比例时，市场才会达到均衡状态。通过一定的数学推导，可以发现，在市场均衡状态下，单个资产的收益与风险可用如下线性方程表示：

$$E_i = r_f + \frac{E_M - r_f}{\sigma_M^2} \times \sigma_{iM} = r_f + (E_M - r_f)\beta_i \qquad (5-25)$$

其中，E_i 为单个资产的期望收益率，$\beta_i = \dfrac{\sigma_{iM}}{\sigma_M^2}$ 为资产 i 对市场组合风险的贡献度，通常称为 β 系数。

式（5-25）描述了在市场均衡状态下单个证券的期望收益率与其风险之间的线性关系，它是在 $E-\beta$ 平面上通过 $(0, r_f)$ 和 $(1, E_M)$ 两点的一条直线，这条直线被称为证券市场线（security market line，SML），如图 5-8 所示。证券市场线揭示了任意证券或证券组合期望收益率与风险之间的关系。在证券市场线中，我们用 β 系数代替标准差来度量风险。当 $\beta = 0$ 时，单个资产或资产组合的期望收益率等于无风险利率 r_f；期望收益率随着 β 增加而增加。$\beta = 1$ 时，单个资产或资产组合的期望收益率正好等于市场组合的收益率 E_M。

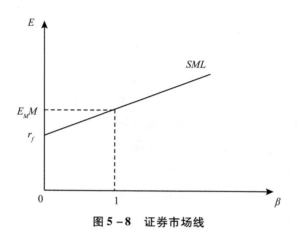

图 5 – 8　证券市场线

从证券市场线方程中还可以看出，任何证券或证券组合的期望收益率都由两部分组成：一是无风险利率 r_f，即资金的时间价值；二是 $(E_M - r_f)\beta_i$，它是对承担风险的补偿，也称为风险溢价，其中 $(E_M - r_f)$ 是对单位风险的补偿，称为风险的价格。

在资本资产定价模型中，β 系数反映了资产 i 对市场组合的风险贡献度，或者说是资产 i 的相对风险。在 CAPM 中，β 系数具有重要的意义：

（1）β 系数可替代标准差来度量风险。我们知道，证券的总风险等于市场风险（系统性风险）加上企业特有风险（非系统性风险）。现在把证券的相对风险定义为 β，那么证券总风险就可分成 β 和企业特有风险。β 是不可分散的风险，它是证券和市场组合 T 相关的风险部分，代表了市场内生的那部分风险，并且随着市场的变动而变化。而企业特有风险则是可分散的，可通过持有多样化的投资组合来剔除掉。因此，对于一个充分多样化的投资组合，在评估其风险时就可只考虑其 β 系数，而不必计算其标准差了。

不过，因为 β 系数是一种相对度量的方法，因此选择不同替代市场组合的指数计算出的 β 系数会不同。例如，对于同样一只股票，用上证 180 指数和沪深 300 指数计算出的 β 系数就不一致。因此在计算 β 系数时，选择哪类指数来替代市场组合就非常重要了。

（2）β 系数还可反映证券或证券组合的收益率对市场平均收益率的

敏感性。例如，假设某种股票的 β 系数为 1.2，就表示如果市场指数上涨或下跌 1%，该票价格就相应上涨或下跌 1.2%。由此可以推论，成长型股票的 β 系数一般都大于 1，而防御型股票的 β 系数一般都小于 1。当市场处于牛市时，投资者可大量投资于 β 系数高的股票，而当市场处于熊市时，可多持有 β 系数低的股票。

证券市场线 SML 与资本市场线 CML 很相似，但我们一定要注意它们之间的区别。首先，这两条线最显著的不同是它们度量风险的方法不同：CML 用标准差度量总风险，而 SML 用 β 系数度量证券对市场组合 M 的风险贡献。

其次，CML 定义的是有效边界，即所有有效组合的集合，而 SML 不仅包含有效的组合，也包含了无效的证券组合。在 CML 上组合的企业特有风险（可分散风险）理论上等于 0，因为 CML 仅包含那些充分多样化的有效组合。尽管它度量的是总风险（用标准差表示），可是它包含的风险只有市场风险而没有企业特有风险。而引入了无风险证券后，所有理性投资者都会选择唯一一个风险投资组合，即市场组合 M。CML 上的点都是无风险证券与市场组合 M 的组合。而在 SML 上的证券仅仅是市场组合 M 的一部分，其相关风险就是它对 M 的风险贡献。

3. 资本资产定价模型的一般形式

证券市场线是资本资产定价模型的一般形式，它反映了对资产或资产组合的预期收益率与其风险的分析。利用证券市场线可以确定资产或资产组合的均衡价格。

假定资产 i 在 t_0 时期的市场价格为 P_i，在 t 期该资产的预期总收益率为 E_i，则该资产的预期收益率为：

$$r_i = (E_i - P_i)/P_i = E_i/P_i - 1 \tag{5-26}$$

当市场达到均衡时，根据式（5-25）有：

$$r_i = E_i/P_i - 1 = r_f + \frac{E_M - r_f}{\sigma_M^2} \times \sigma_{iM} = r_f + \frac{E_M - r_f}{\sigma_M^2} \times \mathrm{cov}\left[\left(\frac{E_i}{P_i} - 1\right),\ E_M\right]$$

$$\tag{5-27}$$

由于 P_i 是常数，根据协方差的数学性质，有：

$$\mathrm{cov}\left[\left(\frac{E_i}{P_i} - 1\right),\ E_M\right] = \frac{1}{P_i}\sigma_{iM} \tag{5-28}$$

将式（5-28）代入式（5-27）得：

$$E_i / P_i - 1 = r_f + \frac{E_M - r_f}{\sigma_M^2} \times \frac{1}{P_i} \sigma_{iM} \tag{5-29}$$

可得 $P_i = \dfrac{E_i - \dfrac{\sigma_{iM}}{\sigma_M^2}(E_M - r_f)}{1 + r_f} = \dfrac{E_i - \beta_i(E_M - r_f)}{1 + r_f}$ \qquad (5-30)

式（5-30）揭示了在市场均衡条件下风险资产的价格水平，该公式即为资本资产定价模型的一般形式。

资本资产定价模型可以应用于很多领域，如证券定价、资金成本计算、资源配置等。例如，在证券定价方面，由于证券市场线反映了各种证券或证券组合预期收益率与系统性风险 β 系数之间的均衡关系，而预期收益率与资产价格之间存在着对应关系。因此证券市场线实际上也就给出了各种金融资产的均衡价格，这也是证券市场线方程被称为资本资产定价模型的缘由。

三、套利定价模型

套利是指利用同一资产的不同价格赚取无风险利润的行为。一般而言，当一项资产在两个市场的价格不同，且投资者在这两个市场的交易不存在交易成本时，就会产生套利机会，即投资者可以在低价市场买入资产，在高价市场卖出同类资产，从而实现无风险利润，完成套利。从市场均衡角度看，只要存在套利机会，资产价格就不稳定，市场就不能处于均衡状态。套利机会不仅存在于单一资产上，还存在于相似的资产或组合中；不仅无风险资产可以套利，风险资产也可以进行套利，即所谓风险套利，也就是指在不增加风险的情况下，能够实现正预期回报率的机会。

套利定价模型（arbitrage pricing theory，APT）是一种关于资产定价的模型，由斯蒂芬·罗斯在 1976 年提出。该模型试图回答这样一个问题：如果所有证券的收益都受到某个共同因素的影响，那么在市场均衡状态下，导致各种证券具有不同收益率的原因是什么？从而揭示了价格形成的套利驱动机制。APT 建立在资产组合的风险套利上，用套利概念定义均衡，所需要的假设比 CAPM 少且更合理，而结论却与 CAPM 相同，因而 CAPM 可以看作是 APT 的一个特例。

（一）套利定价模型的假设

按照影响因素种类的不同，APT 模型可分为单因素模型和多因素模型。单因素模型是指影响证券收益率的因素只有一个，多因素模型是指影响证券收益率的因素可能有多个。我们重点介绍单因素模型。

与资本资产定价模型相比，套利定价模型的假设比较少。就单因素套利定价模型而言，其主要假设有三个：

假设 5 – 11：投资者是理性的，即投资者都是厌恶风险的和追求效用最大化的，这一假设是对投资者偏好的规范。

假设 5 – 12：所有证券的收益率都受到一个共同因素 F 的影响，这一假设是对收益生成机制的量化描述，证券收益率可表示为：

$$r_i = E_i + b_i F + \varepsilon_i \qquad\qquad (5 – 31)$$

其中，r_i 为证券 i 的实际收益率，它是一个随机变量；F 为影响证券价格的因素指标值，例如 GDP 增长率；E_i 表示因素指标为 0 时证券 i 的期望收益率；b_i 为证券 i 的收益率对因素指标 F 的敏感度；ε_i 为证券 i 收益率的随机误差，其期望值为 0。

上述的因素模型表明，具有相同的因素敏感性的证券或证券组合必然要求有相同的预期回报率，否则，套利机会便会存在，投资者将利用这些机会，直到这些套利机会消失，这就是套利定价理论的本质逻辑。

假设 5 – 13：投资者能够发现市场上是否存在套利机会，并利用这些机会进行套利。这一假设是对投资者处理能力的要求。

（二）套利组合

根据套利定价理论，投资者将尽力发现一个套利组合，以便在不增加风险的情况下，提高组合的预期收益率。所谓套利组合，是指满足以下三个条件的证券组合：

（1）套利组合不需要投资者追加任何额外的投资。

假设 w_i 表示投资者对证券 i 的投资比例，Δw_i 表示证券 i 投资比例的变化值。套利组合要求当投资者买入或卖出组合中某些证券时，组合总的投资额不变。满足证券 i 所占投资比例变化而组合总投资额不变的条件，可以通过以卖出某些证券的收益来买进其他一些证券的方式来解决，因此不需要投资者额外增加投资。这一点可表示为：

$$\sum_{i=1}^{n} \Delta w_i = 0 \qquad (5-32)$$

例如，假设一个投资者拥有三种证券（证券1、证券2、证券3）构成的投资组合，投资者可投资资金为100万元，他在三种证券上分别投资了30万元、30万元和40万元，因此他在三种证券上的投资比例分别为 $w_1 = 0.3$，$w_2 = 0.3$，$w_3 = 0.4$。三种证券的期望收益率 $r_i(i=1, 2, 3)$ 都满足单因素模型，即 $r_i = E_i + b_i F + \varepsilon_i$，每种证券的期望收益率和因素敏感度系数如表5-3所示：

表5-3　　　三种证券的期望收益率和因素敏感度系数

证券 i	因素指标为0时证券期望收益率 $E(r_i)$	敏感度系数 b_i
1	0.25	4
2	0.2	2
3	0.1	3

如果该投资者要构造一个套利组合，他可能将证券1的投资比例由0.3提高到0.4，即对证券1增加10万元投资，于是 $\Delta w_1 = 0.1$。但是要保持 $\Delta w_1 + \Delta w_2 + \Delta w_3 = 0$，他就必须减少对其他两种证券的投资，例如将对证券3的投资减少10万元，于是 $\Delta w_3 = -0.1$。最后，$\Delta w_1 + \Delta w_2 + \Delta w_3 = 0.1 + 0 - 0.1 = 0$。

（2）套利组合的因素敏感度系数为0。

为了获得无风险收益，套利组合应该对因素 F 的敏感度为0，组合不承担因素风险。

$$\sum_{i=1}^{n} \Delta w_i b_i = 0 \qquad (5-33)$$

（3）套利组合具有正的期望收益率，即：

$$\Delta r_P = \sum_{i=1}^{n} \Delta w_i r_i > 0 \qquad (5-34)$$

这是投资者进行套利获得的根本动机。

【例题5-4】套利组合。

在上面的例子中，如果该组合为套利组合，必须满足：

$$\begin{cases} \Delta w_1 + \Delta w_2 + \Delta w_3 = 0 & (5-35) \\ \Delta w_1 b_1 + \Delta w_2 b_2 + \Delta w_3 b_3 = 0 & (5-36) \\ \Delta w_1 E(r_1) + \Delta w_2 E(r_2) + \Delta w_3 E(r_3) > 0 & (5-37) \end{cases}$$

把这三种证券对共同因素 F 的敏感度系数 b_i 代入式（5-36），可得：

$$4\Delta w_1 + 2\Delta w_2 + 3\Delta w_3 = 0 \qquad (5-38)$$

若取 $\Delta w_1 = 0.01$，则有：

$$\begin{cases} 0.01 + \Delta w_2 + \Delta w_3 = 0 & (5-39) \\ 0.04 + 2\Delta w_2 + 3\Delta w_3 = 0 & (5-40) \end{cases}$$

解得 $\Delta w_2 = 0.01$，$\Delta w_3 = -0.02$。

于是该组合的预期收益率为：

$$0.01E(r_1) + 0.02E(r_2) - 0.02E(r_3) \qquad (5-41)$$

将三种证券的 $E(r_i)$ 代入式（5-41），可得：

$0.01 \times 0.25 + 0.01 \times 0.2 - 0.02 \times 0.1 = 0.25\%$，说明如果投资者将证券 1 的持有金额提高到 $30 + 0.01 \times 100 = 31$（万元），将证券 2 的持有金额提高到 $30 + 0.01 \times 100 = 31$（万元），就要将证券 3 的持有金额减少到 $40 - 0.02 \times 100 = 38$（万元）。在投资总额仍为 100 万元的前提下，即在不增加投资的条件下得到 0.25% 的无风险收益率，因此该组合是套利组合。

套利组合的特征说明投资者如果能持有套利组合，就可在既不需要追加投资，又不承担风险的情况下获得套利收益，即投资者是通过持有套利组合来进行套利交易的。套利定价理论认为，如果市场上不存在套利组合，那么市场上就不存在套利机会。

（三）套利定价模型

套利组合理论认为，当市场存在套利机会时，投资者会不断地进行套利交易，例如在上例中，不断卖出证券 3 而同时不断买入证券 1 和证券 2，从而使证券 3 的价格下降而其预期收益率上升，相反证券 1 和证券 2 的价格上升而它们的预期收益率下降，进而推动证券价格向套利机会消失的方向变动，直到套利机会消失为止，市场进入均衡状态，并形成均衡的证券价格。在市场均衡条件下，证券或证券组合的期望收益率可表示为：

$$E(r_i) = \lambda_0 + b_i \lambda_1 \qquad (5-42)$$

其中，$E(r_i)$ 为证券 i 的期望收益率；λ_0 为与证券和因素无关的常数；λ_1 是对因素 F 具有单位敏感性的因素风险溢价。

式（5-42）就是套利定价模型，该模型表明在市场均衡状态下，证券或证券组合的期望收益率只由它所承担的因素风险所决定，承担相同因素风险的证券或证券组合应该有相同的期望收益率，期望收益率与因素风险的关系可由期望收益率的因素敏感性的线性函数来反映。

式（5-42）是单因素模型下的 APT 定价公式，即假定市场上所有证券仅受一个共同因素的影响。需要指出的是，在所有证券受多个因素影响的情况下，APT 模型仍然成立。当影响因素为市场组合时，APT 模型就变成了 CAPM，可见 CAPM 是 APT 模型的一个特例。

四、市场有效性假说

以上我们分别介绍了基本分析、技术分析和投资组合分析等证券投资分析方法。那么在证券市场上，哪一种分析方法更有效呢？对这个问题的回答取决于投资者对市场有效性的看法。所谓市场有效性是指在证券市场上信息披露和传递的效率。1970 年，美国经济学家法玛首次提出了市场有效性假说或称有效市场假说。

该假说认为，在一个有效的证券市场上，所有信息的披露和传递都将是充分和高效的，即好消息会立即引起价格上升，坏消息会立即引起价格下跌。如果信息已经在证券价格中全部得到反映，那么将不会存在证券价格被高估或低估的情况，任何时候，证券价格都将准确地反映出证券的价值。可以这样直观地理解有效市场假说：在一个完全竞争的市场上，存在大量的投资者，且所有投资者都足够理性，能够对所有市场信息作出合理而迅速的反应。这样，股票市场的竞争将会使股票价格充分而及时地反映各种信息，市场价格始终代表着证券的真实价值，因而投资者不可能利用某些信息优势获取超额回报，只能获得市场的平均报酬率，这样的市场就是有效市场。衡量市场有效性的标准主要有两个，一个是速度标准，另一个是信息集标准。

衡量市场有效性的速度标准是指从投资者了解新信息到证券价格完全反映新信息的时间间隔。如果证券价格能够迅速、准确地对所有相关信息作出反应，则市场是有效的并且反应的速度越快，有效性越强。需要注意的是，速度标准不仅强调反应要迅速，而且强调反应要准确。有的时候，市场可能对新信息反应过度，例如出现利好消息时，证券价格上升过度，在随后的时间里不得不逐步调整到合理价位，实际上证券价格对新信息作出准确反应的时间会很长。另一种情况是反应不足，例如对于利好消息，证券价格作出调整反应，但没有立即上升到完全体现利好消息的水平，需要过一段时间才能最终实现合理调整。无论是反应过度还是反应不足，都说明市场不是有效的，只有适度反应，即债券价格能够及时恰当地反映新信息，才是有效市场。

衡量市场有效性的信息集标准是指证券价格所反映的信息集范围的大小。法玛曾将信息集分为历史信息、公开信息和内幕信息三种类型。当证券价格所反映的信息集由历史信息、公开信息扩大到内幕信息时，信息集范围逐步扩大，市场有效性程度随之提高。

根据信息集的差别，法玛在 1970 年将证券市场分为弱有效、半强有效、强有效三种形式，不同形式的市场适合采用不同的投资分析方法。

（一）弱有效市场

在弱有效市场上，股票价格已经充分反映了从市场交易数据中可以得到的全部信息，即所有历史信息，如历史股价走势、成交量、收益率等。既然价格已经反映了所有历史信息，那么通过分析历史数据预测未来股价趋势的技术分析方法就将失去作用，或是说，技术分析不适合弱有效市场，只有在假定市场无效的情况下才能发挥作用。在弱有效市场上，存在内幕消息，投资者对信息进行价值判断的效率也受到损害，并不是每个投资者都能对已披露的信息作出正确的判断，只有那些具有专业分析能力的投资专家才能对已披露信息作出正确分析和判断。

（二）半强有效市场

在半强有效市场上，证券价格不仅反映了历史信息，还包含所有其他的公开信息，如公司财务报表、公司分红方案、竞争对手的公开信息、经济以及行业的公开信息等。如果市场是半强有效的，那么通过分析公开信息是不可能获得超额收益的，因而仅仅依赖于公开信息的基本分析方法也失去了作用，因为针对当前已公开的信息，目前的价格已经作出及时反应，投资者根据已公开的信息进行操作是无法获得超额利润的。而未来的价格如何变化则依赖于新的公开信息。

（三）强有效市场

在强有效市场上，证券股票价格不仅包含历史信息、公开信息，还包括未公开的内幕信息即公司内部人员掌握的尚未公开的信息，如高管的变动安排等。在强有效市场上，任何投资者都不可能持续获得超额利润。如果市场是强有效的，则任何追求最优投资收益的投资分析都将是毫无意义的，或者说在强有效市场中投资者在任何时期买入任何股票都是合理的。在强有效市场上，最合适的投资方式就是指数型投资。

在强有效市场上，投资组合管理仍然是必要的，因为即使在强有效市场，不同投资者的风险偏好仍有差异，由于合理的投资组合能够减少非系统性风险，投资者仍然需要根据自身的风险承受能力构建投资组合，以尽可能地减少非系统性风险。

现实的市场存在许多有效市场理论无法解释的异常现象，如某个股票入选成分股后通常引起股价上涨，小公司股票的收益率通常高于大公司股票，市盈率低的股票往往有较高的收益率。这些现象表明现实的市场并非完全有效的，而是有效性与无效性并存。

对市场有效性的看法直接影响了投资者的投资策略。如果认为证券市场是有效的，那么投资者就没有必要浪费时间和精力进行主动的投资管理，因为在市场有效的前提下，所有投资都只能获得市场平均收益率，因此采取低成本的被动管理策略如投资指数基金更为合适。但如果市场是无效的，则主动的投资管理就有了重要的意义，主动的投资管理包括识别被错误定价的证券以及选择恰当的市场时机。

五、投资学的新发展

马科维茨资产组合模型、资本资产定价模型和套利定价模型是三个经典的投资组合理论。在这些经典投资组合理论基础上，经过近几十年来的不断研究，投资学理论又有了一些新的发展。在此，我们以金融工程学和行为金融学为例做一下简单介绍。

（一）金融工程学

金融工程学是 20 世纪 80 年代中后期，随着公司财务、商业银行、投资银行与证券投资业务的迅速发展而诞生的一门工程型的交叉学科，是金融学的产品化和工程化。

金融工程有狭义和广义之分。狭义的金融工程主要是指利用现代数学理论与信息技术，在各种基础金融产品基础上，进行各种形式的组合分解，以设计出符合客户需要并具有特定风险与收益的新的金融产品，简单说就是金融产品设计。而广义的金融工程则是指一切利用工程化手段来解决金融问题的技术研发，不仅包括金融产品设计，还包括金融产品定价、交易策略设计、金融风险管理等方面。总之，金融工程是一门融合了金融学、统计学、工程技术、计算机技术的交叉性学科。

一门科学的成长一般要经历三个阶段：第一个阶段是描述性阶段，第二个阶段是分析性阶段，第三阶段是工程化阶段。例如，18 世纪的生物学是一种归纳分类学科，到了 19 世纪随着生物进化论和遗传学的出现，生物学逐渐成为分析性学科，20 世纪中后期现代生物工程和遗传工程的兴起，标志着生物学的工程化。实际上，一门科学只有在工程化后，才能大规模地创造出经济和社会效益。金融学也是如此，其发展过程可概括为：

第一阶段：描述性阶段，1952 年以前。一般认为，现代投资学肇始于 1952 年哈里·马科维茨发表的论文《资产组合选择》。在此之前，投资学及金融学研究大多依赖于经验分析，缺乏规范的理论研究和精致的数量分析。

第二阶段：分析性阶段，20 世纪 50 年代初～70 年代末期。1952 年哈里·马科维茨提出资产组合选择理论，开创了现代投资学。随后 20 年间，威廉·夏普、约翰·林特纳和简·莫辛等人提出了资本资产定价模型。费希尔·布莱克和迈伦·斯科尔斯、罗斯等人提出了第一个完整的期权定价模型[1]和套利定价模型。这些成就标志着分析型的现代金融学开始走向成熟，

---

① 该模型提出时的 1971 年还没有期权市场，布莱克－斯科尔斯的期权定价模型可以说是自经济学产生以来唯一的一次领先于经济事实的理论发现。

完成了金融学从描述性科学向分析性科学的飞跃。尤其是在罗伯特·莫顿（Robert Merton）的著作中，新的方法得到了最清晰的体现，他为分析金融学奠定了大量的数学基础，取得了一系列突破性的成果。

第三阶段：工程化阶段，20 世纪 80 年代初至今。经历了描述性和分析性阶段之后，80 年代后期金融学发展到了工程化的阶段——金融工程学。金融工程的产生把金融科学推到一个新层次——现代金融领域的高新科技。进入 80 年代后，金融学在努力寻求一个性状良好的均衡定价模型方面进展甚微，于是一些学者不再像马科维茨那样对投资者效用函数之类做规范性研究，而是通过实证分析方法考察信息与股价变动的关系，代表性的如恩格尔（Engle）提出的 P 阶条件异方差自回归［ARCH（P）］模型。实现现代金融学从分析性科学向工程化科学过渡的主要贡献者是达莱尔·达菲（Darrell Duffie）等人，他们在不完全市场一般均衡理论方面的经济学研究上为金融创新和金融工程的发展提供了重要的理论支持。他们从理论上证明了金融创新和金融工程的合理性及对提高社会资本资源配置效率的重大意义。以金融工程作为技术支持的多种创新活动不仅转移了价值，而且通过增加金融市场的完全性和提高市场效率实际地创造了价值。1991 年，"国际金融工程师学会"成立。该学会的宗旨是"界定和培育金融工程这一新兴专业"，这标志着金融工程独立学科地位的确立。

近年来，随着金融创新的不断涌现，金融工程技术有了明显进步，重点发展了两大金融工程技术：一是无套利均衡分析技术，二是分解、组合与整合技术。

无套利均衡技术是对金融市场中某项头寸进行估值和定价，采用的基本方法是将这项头寸与市场中其他金融资产的头寸组合起来，构筑一个在市场均衡时能承受风险的组合头寸，由此测算出该项头寸在市场均衡时的均衡价格。无套利意义上的价格均衡规定了市场的一种稳定状态，一旦资产价格发生偏离，套利者的力量就会迅速引起市场的纠偏反应，价格重新调整至无套利状态。

分解、组合与整合技术实际包含了三种技术类型。一是分解技术，即在现有金融工具基础上，通过拆分风险进行结构分解使其风险因素与原工具分离，创造出若干新的金融工具，以满足不同偏好投资者的需求。二是组合技术，即在同一类金融工具之间进行搭配，构造对冲头寸规避或抑制风险暴露，以满足不同风险管理者的需求。三是整合技术，即在不同种类的金融工具之间进行融合，使其形成具有特殊作用的新型混合金融工具，以满足投资者或发行人的多样化需求。

作为一门工程化的学科，金融工程应用广泛，主要涉及公司理财、金融工具交易、投资管理和风险管理四大领域。在公司理财方面，金融工程师可为企业设计出适当的融资方案；在金融工具交易方面，金融工程师设计出了各种具有套利性质的交易工具和交易策略，如跨市套利、跨期套利、跨品种套利等等；在投资管理方面，金融工程师开发出了丰富多样的投资工具，以满足具有不同风险－收益偏好的投资者的需要，如货币市场基金、回购和逆回购协议等；在风险管理方面，金融工程师开发出多种类型的风险管理工具，如股票指数期货、股票指数期权、利率互换、货币互换等。

（二）行为金融学

行为金融学产生于 20 世纪 80 年代，与现代投资学理论主要研究投资者的理性行为不同，行为金融学主要以心理学理论为依据，研究投资者的非理性行为。由于行为金融学主要从投资心理角度考虑问题，因此为人们理解现实的金融市场提供了一个新的视角。

行为金融学提出了一些行为金融模型。如 BSV 模型认为，人们在投资决策时存在两种心理认知偏差：一是选择性偏差，即投资者过分重视近期实际的变化模式，而对产生这些数据的总体特征重视不够；二是保守性偏差，即投资者不能根据变化了的情况修正增加的预测模型。这两种偏差常常导致投资者产生两种错误决策：反应不足或反应过度。反应不足是指投资者对信息的反应方向正确，但反应时间延迟；反应过度是指投资者对信息的反应方向正确，但反应的幅度过大。DHS 模型将投资者分为有信息者和无信息者两类。无信息者不存在判断偏差，有信息者则存在过度自信和对自己掌握的信息过度偏爱两种判断误差。证券价格由有信息的投资者决定。

行为金融学认为，投资者由于受信息处理能力、信息不完全、时间不足、心理偏差等方面的限制，将不可能立即对全部公开信息做出反应。相反，投资者常常会对"非相关信息"（噪声）做出反应。在这种情况下，市场不可能是完全有效的。行为金融理论认为市场异常是一种普遍现象，这也从一个方面说明了市场是无效的。

行为金融学研究在怎样的条件下，投资者会对新信息反应过度或不足。

因为这些错误会导致证券价格的错定。这就为行为金融学的投资策略奠定了基础：投资者可以在大多数投资者意识到错误之前采取行动而获利。

尽管行为金融学日益受到重视，但它没有也不可能完全取代现代投资学。因为二者研究的投资行为不同，现代投资学研究投资者的理性行为，而行为金融学则主要研究投资者的非理性行为。某种意义上，行为金融学只是心理学和社会学在投资学领域的应用。

思考与练习

1. 证券组合 P 由股票 A 和 B 构成。A 和 B 的期望收益率和标准差分别为 $r_A = 0.25$，$r_B = 0.18$，$\sigma_A = 0.08$，$\sigma_B = 0.04$，A 和 B 投资比例都为 0.5。求：（1）证券组合 P 的期望收益率。（2）当 A 和 B 完全正相关、完全不相关、完全负相关时，证券组合 P 的风险（用标准差表示）。

2. 试证明：对于 A、B 两种证券的组合，若 A、B 完全负相关，且不允许卖空，则可以通过按适当比例买入 A 和 B 构建一个无风险组合。

3. 试证明：对于 A、B 两种证券的组合，若 A、B 完全不相关，则可以通过按适当比例买入 A 和 B 构建一个证券组合，该组合的风险比 A、B 中任何一个证券的风险都小。

4. 某公司今年每股股息 0.8 元，预期今后每股股息将以每年 5% 的速度稳定增长。当前的无风险利率为 0.05，市场组合的风险溢价为 0.1，该公司股票的 β 值为 1.5，问该公司股票当前的合理价格为多少？

5. 某投资者拥有一个 3 种证券构成的组合，这些证券都能用单因素模型描述各自的收益率，三种证券对某经济因素的敏感度分别为 1.2、0.8、2.4，三种证券的期望收益率分别为 10%、12%、16%，请问该投资者能否通过调整资产组合，在不增加风险的情况下提高投资收益？

6. 某投资组合 P 包含股票 A 和股票 B，A、B 的期望收益率、标准差和相关系数如表所示。（1）试求该组合的期望收益率和风险。（2）如果 A 和 B 的相关系数为 −1，投资于 A 和 B 的比例为多少，才能使组合的风险为 0？组合的无风险收益率是多少？

股票	期望收益率（%）	标准差（%）	相关系数	投资比例（%）
A	10	6	0.12	30
B	5	2		70

7. 假设市场组合由证券 A、B、C 构成，各自所占投资比例分别为 10%、50%、40%，三种证券的期望收益率分别是 12%、8% 和 16%，市场无风险利率为 3%，三种证券的方差和协方差矩阵为：

$$\begin{pmatrix} \sigma_{AA} & \sigma_{AB} & \sigma_{AC} \\ \sigma_{BA} & \sigma_{BB} & \sigma_{BC} \\ \sigma_{CA} & \sigma_{CB} & \sigma_{CC} \end{pmatrix} = \begin{pmatrix} 0.035 & 0.043 & 0.028 \\ 0.043 & 0.067 & 0.059 \\ 0.028 & 0.059 & 0.050 \end{pmatrix}$$

求均衡状态下投资者的资本市场线方程。

8. 在马科维茨的投资组合模型中，可行域、有效边界与最佳组合三者之间是什么关系？

9. 在资本资产定价模型中，资本市场线与证券市场线各自代表什么含义？

10. 你认为目前中国股票市场的市场有效性程度如何？为什么？